“十三五”职业教育国家规划教材

“十二五”职业教育国家规划教材
经全国职业教育教材审定委员会审定

国家文化产业资金支持媒体融合重大项目

北京高等教育精品教材

职业教育教学改革融合创新型教材 · 创新创业系列

大学生就业与创业指导实务

（第五版）

索桂芝 主编

Daxuesheng Jiuye Yu Chuangye Zhidao Shiwu

东北财经大学出版社 大连
Dongbei University of Finance & Economics Press

图书在版编目（CIP）数据

大学生就业与创业指导实务 / 索桂芝主编. —5版. —大连：东北财经大学出版社，2022.7（2025.1重印）
（职业教育教学改革融合创新型教材 · 创新创业系列）
ISBN 978-7-5654-4553-8

Ⅰ. 大…　Ⅱ. 索…　Ⅲ. 大学生-职业选择-高等职业教育-教材　Ⅳ. G717.38

中国版本图书馆CIP数据核字（2022）第095596号

东北财经大学出版社出版
（大连市黑石礁尖山街217号　邮政编码　116025）
网　　址：http://www.dufep.cn
读者信箱：dufep@dufe.edu.cn
大连天骄彩色印刷有限公司印刷　　东北财经大学出版社发行

幅面尺寸：185mm×260mm　　字数：377千字　　印张：17.25
2022年7月第5版　　2025年1月第10次印刷
责任编辑：魏　巍　徐　群　　责任校对：田玉海
封面设计：冀贵收　　版式设计：冀贵收

定价：49.00元

教学支持　售后服务　联系电话：（0411）84710309

如有印装质量问题，请联系营销部：（0411）84710711

富媒体智能型教材出版说明

“财经高等职业教育富媒体智能型教材开发系统工程”入选国家新闻出版广电总局新闻出版改革发展项目库，并获得文化产业专项资金支持，是“国家文化产业资金支持媒体融合重大项目”。项目以“融通”“融合”“共建”“共享”为特色，是东北财经大学出版社积极落实国家推动传统媒体与新媒体融合发展的重要举措之一。

“财济书院”智能教学互动平台是该工程项目建设成果之一。该平台通过系统、合理的架构设计，将教学资源与教学应用集成于一体，具有教学内容多元呈现、课堂教学实时交互、测试考评个性设置、用户学情高效分析等核心功能，是高校开展信息化教学的有力支撑和应用保障。

富媒体智能型教材是该工程项目建设成果之二。该类教材是我社供给侧结构性改革探索性策划的创新型产品，是一种新形态立体化教材。富媒体智能型教材秉持严谨的教学设计思想和先进的教材设计理念，为财经职业教育教与学、课程与教材的融通奠定了基础，较好地避免了传统教学模式和单一纸质教材容易出现的“两张皮”现象，有助于教学质量的提高和教学效果的提升。

从教材资源的呈现形式来说，富媒体智能型教材实现了传统纸质教材与数字技术的融合，通过二维码建立链接，将VR、微课、视频、动画、音频、图文和试题库等富媒体资源丰富呈现给用户；从教材内容的选取整合来说，其实现了职业教育与产业发展的融合，不仅注重专业教学内容与职业能力培养的有效对接，而且很好地解决了部分专业课程学与训、训与评的难题；从教材的教学使用过程来说，其实现了线下自主与线上互动的融合，学生可以在有网络支持的任何地方自主完成预习、巩固、复习等，教师可以在教学中灵活使用随堂点名、作业布置及批改、自测及组卷考试、成绩统计分析等平台辅助教学工具。

富媒体智能型教材设计新颖，一书一码，使用便捷。使用富媒体智能型教材的师生首先进入“财济书院”（www.idufep.com）平台完成注册，然后登录“财济书院”输入教材封四学习卡中的激活码，建立或找到班级，进入教材对应课程，就可以开启个性化教与学之旅。

“重塑教学空间，回归教学本源！”“财济书院”平台不仅仅是出版社提供教学资源和服务的平台，更是出版社为作者和广大院校创设的一个自主选择和自主探究的教与学的空间，作者和广大院校师生既是这个空间的使用者和消费者，也是这个空间的创造者和建设者，在这里，出版社、作者、院校共建资源，共享回报，共创未来。

最后，感谢各位作者为支持项目建设所付出的辛劳和智慧，也欢迎广大院校在教学中积极使用富媒体智能型教材和“财济书院”平台，东北财经大学出版社愿意也必将陪伴广大职业教育工作者走向更加光明而美好的职教发展新阶段。

东北财经大学出版社

大学生就业与创业指导实务

第五版

5TH EDITON Preface

第五版前言

就业是最大的民生工程、民心工程、根基工程，是党“以人民为中心”执政理念的重要体现，大学生就业问题历来受到社会的高度关注。党的二十大对教育、科技、人才和就业工作进行了系统部署，对“实施就业优先战略”进行了擘画，指出“强化就业优先政策，健全就业促进机制，促进高质量充分就业”“健全劳动法律法规，完善劳动关系协商协调机制，完善劳动者权益保障制度，加强灵活就业和新就业形态劳动者权益保障”等内容，鼓舞人心、催人奋进。教育部统计数据显示，2024届全国普通高校毕业生规模达1 179万人，同比增加21万人。2025届全国普通高校毕业生规模预计达1 222万人，同比增加43万人，未来高校毕业生的规模仍将持续扩大。基于此，我国制定了一系列积极政策解决大学生就业问题，如适当扩大“特岗教师”“三支一扶”“西部计划”等项目的实施规模，扩大毕业生参军入伍规模，推进企业稳岗扩就业，持续开展“24365校园网络招聘服务”“百日千万网络招聘专项行动”“国聘行动”等网上就业服务行动。

在新时期就业创业环境、政策变化的背景下，本书主编索桂芝女士携手多名相关行业企业专家和多所高等院校从事大学生就业与创业指导的教师共同对本书进行了修订，期望通过专业性的就业与创业指导，提升学生的综合素养与创业能力，督促学生做好职业生涯规划，明确就业方向，实现快速就业。

本次修订的内容主要包括以下方面：

1.坚持立德树人、德技并修，推动思想政治教育与技术技能培养融合统一

本书以“培根铸魂，启智增慧”为核心原则，积极推进党的二十大精神进教材、进课堂、进头脑。坚持面向市场、促进就业，推动学校布局、专业设置、人才培养与市场需求相对接；坚持面向实践、强化能力，让更多青年凭借一技之长实现人生价值；坚持面向人人、因材施教，营造人人努力成才、人人皆可成才、人人尽展其才的良好环境。通过“育德润心”栏目，融入专业精神、职业精神、工匠精神和劳模精神等内容，引导学生树立正确的世界观、人生观、价值观，培养学生爱国、爱家、爱生活的人文精神，以及敬业、精益、专注、创新的工匠精神。

2.突出职业教育特色，促进“岗课赛证融通”综合育人

本书突出职业教育特色，依据职业成长规律确定大学生就业创业所需的基本能力、核心能力、前沿能力，通过“情境案例”“创业案例分享”栏目引入真实的就业、

创业案例，可操作性强，实现了“课岗对接”。同时，更新“互联网+”创新创业大赛的相关内容，增加了创新创业赛事管理平台操作说明、大赛获奖优秀作品，通过常规课程学习和大赛规则讲解，引导学生在大赛中感知创新创业的完整流程，促进学生综合能力的提升，实现“赛证促学”。

3.校企双元开发，提高教材的实用性和延展性

本书编写团队成员不仅有优秀的一线教师，而且有经验丰富的行业企业专家，实现了校企双元开发，内容充实、体例活泼，具有很强的实用性和延展性。本次修订增加了电商直播、平台配送等新业态知识，为大学生就业拓展了新空间；增加了对幸福养老产业、适老服务产业等新岗位的介绍，以鼓励引导高素质人才到养老服务行业入职从业；增加了“双减”政策下，校外培训机构转型素质教育、职业教育、社区教育、家庭教育、老年教育，以及退役军人开展“应急培训”的创业新思路；增加了乡村振兴内容，鼓励大学生回乡创业参与新农村建设。

4.配套丰富的信息化资源，体验沉浸式学习

为了适应“互联网+职业教育”的发展需求，本书配套了丰富的富媒体资源，包括“情境案例”“创业案例分享”“知识在线”“育德润心”“就业创业政策”“大赛分享”等多种栏目，学生通过扫描书中二维码，就可以快速学习相关知识、案例以及欣赏创新创业大赛的相关视频。

此外，本书在“项目四 职业生涯规划”中，提出了职业生涯动态平衡内容，增加了手绘插画，提高了教材内容的生动性和趣味性。

本书由索桂芝任主编，杨燕、席英德、姬世祥、尚振华任副主编，杨新荣、李英、熊秀英、刘永昌、高瑞臣、李音璇参编。具体编写分工如下：索桂芝负责第五版前言、项目四任务一至任务三的编写工作及全书的总纂定稿；杨新荣负责项目一、项目八的编写工作；杨燕负责项目二、项目七的编写工作；李英负责项目三的编写工作；熊秀英负责项目四任务四的编写工作；尚振华负责项目五的编写工作；高瑞臣负责项目六、项目十一资料一至资料二的编写工作；席英德负责项目十资料五和资料六的编写工作；李音璇负责项目九、项目十资料一至资料四的编写工作；刘永昌负责项目十一资料三的编写工作；姬世祥负责全书二维码资源内容的整理。

在本书的编写过程中，刘宇伟、翟羽佳、胡静微、庄恒辉、孟宪云、史素芳、贺文斌、张宇、王伟、王旭艳等同志提供了宝贵的意见，北京新精英生涯教育有限公司私域运营姜臻为本书部分内容配套了手绘插画，在此深表谢意。同时，本书还参考了大量的文献和资料，在此，我们对原作者和有关政策汇编部门表示深深的谢意，也希望与你们深度合作，共同为大学生就业与创业指导做些力所能及的工作。由于编者水平所限，书中难免有不足之处，敬请广大读者批评指正。

编　者

2025年1月

目录

Contents

上篇　实务篇

目录

Contents

下篇　资料篇

数字资源目录

续表

项目	数字资源	页码
项目五 创　业	情境案例5-1　小王的创业经历	087
	就业创业政策5-1　《教育部关于做好2025届全国普通高校毕业生就业创业工作的通知》	090
	就业创业政策5-2　《国家发展改革委等部门关于深入实施创业带动就业示范行动　力促高校毕业生创业就业的通知》	090
	就业创业政策5-3　《国务院办公厅关于进一步支持大学生创新创业的指导意见》	091
	情境案例5-2　多彩青春，为老人撑起一片夕阳红	091
	情境案例5-3　海归创业故事：科技为本　产业报国	092
	知识在线5-1　开一家店铺（视频）	094
	情境案例5-4　失败的创业	101
	知识在线5-2　《中华人民共和国公司法》	109
	情境案例5-5　创业需要准备	111
	知识在线5-3　大中小微型企业划分标准	112
	育德润心5-1　使命明确，能影响、激励他人，才真正是创业达人	121
	情境案例5-6　被拒在门外的老板	124
	情境案例5-7　老板的困惑	138
	创业案例分享5-1　“饿了么”网络订餐平台的诞生	144
	就业创业政策5-4　《大学生乡村创业帮扶计划工作指引》	145
	创业案例分享5-2　80后餐厅的创业故事	149
	创业案例分享5-3　一个小吃传奇——没号凉皮	149
	育德润心5-2　“退伍不褪色”聚焦应急培训	149
项目六 “互联网+”下的 大学生创新创业	创业案例分享6-1　创业“微光咨询”，帮上千人实现就业	164
	创业案例分享6-2　借助电商平台帮助乡亲脱贫的创业大学生	180
	育德润心6-1　为青年筑就创新创业成才梦的大赛	180
	育德润心6-2　力挺养老服务业　支持政策蓄势待发	180
	就业创业政策6-1　《关于积极推进“互联网+”行动的指导意见》	181
	育德润心6-3　家是最小国，国是千万家	181
	育德润心6-4　把红色基因融入“二次创业”征程	181

续表

上篇

实务篇

项目一
求职认知

项目任务书

任务		知识点	项目训练
任务一	如何实现自我认知	一、价值观 二、兴趣与职业兴趣 三、技能	一、明确个人价值观 二、记录技能 三、列出最重要的五件事 四、找出九种吸引你的职业 五、选择一种你感兴趣的职业，填写下列信息
任务二	如何实现职业认知	一、对职业的认知 二、职业信息	

任务一　如何实现自我认知

知识在线 1-1

如何认识自我（视频）

自我认知是职业生涯的基础。职业生涯理论专家指出，自我认知越详尽，越能帮助我们进行科学的职业规划。在任务一中，我们将学习一些案例和心理学的有关理论知识，来帮助我们进行自我认知。下面，我们将逐个讨论价值观、兴趣和技能对增进自我认知会起到怎样的作用。

一、价值观

情境案例 1-1

如何避免职业困惑

从20世纪50年代开始，马丁·凯茨（Martin Katz）及其他心理学家开始研究价值观在职业生涯选择中有何作用。研究结果表明，价值观是影响职业生涯决策的因素之一，并且价值观与随后的工作满意度水平有关。当人们遵循自己的价值观生活时，会有最大程度的幸福感。然而，给价值观下一个确切的定义是比较困难的，一种普遍的定义是“某些对你来说很想要的东西”。价值观有时会与兴趣相混淆，兴趣更多是指“你为了娱乐或享受而做的事情”。在职业生涯决策中，价值观和兴趣都是自我认知的重要组成部分。

简单地说，个人价值观即是你认为值就值，你认为不值就不值。其实，生活中很多问题本身就不是有长短高低之分的。我们常会听到人们的一些议论：“张三这样能干的人怎么找了那么一个丑媳妇?”你之所以会有这样的疑问或不理解，是因为你将自己的价值观强加给了当事人，而实际上当事人的价值观与你的不同。

（一）价值观概述

价值观是一系列基本的信念，一种有关什么是“值得的”的看法。价值观是推动并指引一个人做出决策和行动的原则、信念和标准，决定了人们可能会选择什么样的行为方式、手段和结果来生活和工作。比如，有的人重视社会地位，那么他在职业选择、工作行为等诸多方面都会以是否有利于社会地位的提高为标准。而有的人认为经济利益是最重要的，赚的钱越多就越能表明人生的价值。在这样一种价值观的指导下，他会以是否能赚更多的钱来衡量一切，有时甚至为此牺牲自己的友情、亲情和人格。

价值观是每个人在长期的生活实践中形成的。当我们还是孩子的时候，父母会告诉我们“要说真话”“不要拿人家的东西”等，通过父母潜移默化的影响，我们就会形成“做人应该诚实”这样的价值观。而这种价值观一旦形成，就将成为我们许多行为的准则，通常很难改变。在每一种文化里，都有一些特定的价值观。比如，在中国，和平、诚信、合作、公平和民主这些社会价值观，一直是社会所推崇和追求的。

价值观可以分为不同的类型。美国人格心理学家高尔顿·W.奥尔波特（Gordon W. Allport）是最早对价值观进行分类的学者，他划分了6种价值观类型：

- 理论型：重视以批判和理性的方法寻求真理。
- 审美型：重视外形与和谐匀称的价值。
- 经济型：强调有效和实用。
- 政治型：重视拥有权力和影响力。
- 社会型：强调对人的热爱。
- 宗教型：关心对宇宙整体的理解和体验的融合。

奥尔波特和他的助手据此编制了问卷，以测量6种价值观类型对每位受测者的重要程度，并以此确定每位受测者的价值观类型。结果发现，在不同的工作环境下，这6种价值观类型对人有着不同的重要性。比如，对于宗教信仰者来说，宗教的价值观是最重要的，而经济价值观是最不重要的；而对于商人来说，经济价值观则是最重要的。

当然，上述关于价值观的分类还比较笼统，更具体的分类方法是，美国心理学家米尔顿·罗克奇（Milton Rokeach）于1973年在其著作《人类价值观的本质》中，具体区分了12种价值观：

- 成就感：提升社会地位，得到社会认同；希望工作能得到他人的认可，对工作的完成和挑战成功感到满足。
- 收入与财富：工作能够明显、有效地改变自己的财务状况；希望金钱能够买到所能买到的东西。
- 健康：身体和心理健康，希望能心平气和地对待事物。
- 独立性：在工作中有弹性，可以充分掌握自己的时间和行动，高自由度。
- 对美的追求：能有机会多方面欣赏周围的人、事、物或者任何自己觉得重要并且有意义的事。
- 人际关系：关心他人，与别人分享，协助别人解决问题；体贴、关爱，对周围的人慷慨。
- 道德感：与组织的目标、价值观、宗教观和工作使命能够不相冲突，紧密结合。
- 欢乐：享受生命，结交新朋友，与别人共处，一同享受美好时光。
- 权力：能够影响或控制他人，使他人照着自己的意愿去行动。
- 自我成长：追求智能上的刺激，寻求更美满的人生，在智慧、知识与人生的体会中有所提升。
- 安全感：能够满足基本的需求，远离突如其来的变动。
- 协助他人：感受到自己的付出对团体是有帮助的，别人因为你的行为而受惠颇多。

我国学者将价值观分为12类。

（1）收入与财富：工作能够明显地改变自己的财务状况，薪酬是选择工作的重要依据。工作的目的或动力主要来源于对收入和财富的追求，并以此提高生活质量，显示自己的身份和地位。

（2）兴趣特长：以自己的兴趣和特长作为选择职业最重要的因素，能够扬长避短、趋利避害、择我所爱、爱我所选，可以从工作中得到乐趣、得到成就感。在很多时候，会拒绝做自己不喜欢、不擅长的工作。

（3）权力地位：在此价值观下，有较高的权力欲望，希望能够影响或控制他人，使他人照着自己的意思去行动；认为有较高的权力地位会受到他人尊重，从中可以得到较强的成就感和满足感。

（4）自由独立：在工作中要有弹性，不想受太多的约束，可以充分掌握自己的时间和行动，自由度高，不想与太多人发生工作关系，既不想制人也不想受制于人。

（5）自我成长：工作能够给予受培训和锻炼的机会，使自己的经验与阅历能够在一定的时间内得到丰富和提高。

（6）自我实现。工作能够提供平台和机会，使自己的专业和能力得以全面运用和施展，实现自身价值。

（7）人际关系：工作单位的人际关系非常重要，渴望能够在一个和谐、友好甚至被关爱的环境工作。

（8）身心健康：工作能够免于危险、过度劳累，免于焦虑、紧张和恐惧，使自己的身心健康不受影响。

（9）环境舒适：工作环境舒适宜人。

（10）工作稳定：工作相对稳定，不必担心经常出现裁员和辞退现象，免于经常奔波找工作。

（11）社会需要：能够根据组织和社会的需要响应某一号召，为集体和社会做出贡献。

（12）追求新意：希望工作的内容经常变换，使工作和生活丰富多彩，不单调枯燥。

（二）如何对待你的价值观

对自己的价值观有清楚认识的人在做职业生涯决策时有较少的选择困难。一些专家认为，最重要的是价值观的澄清过程而不是价值观本身的内容。他们确定了7个步骤，并将其分为3个阶段。第一阶段是选择一个价值观，包括你自由选择个人价值观，不考虑他人的压力，也不考虑其他的价值观，然后思考每一个选择的后果；第二阶段是珍视你的价值观，包括珍爱和喜欢你的价值观，愿意在合适的时候向他人公开自己的选择；第三阶段是依照你的价值观行动，包括做出一些与你的选择有关的行为，不断做出一种与你的价值观选择相一致的行动。

对于你所选择的价值观，你必须思考以下7个问题：

（1）它是你自由选择的，并无其他方面的压力吗？

（2）它是你从众多价值观中挑选出来的吗？

（3）它是在你思考了所做选择的后果后，才被选择的吗？

（4）是否为你的选择而感到高兴？

（5）是否愿意公开向他人声明你的选择？

（6）能做一些与你所选择的价值观有关的事儿吗？

（7）能持续保持与你的价值观一致的行为模式吗？

二、兴趣与职业兴趣

职业发展专家和心理学家专门把兴趣当作职业选择的一个重要组成部分。在心理测验和兴趣量表出现之前，职业咨询师会要求人们列出他们的爱好以确定他们想要什么，或者让他们描述他们喜欢和不喜欢什么。职业咨询师认为，确定兴趣是确定一个人的可能的未来职业的一种方法。

我们把兴趣定义为“人们为了乐趣或享受而做的那些事”。20世纪40年代，一些心理学家提出用兴趣量表帮助人们找出他们喜欢什么和不喜欢什么。这些心理学家发现，在不同职业领域工作的人有着不同的兴趣模式，例如，会计师的兴趣就不同于工程师、护士等人。因此，如果兴趣能被有效地测量出来，就能简化职业生涯规划的过程。

在20世纪70年代初期，心理学家约翰·霍兰德（John Holland）开始提出一些新的研究兴趣及兴趣量表的方法。霍兰德提出，兴趣仅仅是另一种描述人格特质的方法，而且正是这种广义的人格概念，在职业选择过程中起着非常重要的作用。人格被认为是兴趣、价值观、需要、技能、信念、态度和学习风格的综合体。然而，就职业选择来说，兴趣是人格中最重要的部分，是人与职业匹配的依据。

兴趣是喜欢与不喜欢的一种持久的倾向，表现为对某种事物、某项活动的选择性态度和积极的情绪反应。职业兴趣自然也就是指对职业或具有职业性的活动的心理倾向。职业兴趣的类型是多种多样的，如美国心理学家从人与职业的匹配程度出发，将工作大致分为3类：D——data类职业，关于数据、文件等方面的工作；P——people类工作，关于与人打交道的工作；T——thing类职业，关于同机器、自然界等方面打交道的工作。

霍兰德将职业兴趣分为6类：现实型、研究型、艺术型、社会型、企业型和常规型。他的这6种类型代表6种不同的兴趣与人格特质，可以帮助个人了解哪种类型的工作对自己比较合适，同时也协助个人了解工作内容及环境。

- 现实型（realistic）的人，偏好与物体打交道，喜欢摆弄和操作工具、机械、电子设备等具体有形的实物，不喜欢和人打交道。他们多喜欢选择机械、电机、制造等领域的职业，真诚、谦逊、敏感、务实、朴素、节俭、腼腆。

- 研究型（investigative）的人，喜欢用头脑依自己的方法来解决问题并追根问底，他们喜欢提出新的想法和策略，但对实际解决问题的细节较无兴趣。他们多喜欢从事数理、生化等领域的研究工作，逻辑性强、好奇、聪明、仔细、独立、安详、俭朴。

- 艺术型（artistic）的人，喜欢用文字、音乐、色彩等不同的形式来表达情绪或美的感受，喜欢创造，不喜欢受束缚。他们喜欢从事音乐、写作、戏剧、绘画、设计等领域的工作，较开放、好想象、独立、有创造性。

• 社会型（social）的人，关心自己和别人的感受，喜欢倾听和了解别人，愿意付出时间和精力去解决别人的冲突，并帮助他人成功。他们喜欢从事教育、咨询、福利等领域的工作，有责任心，热情、善于合作、富有思想、友好、善良、慷慨、助人为乐。

• 企业型（enterprising）的人，多希望拥有权力去改善不合理的事情，具有说服力和组织能力，希望自己的表现被他人肯定。他们喜欢从事管理、行政等领域的工作，喜爱户外、交际、冒险，精力充沛、乐观、和蔼、细心、事业心强。

• 常规型（conventional）的人，做事规矩而精确，喜欢按部就班、精打细算，不喜欢改变或创新，也不喜欢冒险或领导。他们多喜欢从事文书事务、金融、统计等领域的工作，比较顺从、务实、细心、节俭、做事利索、很有条理、有耐性。

还有学者提出了两个更基本的维度："数据" - "观念"，"事务" - "人物"，并根据两个维度定义了以下4种工作任务：

数据任务：这种工作任务通过与事务、记录、文件、数字及系统程序等打交道，从而服务于人们的日常消费和服务消费。图书馆管理员、交通管理员等的主要工作符合这一特点。

观念任务：这种工作任务涉及概括、理论、知识、洞察以及以新方法呈现事物等。科学家、作曲家、哲学工作者等的主要工作符合这一特点。

事务任务：这种工作任务涉及仪器、材料、工具、生物机体等。建筑工人、实验室技术人员、司机等的主要工作符合这一特点。

人物任务：这种工作任务与人打交道，涉及看护、游说、娱乐、训练等。小学教师、社会工作者、职业咨询师等的主要工作符合这一特点。

霍兰德职业兴趣测试如图1-1所示。

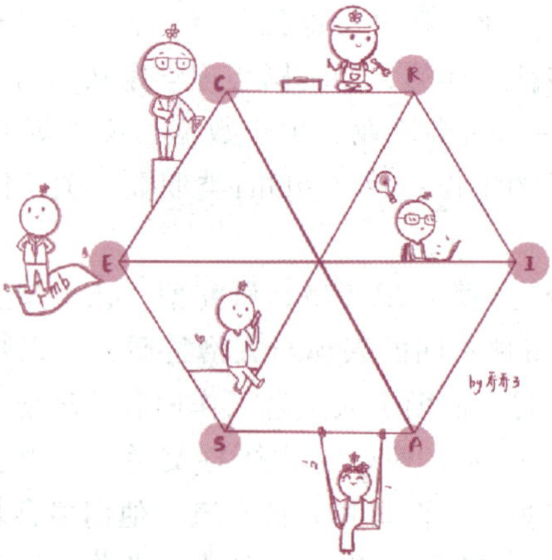

图1-1 霍兰德职业兴趣测试

知识在线1-2

霍兰德职业兴趣测试

三、技能

正如肌肉塑造着人的身体一样，技能塑造着人的职业生涯。发现和确认现有的与准备开发的技能是自我认知的一个重要组成部分。在就业市场里，技能是求职者所使用的硬通货。在职场上，劳动者以技能换取薪资。一个能够清晰地向潜在雇主描述自己技能的人，最有可能获取一份正好能发挥其特定技能的工作。一般而言，敢于自己一个人工作的人工作效率更高，身体和心理也更健康。技能包括我们在一个工作或任务中学到的具体的特质、才艺和个人品质等。每一份工作都需要技能。在职场中与他人交流以及完成日常事务不知不觉地发展了技能。我们的个人偏好常常影响技能的发展，那些我们反复运用、驾轻就熟的技能被称为自发性技能。通过学习有关技能的词汇，你会认识到你已经掌握了许许多多的技能。技能一般可以分为3种类型：功能性的技能、与工作相关的技能和适应性的技能。

功能性的技能是一种完成一般性任务或者某项工作的功能性任务的技能。与工作相关的技能是指具体的、专业化的、针对某一特定工作的基本技能，如会计记账、教师判分、医生解释心电图等。适应性的技能是指一些个人的特质，它们也经常被形容为个性特征。适应性的技能包括快速学习的能力、对细节的关注能力、做事有始有终的能力、善于和人打成一片和合作性等。

如果现在被问及你有哪些技能，你会开出怎样的一份技能清单？很可能这份清单会很短。这并不是说你不具备多种技能，而是因为你从来没有被问及过，不习惯去思考和讨论它们。反思你的技能是件很困难的事，因为我们大多被教导应该保持谦虚的态度。我们经常认为某些事我们做得很好并不需要特殊的技能，这低估了我们的技能。如果我们目前没有运用某项技能，就不应该宣称具备这种技能。另外，我们如果没有把某种技能运用在某一个职业上，似乎也看不到它的价值。

假设上述错误使我们不能诚实地、准确地列出我们的技能清单，那么你现在的任务就是要确认许多使你在职场中升值的技能。实际上，你已经从生活经历中获得了数以百计的技能，不论这些技能是否能使你得到回报，它们都已经成为你技能组合中的一部分。

当你认识到自己的技能后，你将超越自我设定的狭隘限制，更清晰地认知自我。我们所有人都倾向于狭隘地定义自己。比如，当回答“你是谁?”时，你会说：“我是一个学生。”“我的专业是历史。”“我是一个立体艺术家。”“我是一个保守主义者。”“我是一个全职太太。”给自己贴上一个狭隘的标签的方式，容易让你自我模式化、脸谱化。在面试中更是这样，如果你说你是一个学生，面试官可能也会把你模式化，认为你缺少经验；如果你说你是一个秘书，面试官可能认为你只想找秘书类的工作，或坚持让你从秘书工作干起。但是，假如你说你的经验包括公众讲演，从事组织工作，协调日程安排，管理预算，调研，解决问题，跟踪业务进展，激励他人，解决士气低落和合作精神方面的问题，决定有限的时间、资源和资金的优先分配方案，那么，这不仅听起来让人印象深刻，而且你看起来也适合许多需要这些技能的岗位。

可迁移技能是那些能够从一份工作中转移运用到另一份工作中的、可以用来完成许多类型工作的技能。你可能正为缺少正式的工作经验而担忧，你可能由于选择文学艺术专业而担心没有学到某种具体的工作技能，在毕业时没有得到针对某一项具体工作的适当的培训。

举个例子，让我们来分析一下一位文学艺术专业的学生在学校里能够而且应该发展什么样的可迁移技能。我们还将探讨一个理念，那就是一个人的个人的、与生俱来的能力和态度，可能是你所拥有的可以把你自己和你的才能推销给企业的最重要的技能。

艺术学历是为众多职业准备的。事实上，大多数文学艺术类专业毕业生都没有在本专业领域内就业（与历史专业毕业的学生并不一定成为一个历史学家同理）。无论你所学的是人类学、英语专业，还是历史专业，你都具备（或能够发展）一系列适用于职业市场的可迁移技能，这是顺利从大学毕业的必然结果。你是否具备研究能力？你是否具备组织能力？答案是很可能具备！作为一名典型的大学文学艺术专业学生，你将学到下面一些技能：

- 沟通技能

有效地倾听，起草文章和报告，向个人或群体说明你的观点，谈判处理争议。

- 解决问题或批判性思维技能

具有分析性思维和抽象思维，以宽广的视野去审视问题，定义一个问题，找出同一问题不同的解决方案，创造不同的应对问题的方法，说服他人以群体的最大利益为准来行动。

- 人际关系技能

与他人交谈，指导他人，帮助人们解决问题，有效地沟通观点，与他人合作去解决问题和完成任务，与多样化的群体良好地开展工作，教授或培训他人。

- 组织技能

评估需求，计划和安排演示或社会活动，进行项目设计、活动协调、授权、项目的评审，执行项目管理。

- 研究技能

搜索计算机数据库或纸质参考资料，发现和形成主题，分析数据，给数据分类，处理具体事务，调查问题，记录数据，撰写报告或学术论文。

知识在线1-3
改善我们的自我认知

到此为止，很明显你具备了许多可以从一份工作转换到另一份工作的技能。当你可以描述某项工作所需要的技能时，你就可以把自己的技能反映在你的求职信、简历和面试中，用以证明尽管你从来没有从事过某个工作，但实际上你具备这个工作所要求的种种技能。

任务二　如何实现职业认知

一、对职业的认知

（一）职业的含义

情境案例1-2
职业兴趣的重要性

职业是人们在社会中所从事的有稳定、合法收入的工作，既是为社会做贡献也是实现人生价值的舞台，更是人们谋生、发展的手段，有稳定、合法的收入是职业的最基本特征。

人的一生不但主要在从事职业过程中度过，而且也依靠从事职业活动获取收入，来维持个人及其家人的衣、食、住、行等。其实，开始从事职业活动以前的儿童和青少年，以及颐养天年的老年人，与职业也有千丝万缕的联系。职业生涯是一个人一生的经历，人的一生围绕着职业大致可分为3个阶段：从业准备阶段、从业阶段和从业回顾阶段。

从咿呀学语的婴儿开始，直到完成某一级学业的学习、开始从事某种职业以前，均属于从业准备阶段。从业准备阶段可以按年龄和学习内容细分为职业认知、职业试探、职业选择与职前准备4个既有区别又相互交融、体现着儿童和青少年不断发展的时期。从业准备阶段夯实的基础和选择的方向不同，不仅意味着从事职业活动的起点不同，也意味着职业生涯发展的方向、潜力不同。

从业阶段是人生的主要阶段。在现代社会中，一个正常人总是要就业的，从个人角度看，人们对职业有3种基本需要：一是维持并提高物质生活的需要。通过从事职业活动取得报酬，满足衣、食、住、行等方面的需求。二是满足精神生活的需要。在物质生活水平大大提高的今天，人们对实现人生价值特别是发展个性的需要越来越强烈了。三是承担社会义务的需要，即通过从事职业活动，尽到自己在社会分工中应尽的义务，来满足为祖国、为人民多做贡献的需要。不同思想境界的人，对这3种需求的重视程度有所区别，但多数人追求的是多重满足，既希望为社会多做贡献，又希望个人的物质、精神需要得到满足。就业是民生之本，从事一份职业才能使人们的各种需要得到满足，职业生涯发展才有可能。

从业阶段与职业生涯发展的关系集中体现在两方面：一是通过职业活动满足上述3种基本需要，并通过满足的程度反映职业生涯发展的程度；二是从业者的职业活动即从业阶段的活动，是一个不断学习、不断积累、不断提升、不断发展的过程。

人生的第三阶段即从业回顾阶段，指退休或不再从事职业活动以后的阶段，是职业生涯发展的最后历程。此阶段与职业的关系至少表现为3个方面：一是发挥余热，继续从事某种职业活动，以逐渐完成从从业阶段到从业回顾阶段的过渡；二是依靠从业阶段的积蓄和通过社会保障得到的回馈，即以从业阶段对社会保障的投入多少而得到不同标准的医疗、养老方面的福利，安度晚年；三是通过写作、聊天等多种形式，回顾以往的职业生活，此类书面文字、口头语言等形式的老年人对职业生活的回顾，不同程度地影响着即将开始职业生活的年轻人的发展。如果说，从业准备阶段对职业能力的养成是通过“正式”渠道进行的，那么，从业回顾阶段则通过“非正式”渠道影响着一代又一代即将从业或已经从业的人们的发展。

总之，职业与职业生涯发展的各个阶段有着千丝万缕的联系。职业能力是职业生涯发展必不可少的手段，知识传承和技能训练是职业能力形成的必要载体，职业生涯发展是不断提升职业能力的过程。处于即将结束从业准备阶段的大学生，应充分认识职业与职业生涯发展的关系，珍惜在校生活，努力提高自己的职业能力，为职业生涯发展夯实基础，为即将开始的从业阶段做好准备。

美国心理学家马斯洛1943年提出了人的需要层次理论。该理论基于两个基本假设：一是人主要是受满足某种需要的欲望所驱使的动物，人的需要是无止境的，当个人满足一种需要之后，就会产生另一种需要。二是人所追求的需要具有普遍性，这些需要有层次之分。马斯洛把人的需要分为5个层次：生理需要是维持人类自身生存的基本需要，是人类最原始、最基本的需要，如衣、食、住、行、性的需要；在生理需要得到满足之后，人就会产生安全需要，如避免疾病及事故、摆脱失业威胁及取得某些社会保障的需要；再上一级的需要是社交的需要，如满足归属感、希望得到友爱等；更进一步是尊重需要，其可分为内部尊重及外部尊重，前者指希望自己有实力，后者指对地位、威望的需要；最后是自我实现的需要，这是个人的最高层次需要，即要求实现个人抱负，施展才能。马斯洛认为，上述5种需要是按次序逐级上升的。当一级需要获得满足之后，追求上一级的需要就成为行动的动力了。

马斯洛的观点机械主义色彩浓重，过分强调了人的生理属性和需要的逐级递升，许多人从不同的角度批评马斯洛的观点。例如，阿德弗于1969年提出了需要的3个水平：生存需要、关系需要、成长需要。他认为需要不完全是天生的，除了低级需要得到满足后会上升到高级需要外，需要次序是可以越级的，有时还可以有一个以上的需要。而且，需要还有“挫折、倒退”现象，即当较高层次的需要得不到满足时，人们就会把欲望降低到较低的需要上。阿德弗指出：从业人员最初感兴趣的是满足他们的第一类需要是生存需要，这结合了生理和安全因素，收入、工作环境、工作保障、额外福利等均属这类需要；第二类需要是关系需要，包括被他人理解和认可；第三类需要是成长需要，包括人类潜能的发展、自我尊重和自我实现的愿望。

20世纪50年代后人本主义心理学的兴起，使得职业指导理论开始重视人的需要以及人的职业价值在职业选择中的作用，出现了两个比较有影响力的职业指导理论——“需要论”和“心理动力论”。按照需要论的观点，职业指导就是要帮助择业者认识到自己的基本需要，发展满足需要的技术技能，排除障碍。

毕业生应有的“先就业、后择业，先立足、后发展”的就业理念，是符合人的需要是有层次性的这样一个观点的。在就业问题上，不应好高骛远，而要脚踏实地，在满足生存需要的基础上，再去追求其他需要的满足。当然，我们的需要次序是可以越级的，往往能通过就业满足多种需要。

职业有明显的社会性。每种职业都有其特定的社会责任，承担特定的生产或服务任务，从业者通过自己的职业活动履行公民对社会应尽的义务。有职业和职业活动存在，才构成了人类社会。职业活动创造出的物质和精神财富，是社会存在和发展的基本条件；职业活动是经济社会运转的主要内容，是社会进步的动力，从业者乐业、勤业，各行各业正常运转，是社会发展的基础，各行各业不断发展，是社会发展的前提；职业活动是保证社会稳定的重要手段，就业是民生之本，人人有其业，生活来源有保证，社会才能稳定。

职业生活在人们社会生活中居首要地位，成千上万种职业构成了现代文明社会的复杂结构，不同的职业分工成为个人与社会联系的纽带。人们通过职业活动为社会创造价值，做出贡献，推动社会整体运转和前进。

从业者的成功是其人生道路成功的基本标志，也是经济社会发展的动力。众多从业者在自己的岗位上勤学苦练、奋力拼搏，通过创新性劳动走好职业生涯的每一步，就会加快社会经济的发展。社会经济发展得快，就会创造更多的就业岗位，为更多的人创造就业机会，为从业者增加劳动报酬，为从业者及其家人提高物质和精神生活水平奠定基础。社会和个人的发展都依托于各种职业的正常运转，社会和个人通过职业活动得以发展。

人生价值是自我价值和社会价值的统一。人是社会的人，每个人的劳动都是社会总劳动的一部分，人只有通过交换各自的劳动才能满足其生存需要，在实现自我价值的同时，又体现为他人服务，为社会、为国家做贡献，实现其社会价值。

在职业内涵上，职业的智能化和综合化越来越强。社会生产力的发展、科学技术的进步必然导致职业之间知识的相互重叠，要求从业人员的素质越来越全面，要求其具备较宽的知识面和多种技能，具有较强的环境适应性以及处理人际关系、终身学习的能力等。

（二）职业的分类

1.产业和行业

产业是国民经济活动最基本的类型，国家统计局1985年根据联合国的划分标准，把我国产业分为三大产业：第一产业、第二产业、第三产业。第一产业包括农业、林业、牧业、渔业、水利业；第二产业包括工业和建筑业；第三产业是指除第一、第二产业以外的服务业和流通业两大类，主要有流通部门、生产生活服务部门、文化科学教育部门、社会公共服务部门等。

行业是指从事相同性质的经济活动的所有单位的集合。采用经济活动的同质性原则划分国民经济行业，即每一个行业类别都按照同一种经济活动的性质划分，而不是依据编制、会计制度或部门管理等划分。我国于1984年首次发布了《国民经济行业分类》，分别于1994年、2002年、2011年、2017年进行了修订。现行《国民经济行业分类》自2019年3月29日起实施，20个行业门类及代码见表1-1。

表1-1 《国民经济行业分类》中的20个行业门类及代码

门类代码	行业门类	门类代码	行业门类
A	农、林、牧、渔业	K	房地产业
B	采矿业	L	租赁和商务服务业
C	制造业	M	科学研究和技术服务业
D	电力、热力、燃气及水生产和供应业	N	水利、环境和公共设施管理业
E	建筑业	O	居民服务、修理和其他服务业
F	批发和零售业	P	教育
G	交通运输、仓储和邮政业	Q	卫生和社会工作
H	住宿和餐饮业	R	文化、体育和娱乐业
I	信息传输、软件和信息技术服务业	S	公共管理、社会保障和社会组织
J	金融业	T	国际组织

2.我国的职业分类

1999年5月，《中华人民共和国职业分类大典》（以下简称《大典》）颁布。《大典》从我国的实际出发，对中国社会职业进行了科学划分和归类，全面客观地反映了我国社会职业结构状况，为国民经济信息统计和人口普查规范化提供了依据，是劳动力科学化、规范化、现代化管理的基础，也为职业教育与培训和就业服务提供了条件，是完善国家职业资格证书制度的重要基础工作。

《大典》中，每一个职业都由编码、名称、职业定义和职业描述以及归入该职业的工种组成，对职业的性质和工作活动的内容、范围以及与工种的联系做了准确的界定和表述，不仅有利于劳动者了解有关职业的情况，而且促使职业教育、职业培训以职业活动为导向，以职业技能为核心，密切结合生产和工作的需要，使更多的受教育者和培训对象的职业技能与生产现场和就业岗位相适应。

1999年版《大典》将我国职业归为8个大类、66个中类、413个小类、1 838个职业。随着经济社会的不断发展，我国社会职业构成发生了很大变化。2015年7月29日，国家职业分类大典修订工作委员会召开全体会议审议、表决通过并颁布了2015年版《大典》。2015年版《大典》的职业分类结构为8个大类、75个中类、434个小类、1 481个职业。与1999年版《大典》相比，维持8个大类、增加了9个中类和21个小类，减少了547个职业。

2022年7月11日，中华人民共和国人力资源和社会保障部向社会发布《中华人民共和国职业分类大典（2022年版）》（公示稿）。该公示稿是以2015年版《大典》为基础修订的，对2015年版《大典》确立的8个大类总体结构不作调整，围绕数字经济、绿色经济、制造强国和依法治国等要求，专门增设或调整了相关中类、小类和职业，写实性描述各职业（工种）的具体内容，反映了数字经济发展的需要，顺应了碳达峰碳中和的趋势，契合了创新、协调、绿色、开放、共享的新发展理念，满足了人民对美好生活的需要。《大典》对我国职业的归类见表1-2。

表1-2 《大典》对我国职业的归类

8个大类
第一大类：党的机关、国家机关、群众团体和社会组织、企事业单位负责人
第二大类：专业技术人员
第三大类：办事人员和有关人员
第四大类：社会生产服务和生活服务人员
第五大类：农、林、牧、渔业生产及辅助人员
第六大类：生产制造及有关人员
第七大类：军人
第八大类：不便分类的其他从业人员

（三）职业资格证书与就业竞争

1.学历文凭与职业资格证书

学历文凭是一个人接受教育的年限、所具有的文化程度或者学业程度的证明，是由教育部门颁发的。学历是一个人学习的经历，表明一个人在某所学校学习某类专业是毕业还是肄业。当一个人按期完成某类正规教育，经考试合格后都会得到一份证明其接受过这段教育的文件。

职业资格证书是一个人能否胜任某一职业的证明，是由人力资源和社会保障部门或其委托的部门颁发的。职业资格证书是对劳动者达到某一职业所要求的知识和技能标准的认证。

不同职业对学历有不同的要求，国家有关部门也明确规定学历认定是获得职业资格证书的必要条件。我国实行九年制义务教育，因此获得职业资格的起点学历至少是初中学历。有些职业要求更高的学历，比如，获取专业技术人员系列职业资格证书的起点学历至少是中专，取得省级以上政府工作部门的公务员职业资格应具有大专以上学历。学历并不等于能力，在现实的职业生活中，学历很重要，但学历高的人能力并不一定高，学历低的人能力并不一定低。当然，没有学历并不等于不学习、没有知识，有些人是靠自学成才达到某个层次的同等学力，甚至更高，如著名数学家华罗庚，就是一个自学成才的典范。

学历文凭和职业资格证书并重，已经成为社会共识。职业资格证书制度越来越受到社会的重视，成为劳动力市场的通行证。随着职业资格证书制度的实施，越来越多的高职院校以就业为导向制订教学计划，指导学生参加职业资格证书的考试、考核，鼓励学生一专多能。

高职教育是以就业为导向的教育。随着我国经济体制改革的不断深入和经济结构的不断调整，现代制造业和现代服务业蓬勃发展，社会急需大批掌握现代科技知识的应用型人才。高职毕业生能否顺利就业，就业后能否适应劳动力市场的需求与变化，既是评价一所学校办学成功与否的主要依据，也是衡量毕业生自身素质的重要尺度。高职毕业生根据人才市场需求，持有相应职业资格证书，是提高就业竞争力的必要保证。

2.职业资格证书对高职毕业生的作用

在竞争激烈的市场就业环境中，高职毕业生在就业竞争中的强项不是学历，而是以实践能力强、就业后上手快为主要优势。职业资格证书制度是劳动就业制度的一项重要内容，也是一种特殊形式的国家考试制度。它是指按照国家制定的职业技能标准或任职资格条件，通过政府认定的考核鉴定机构，对劳动者的技能水平或职业资格进行客观公正、科学规范的评价和鉴定，对合格者授予相应的国家职业资格证书。因此，能证明自己具有从事某一职业所必备的学识、技术和能力的职业资格证书，对高职毕业生就业有重要的意义。

2002年发布的《国务院关于大力推进职业教育改革与发展的决定》，不但强调“完善学历证书、培训证书和职业资格证书制度”，而且明确“用人单位招收、录用职工，属于国家规定实行就业准入控制的职业（工种），必须从取得相应学历证书或职业培训合格证书并获得相应职业资格证书的人员中录用；属于一般职业（工种），必须从取得相应的职业学校学历证书、职业培训合格证书的人员中优先录用”。

3.多证书与职业竞争力

高职毕业生取得多个职业资格证书，才能占据就业的主动地位，这是由“双向选择”的市场就业体制和用人单位对复合型人才的需求所决定的。取得多个职业资格证书，不但能增加就业机会，大大提高择业过程中的主动性，而且可以使自己既具备第一岗位的任职能力，又具备转换岗位的适应能力。

随着技术进步的加速，用人单位对复合型人才的需求大幅度增加，对从业人员素质的要求越来越高，特别是对高级实用型人才的需求不但讲究“适用”，而且追求“效率”“效益”。从人力成本的角度看，有多个职业资格证书的毕业生，往往受到青睐。例如，想在星级宾馆、度假村、大型娱乐健身场所之类的工程部竞争职位，如果既具有相应专业的学历，又持有与制冷、电工、电器维修、管工、电梯、汽车驾驶，乃至网络维护等方面有关证书，哪怕其中有些是初级的，也会成为用人单位愿意聘用的对象。

多取证，并非多多益善。取证既需要投资，又需要投入相当的精力和时间，所以多取证不等于乱取证。

高职院校学生应分两步确定自己的取证种类和级别：第一步，确定应取得的证书的种类，根据自己所学专业和求职意向，在众多证书中选择，哪些是必选的，哪些是可选可不选的，哪些是不必选的；第二步，确定每种证书的级别，对人力资源和社会保障部门管理的证书、求职主方向的证书应在中级或中级以上，辅方向的为中级或中级以下。

同一职业群或相关职业群中，有不少职业的资格标准相通，往往有不少共同的理论知识和操作技能要求，在学好学校开设的专业课的基础上，只要取得了一种职业的资格证书，再取得相关职业的资格证书就能节省许多精力。

（四）多边互认证书与就业的关系

我国在加入世界贸易组织（WTO）以后，步入一个新的经济高速增长期，同时面临更加激烈的经济全球化的竞争。随着经济全球化趋势的明显加快，世界各国都把推进教育事业的改革和发展、加强人力资源管理作为提高国际竞争力的重要战略。

国际制造业巨头纷纷将生产基地迁往中国，中国成为亚洲乃至世界的制造业中心。外企逐年增多，它们可以带来资金、管理，但高级技工还得以本土为主。一家企业的老总感慨万千：为什么进口元件在国内组装的产品不如在国外原装的产品质量好？其中一个重要原因就是国内进行组装的技术工人的水平不如国外的高。一位外企老总毫不掩饰地说："争夺中国现有的技能人才，是使产品占领制高点的关键要素。"

经济全球化的发展，给我们提供了广阔的就业空间和发展机遇，具有专业知识和熟练的操作技能的毕业生将会更受青睐。但是机遇总是偏爱有准备的人，只有具有专业知识和熟练的操作技能、有较高的职业技术能力和实践能力的高职毕业生才能把握机遇，迎接时代挑战。

劳动力市场的国际化是经济全球化的必然趋势。我国颁布的《职业资格证书规定》明确规定："国家职业资格证书参照国际惯例，实行国际双边或多边互认。"在实施过程中，需要有谈判、磨合过程。

由我国原劳动和社会保障部引进和认可的英国伦敦城市行业协会职业资格证书（简称C&G职业资格证书）、美国认证协会（简称ACI）职业资格证书等，都具有承认国家多、通用地域广等特点。一些跨国公司也有自己的证书，如美国微软公司、德国西门子公司等世界著名的企业，不但有自成系列的证书，还在我国设有专门的培训、认证机构。这些证书不仅在境外就业有用，在国内的外商投资企业求职时也有用。不过，取得这些证书需要更多的投入，高职生在选择这些证书时，一定要认真分析投入产出比，并了解此类证书对自己求职就业的实际作用。

二、职业信息

毕业生在认识自身和外部世界的同时，应该同步进行就业的信息准备工作。具体而言，毕业生应该在最短时间、最大范围内搜集和整理就业市场的招聘信息。

充分搜集有关的就业信息，并将这些信息加以分类、归档、整理，这是毕业生求职开始时十分重要、不可或缺的一步。信息准备是求职的硬件和重要物质基础，毕业生需要利用各种渠道、手段全面地、迅速地搜集职业信息，寻找求职机会。毕业生如果能及时获得就业信息，那么就能获得求职的主动权；获得的就业信息越广泛，求职的视野就会越宽阔；获得的就业信息越准确，求职的命中率就会越高。信息的时效性、广泛性、准确性共同构成了就业信息的质量。就业信息的质量越高，毕业生找到一份理想工作的机会就越大。

值得指出的是，我们在和部分毕业生进行求职就业的经验交流时发现，有些毕业生不会通过互联网查询招聘信息，不会正确搜集报刊上的信息，不会利用自己已有的社会关系，不懂得充分利用自身的信息资源，因此希望毕业生高度重视本节有关信息准备的内容。

（一）就业信息准备的基本内容

就业信息准备包括以下基本内容：

（1）就业信息的主要内容；

（2）搜集就业信息的各种渠道；

（3）各种信息渠道的具体分析；

（4）了解就业信息的种种陷阱；

（5）对虚假信息的反制。

（二）就业信息的主要内容

1.宏观信息的内容

全国及求职者所在地区综合（各行各业）的和相关行业的职业岗位数量，及提供给这些职业岗位的毕业生数量，也就是人才市场（劳务市场）的供求行情。

2.微观信息部分

招聘单位的情况：招聘单位的经营、管理、生产、设备、人事及在同行中的竞争能力等情况。

应聘岗位的要求：该岗位的性质、任务、工作环境、条件及对人员的技能、经验等方面的要求。

客观评价自己：自己是否能胜任该岗位的要求，自己的优势在什么地方、劣势在什么地方。

只有做好这些准备，毕业生在面试时才能扬长避短、有的放矢，与招聘者谈起话来才能更加内行和融洽，使招聘者对你刮目相看，增加应聘成功的可能。

（三）搜集就业信息的各种渠道

（1）各类人才（劳务）中介服务机构；

（2）各类招聘会；

（3）各类人才招聘网站、报刊的招聘专栏和广播电台、电视台的招聘信息；

（4）各类社会关系（同学、亲戚、朋友、熟人等）；

（5）其他渠道（学校、用人单位、阅读相关书籍、直接经历等）。

（四）各种就业信息渠道的具体分析

1.各类人才（劳务）中介服务机构

（1）人才（劳务）中介服务机构的种类。

知识在线1-4

专业与职业

各类人才（劳务）中介服务机构是毕业生搜集求职信息的一个十分重要的途径。具体来讲，各类人才（劳务）中介机构包括各级人才交流中心、各级人才服务中心、各级职业介绍所、各类劳务市场等。

全国县级以上的地方都有国家设置的人才服务机构，同时国家鼓励和支持民间机构参与职业中介机构的工作，全国各个大中城市主城区的许多街道一级都有职业介绍服务机构，毕业生可直接前往了解职业供求信息，接受帮助。

（2）人才（劳务）中介服务机构的服务项目。

①为用人单位提供劳动力资源信息，推荐劳动者，为用人单位用工提供咨询；

②对求职人员进行求职登记，对用人单位进行用工调查和登记，建立劳动力供求信息档案；

③为求职人员提供就业信息、指导咨询和介绍工作单位；

④为进城务工的农民工提供用人信息并介绍用人单位，为农民工提供培训服务；

⑤为城镇家庭介绍家政服务人员；

⑥在劳动力供求双方经过相互选择达成协议后，指导其按照有关政策和规定签订劳动合同；

⑦为求职人员代理人事档案；

⑧定期和不定期举办各类（综合、专场）招聘会，为单位和求职者牵线搭桥。

2.各类招聘会

招聘会一般是由政府所辖人才（劳务）中介服务机构及高校就业中心举办的，主要服务于待就业群体及用人单位。招聘会一般分为现场招聘会和网络招聘会，日常所讲的招聘会通常就是指现场招聘会。招聘会分为行业专场和综合两种形式，参加招聘会前先要了解招聘会的行业和性质，以免和自己要找的岗位不对口而浪费时间。

3.各类人才招聘网站、报刊的招聘专栏和广播电台、电视台的招聘信息

（1）互联网已经成为人们取得信息的一个重要途径，求职和招聘信息已经是互联网上主要门户网站的重要组成部分，同时各种性质的招聘网站更如雨后春笋般涌现，因此毕业生应该高度重视互联网上的招聘信息。

（2）报刊、广播电台、电视台是毕业生不应该忽视的另外一个搜集招聘信息的重要途径，报刊、广播电台、电视台都开辟有招聘信息的专栏，这是毕业生搜集招聘信息的好渠道。

（3）毕业生应该把浏览互联网、收听电台、收看电视台和阅读报刊这些电子媒体、纸质平面媒体都作为了解就业市场和就业信息这一日常工作的组成部分。

4.各类社会关系

各类社会关系是指亲戚、朋友、同学、熟人等的统称。各类社会关系也是毕业生获取职业信息的一个非常重要的渠道。从表面上看，与上述人才（劳务）中介服务机构、互联网、报刊、电台、电视台等相比，社会关系这个求职的信息渠道似乎不那么正规，其实不然，亲朋好友等都是十分关心你的人，所以他们会尽力帮助你争取获得一份满意的工作。而毕业生要做的就是把自己把想找工作的信息及时告诉他们，同时要向亲朋好友说明自己对所求职业的相关要求和自身条件。在一般情况下，各类社会关系所反馈的就业信息质量是比较高的。当然具体事情要具体分析，并不能一概而论。

每个人社会活动的圈子不会完全相同，因此通过社会关系获取的就业信息的内容也会千差万别。通过社会关系所反馈的就业信息质量高不高，还要看你生活的社交圈子活动的范围等其他因素。此外，通过熟人介绍来获取就业信息，也是毕业生利用社会关系的一种渠道。在市场经济逐步建立的今天，企业往往通过自己信任的关系和熟人招聘员工，尤其是那些民营中小企业，这是非常普遍和正常的。毕业生通过这种渠道求职也是十分正常的，这和走后门等不正之风并不是一回事。通过熟人介绍来获取就业信息的求职成功率是很高的。毕业生不能忽视这种求职信息渠道。

5.其他渠道

（1）通过学校有关机构获取职业信息。目前我们国家对于毕业生的就业工作高度重视，国家有关部门对各级各类大中专学校毕业生的就业率都提出了一定的指标性要求，各级各类的大中专学校都设置相应的主管毕业生就业的部门或相应的就业指导机构，一般是由学生工作处和毕业生就业办具体负责。它们所提供的就业信息，无论是数量还是质量，都有明显的优势，它们的信息来源主要是主管部门和各毕业生分配调剂中心，以及各用人单位，所以信息准确、可靠，而且相当适时，所以成功率高。毕业生应该高度重视依靠学校相关机构获取职业信息。

（2）通过各类就业供需见面会搜集职业信息。各类就业供需见面会一般都是由学校和相关招聘单位联系后在校园举办的，是专门为毕业生服务的。由于用人单位有明确的招聘意向，所以其现实可行性是显而易见的。

（3）通过直接经历获取职业信息。通过实习、兼职等直接经历，获取某种职业的相关信息，这也是获得就业信息的一个途径。俗话说，经历是最好的老师，如果不是亲身体验，你从道听途说中得到的有关某种职业的信息常常是不准确的，带有传媒包装之嫌和他人主观加工的色彩。这就使就业信息的质量大打折扣，而毕业生在打工的实践中获取的职业信息就完全可以避免这些不足。

（4）直接与用人单位取得联系。通过直接与用人单位取得联系这种方式获取职业信息是有前提条件的。这种联系的前提条件是择业者有比较准确的就业信息和明确的职业定向。毕业生应该是既知道用人单位确实要招人，又十分明确自己的求职意向，为什么要去这个单位，去这个单位做什么工作。进行联系时，可以采用打电话、发信息、发电子邮件或直接前往用人单位找人力资源部门负责人面谈的方式。无论采用哪种方式都一定要把求职意向讲明白，表达清楚。要给用人单位留下好印象，打电话或面谈前准备个提纲是十分必要的。

（5）实地调查用人单位的招聘信息。亲自走访调查你想应聘的工作单位，也是获得就业信息的重要渠道之一。至于如何进入单位内部探听信息，要动脑筋。例如，可先询问接待人员，请求与公关部门或营销部门人员会晤，或索要年度报告、产品目录之类的广告宣传品。一般来说，这些部门的人员，比起秘书和行政助理要容易接触得多，不像他们那样守口如瓶。在谈话中，你可以请他们介绍一下最近曾记载该单位有关情况的报纸杂志。这在秘书、行政助理或接待人员那里是得不到的，而公关部门和营销部门人员常能满足你的要求。这样，你就有机会把各部门主管人员的姓名、职衔和办公室的电话号码记下来，别忘了还有人力资源部门，许多单位的人力资源部门一般不会将来访的人员拒之门外，你可以向他们询问单位目前是否有招聘项目。

（6）阅读择业指导书。目前图书市场有相当多的求职就业类的指导书，它们大多是专门为大中专毕业生解决就业问题而撰写的。如果对这一类书籍选择得当，将对毕业生的求职就业大有助益，尤其是那些列有各级各类人才（劳务）中介服务机构名录的就业指导书，便于毕业生查找和联系这些相关中介机构来获取职业信息。

（五）就业信息的种种陷阱

目前，某些人才（劳务）市场存在种种陷阱、种种虚假信息和非法招聘活动，毕业生在求职就业时一定要擦亮眼睛，提高警惕。毕业生求职就业应该尽可能通过那些大型、管理正规、有国家权威部门颁发的许可证的人才（劳务）服务中介机构。

各种陷阱、虚假信息和非法招聘活动主要存在于那些管理不规范，甚至根本就没有营业许可证的小型民营职业中介机构。它们利用毕业生求职心切的心理，发布虚假信息，设置种种陷阱，非法收取报名费、保证金、培训费等。

另外，也有一些企业并不是真正要招人，而是企图利用招聘会亮相，搞企业的形象宣传。部分企业的这种行为表面上并没有伤害谁，但是他们实际上浪费了毕业生宝贵的时间和精力，甚至有可能使毕业生错过去那些真正招人的单位应聘，不少毕业生不明就里，上当受骗者屡见不鲜。

下面是一些人才（劳务）市场常见的虚假信息、求职陷阱。

1.虚假广告

一些企业发布虚假广告，旨在通过招聘获取大量报名费。这类招聘广告往往以非常优厚的待遇吸引应聘者。还有的企业通过招聘取得廉价劳动力（试用期内付低薪，期满辞退，再行招聘），既坐收招聘之利，又降低了资金成本，可谓“一箭双雕”。

2.瞒天过海

公司招聘人才意味着应聘者要八仙过海、各显神通。然而，一些公司却以招聘为名虚晃一枪，实际上私下早有“安排”。例如，某公司领导将意中人放在事先安排好的“竞争”环境中，使其万无一失地“取胜”，其他应聘者只是陪衬。这样，对内可以光明正大地显示其“公平竞争”“择优上岗”的用人制度；对外，可以树立公司广纳人才的企业形象。

虚假广告以及不法职业介绍的危害是明显的。以假乱真使真实招聘名声受损，使人们即使面对怀有诚意的招聘、对合法经营的职业介绍单位也望而却步。一些希望求职的人才因此错失良机，同时一些需要用人的单位又难以招到合适的人才。

（六）对虚假信息的反制

如何对人才（劳务）市场的那些虚假信息、陷阱和非法招聘进行防范？毕业生应提高自我保护意识，在求职应聘过程中，注意从以下几个方面来进行求职就业活动，从而避免上当受骗，减少损失：

1.到政府人事部门所属人才交流机构求职，不到那些让人生疑的职介场合

优先选择到政府人事部门所属人才交流机构开办的人才市场或大型民营人才中介机构求职应聘。这类部门以为用人单位、为人才服务为宗旨，运作规范、服务周到、

信誉高、功能全。

2.查看招聘单位的营业执照

一看招聘单位有无营业执照。二看是否办理了合法的招聘手续。在省级人才市场设摊招聘的单位均由人才市场统一印制、统一装订指示板等，招聘者可看指示板所示单位名称与实际招聘单位名称是否一致；另外，省级人才市场在入口处贴有摊位总表，招聘单位名称、性质、拟聘岗位均列于此表中，应聘者可先浏览一下摊位总表再进场应聘，做到心中有数。三看招聘工资是否与该岗位社会基本工资相符。四看招聘岗位是否与单位经营范围相符。

3.仔细询问招聘人员，不可轻信于人

应聘者在人才市场求职应聘时应仔细询问招聘单位的详细情况，包括其上级主管部门、单位性质、经营范围、用工形式、用工时间、工资待遇等，还可以直接向有关的管理部门咨询。

4.认真听取招聘单位的情况介绍，不放过任何疑点

求职者在应聘时应留心听一听招聘单位向求职者介绍的情况是否和招聘简章一致，多听一听其他求职者的发问和议论，以便掌握较全面的信息。

5.运用法律武器维护自己的利益

在应聘活动中，一旦遇到非法中介机构欺骗、讹诈求职者，应及时到人事部门、劳动部门咨询、投诉，寻求帮助。

（七）正确面对招聘信息

1.不要对号入座

面对令人眼花缭乱、五花八门的招聘信息，一般求职者采取的是对号入座的被动心态。而在这里要强调指出的是，应主动出击，积极应对，除非招聘的职务是你的强项，否则最好不对号入座。

2.面对“有从业经验”的条件要求应该怎么办

毕业生初次进入人才市场，一般都显得十分谨慎甚至十分胆怯。他们见了用人单位提出“有从业经验”的条件和相关要求时常常不敢面对、逃之夭夭。他们常常是十分“严谨”且十分规矩地把自身条件老老实实地跟用人单位的招聘条件去对照和挂钩，只要自身条件和招聘条件有差距和出入，哪怕这种差距和出入是那样的微不足道，毕业生也会退避三舍，大打退堂鼓，就这样在生存斗争中打了一场不战自败的仗。

这时，应想方设法、积极应对，勇于和用人单位进行商讨。招聘单位的根本目的是招到能用得上的人，如果对这个职务进行冷静思考和分析，你就会发现，你完完全全能够胜任！剩下的就是你要勇敢地去跟用人单位进行商讨，甚至辩论，至于说什么、怎么说，这些具体细节我们在后面的章节会详细说明。

（八）招聘信息管理

职位信息卡片见表1-3。

表 1-3 **职位信息卡片**

级别：□A □B □C □D

编号： 采集日期： 信息时限：

职位名称		信息来源	
单位名称		单位性质	
单位网址		联系邮箱	
联系电话		联系人	
邮寄简历地址		邮编	
乘车路线：			
职位要求： 1. 2. 3. 4.			
必要准备： 1. 2. 3. 4.			
面试时间： 笔试时间： 复试时间：			
待遇参考： 1. 2. 3.			
备注：			

育德润心 1-1

落实“三全育人”教育要求，形成育人合力

项目训练

一、明确个人价值观

1. 你的价值取向受哪些方面影响？

____

2. 你是否考虑过结果或者后果？

____

3. 你愿意公开你的价值观吗？

____

4. 你是否有能与价值观保持一致的行为模式？

____

二、记录技能

1. 请列出五项你娴熟的技能。

____

2. 请再列出五项你中等熟练的技能。

____

3. 最后列出十项你一般性的技能。

____

三、列出最重要的五件事

列出五件你最想做到的事情，哪件对你最重要？为了实现它，你是否有实际行动？请必须仔细分清你所说明的某件事是你最想做的还是最重要的。

1.______________________________

2.______________________________

3.______________________________

4.______________________________

5.______________________________

四、找出九种吸引你的职业

1.________ 2.________ 3.________ 4.________ 5.________

6.________ 7.________ 8.________ 9.________

五、选择一种你感兴趣的职业，填写下列信息

职业名称：________________ 薪金：________________

福利：________________ 工作时间：________________

职业前景：________________ 教育程度要求：________________

专业背景：________________ 是否有特殊要求：________________

工作描述：________________ 晋升机会：________________

学位要求：________________ 其他教育（培训类）：________________

信息来源：________________

在填完上述信息之后，最后简要说明你感兴趣的工作与你期待的工作是否吻合。

项目二
求职准备一

项目任务书

<table>
<tr><th colspan="2">任务</th><th>知识点</th><th>项目训练</th></tr>
<tr><td>任务一</td><td>如何写好求职信</td><td>一、求职信的内容
二、写求职信应注意的事项</td><td rowspan="3">一、请按照实际情况填写简历评估表
二、个人资料验证
三、写一封自荐信，请别人提出意见
四、用五分钟的时间谈谈你对职业的理解</td></tr>
<tr><td>任务二</td><td>如何写好个人简历</td><td>一、个人简历的基本内容
二、个人简历的基本格式
三、英文简历写作指导
四、电子简历</td></tr>
<tr><td>任务三</td><td>如何写好辅助求职资料</td><td>一、辅助求职资料种类
二、辅助求职资料的主要内容</td></tr>
</table>

我们的求职过程是以信息加工为基础的，尽管我们的沟通方式已经广泛应用IT科技，但这并没有减少我们用各种文字方式进行沟通的需要，这种需要如同一扇上了锁的门对合适的钥匙的需要一样。

我们确定了自己的求职目标和对象之后，应该确定打造一把完全符合要求的钥匙，这项工作是建立在自我认知和对职业以及就业市场的认识的基础上的，并且起着承上启下的作用。

一套完善合适的个人资料就像一把打开事业之门的钥匙，它是一份介绍自己、包装自己和推销自己的广告，一座毕业生和用人单位之间的桥梁；它是毕业生在求职的过程中让用人单位了解你、认识你的不可或缺的媒介。因此，准备好个人资料是每一个毕业生求职就业的关键一步。

个人资料有以下内容：求职信、个人简历、推荐信及相关证件、证书，下面分别介绍。

任务一　如何写好求职信

求职信和个人简历是毕业生需要准备的主要求职资料，二者内容相似，形式不同。前者为信函，后者多为表格；前者是一种主动的求职资料，而后者则是一种被动的求职资料。

一、求职信的内容

求职信是我们在推销自己过程中最关键的部分，也是我们迈出求职的第一步，求职信的书写质量很大程度上决定了我们能否顺利进入用人单位的初选范围。

常见的求职信一般采用信函的形式，正文除了用一般信笺的礼貌用语之外，主要包括以下内容：

（1）说明个人的基本情况（学历、工作简历）；

（2）说明工作能力和潜在能力；

（3）明确向用人单位提出申请职位；

（4）说明如被录用，能为用人单位做出什么贡献；

（5）写明自己详细的联系方式。

在写求职信之前，我们应该做好以下几件事情：

（1）尽可能多地对招聘单位进行了解；

（2）了解你应聘的单位需要的是什么人才；

（3）说明你能为招聘单位提供所需的独特优势；

（4）了解你应聘的单位为其招聘的人提供的工作条件和薪资；

（5）了解你应聘的单位所提供的工作条件和薪资与就业市场同类职位所提供的工作条件和薪资水平的差距。

知识在线 2-1

求职信范文

二、写求职信应注意的事项

（1）实事求是，恰如其分。写求职信务必抱着实事求是的态度，应做到正确介绍自己。对自己的能力、水平、特长应有恰如其分的评价，切不可弄虚作假，不能虚构自己的学习成绩，也不能夸大自己的工作能力和特长，更不能虚构没有获得的荣誉。

（2）谦逊诚恳，委婉文雅。写求职信要表现出自己谦虚的品质、诚恳的态度、委婉的语气，做到自信而不自大、自谦而不自卑，让人感到你的求职是真诚的。

（3）有的放矢，开门见山。写求职信应讲究分寸。通过多种渠道尽可能多地了解招聘单位的基本情况，特别是现状。只有这样，才能针对不同性质的单位及岗位的不同要求写出你现在能做什么、将来能为单位做什么的内容，来表达你对招聘单位的了解和关心，从而赢得招聘单位对你的好感，切忌不做区分地用一个求职信的版本复印后到处投递。

（4）文字精练，简洁明了。求职信是一种功能性很强的应用文体，不是越长越好、越详细越好，而是要清晰、简洁明了、重点突出、具有特色。求职信的篇幅一般不应超过一页，同时还要特别注意用语是否得当，文法和标点符号是否准确，字迹是否清楚，要杜绝错别字。一封精练的求职信，配上工整的字迹，既能显露你的才华，又能博得招聘者对你的好感，加深对你的印象。

（5）称呼得体，字迹工整，文从字顺。一般情况下，要特别注意收信人的姓名和职务，书写要准确，万万马虎不得，因为他们第一眼从信笺中看到的就是称呼。最初的印象如何，对于这份求职信的最终结果有着直接影响。同时，求职信中的称呼不能太套近乎，礼貌得体就可以。有句古话说得好："字如其人，文如其人。"

（6）不提薪水。求职信所要达到的目的是建立联系，争取进一步详谈的机会，因此，不应提及薪水。

（7）祝愿诚恳，符合格式。正文后的祝词虽然只有几个字，但表示写信人对收件人的祝愿，不可忽视。

任务二　如何写好个人简历

个人简历是介绍求职者的学历、工作经历、技能和工作经验、成绩等资料的书面报告。简历和求职信这二者在内容上有相同之处。它们内容的不同体现为：求职信属于一种相对主动的求职资料；而个人简历与求职信相比，属于一种被动的求职资料。

个人简历帮助求职者建立与用人单位之间的联系，是开启事业之门的钥匙。那么什么样的求职简历符合用人单位的要求呢？个人简历的基本要求是内容扼要、形式简洁。简历要尽量简短，一般一页纸就足够了，而且要重点突出，简历中尽量不要提及与工作岗位不相关的信息。

一、个人简历的基本内容

（1）个人基本情况：姓名、性别、出生日期、籍贯、家庭地址、户口状况、政治面貌、民族、血型、身高、婚姻状况、健康状况等。

（2）通信资料：联系电话、地址及电子邮箱。这部分内容虽然不多，但绝对不能遗漏，因为这是招聘单位与你联系的主要途径，因此在简历中应重点突出这些内容。

（3）求职目标：根据已知招聘单位招聘信息说明自己主要应聘什么职位，一般写上1~2个，而且这两个求职的目标不要相差太远。如果你写了应聘的职位是机电技术员，同时又写应聘业务员的职位，招聘人员会因你的目标飘忽不定而做出对你不利的决定。

（4）教育和培训背景（学历）：应能证明你的知识水准、所拥有的技能和能力，包括正规教育、非正规的继续教育和专业培训。

（5）工作经历：包括雇用型的工作和实习、勤工俭学、兼职工作、志愿者和义务性及社区性的工作。

（6）常规性技术和技能：电脑技能、语言技能、沟通能力、交际能力、团队精神等。

（7）专业技能：所学专业与应聘职务有直接联系。

（8）特长和兴趣爱好：诸如文艺、体育、旅游、摄影、写作等方面的特长和兴趣爱好。

（9）奖励记录：各级、各类的奖励记录，应附有复印件。

（10）自我评价：在简历的结尾留出一格，用100~200字写一份个人鉴定。

二、个人简历的基本格式

个人简历是描述自己过去的一份完整的正式的总结性报告，同时也是毕业生推销自己的广告。简历一般有固定的格式，表达需完整清楚，是求职人员必备的一份资料。

（1）简历的写法按表现形式可以分为表格式、文章记述式和小册子式。

①表格式。这种格式综述了多种资料，易于阅读。这一格式通常适用于年轻、缺乏工作经历，但具有各种诸如所学课程、课外活动、业余爱好和临时工作经验等情况的大中专院校毕业生求职者。这是因为资历低浅的求职者必须显示各种不同的资料，他们不深的资历一般不需要分析和说明。

②文章记述式。这种格式是使用较少的资料表格、较长资料的文字记载，表格的数量和文字记载的长度可以变化以适应需要，这种方式特别适合年长的和资历丰富的应聘者，因为他们的工作成果、主持某项工程的工作经验或在某项工作上的专长，通过文章形式表达出来更能引起用人单位对他的重视。当然，太多的叙述反而可能会影响简历的概括性，这是在用这种方法时需要注意的。

③小册子式。做简历时用多页的半文章式的活页格式组成简历。这种简历可以有4页、8页等。这种格式的优点在于它提供了多种表达方式或更多资料的便利工具，同时又能在小册子简历中容纳一份分别打印、专门设计的求职信，将求职信和个人简历合为一体。目前有很多院校都统一制作这种形式的“就业推荐表”，个人做这种格式的简历需专门的技能设计、撰写。

（2）简历按内容特点可分为时序式、功能式及创造式。

①时序式。时序式即按照时间顺序来排列个人受教育和工作的经历以及罗列其他个人资料的简历。这是一种最常用的简历，这种简历的优点是简洁、清晰、明了，大多用人单位的招聘人员都比较喜欢，但这种时序式简历并不一定对应聘者有利，尤其是应聘者最近的工作并不是给人印象最深刻的工作时。

②功能式。这种简历只强调曾经工作的种类（功能），而不强调任何特别的时间顺序。功能式简历的主要优点是突出自己的实际成就，引起招聘者的注意。它的缺点是招聘者不得不排出他们自己推算的时间顺序。这种简历一般适合那些已有一定工作经验的应聘者，不太适合刚刚毕业的大学生。

③创造式。艺术界、广告界、宣传界和其他创造性领域里的求职者在准备简历时往往会打破标准的简历格式。当创造式简历寄给其应聘单位时，这种简历是有利的，它证明了求职者富有创造性，并提供了一种创造性想象力的例子。创造式简历必须运用想象力，但也必须向招聘者提供他们需要的内容。创造式简历只能用于创造性行业，一般要避免在银行业、商业、交通运输业和制造业中运用。

三、英文简历写作指导

（一）如何制作高水准的英文简历

如果将英文简历按照中文简历格式写，准会被人当作笑话。英文简历是进入外企的“敲门砖”，招聘者全凭简历上寥寥数语判断求职者的能力，所以一定要写好，不可马虎。

1.语言简练

对于求职者来讲，目的明确、语言简练是使简历行之有效的基础，如在教育背景中列举相关课程，千万不要为了拼凑篇幅，把所有的课程一股脑儿地都写上。这样不会有效，别人也没耐心看。

2.遵守顺序

通常，英文简历的第一部分为个人资料（personal data），包括求职者的姓名、性别、出生年月等，与中文简历大体一致。第二部分为教育背景（education background），必须注意的是，在英文简历中，求职者受教育的时间排列顺序与中文简历中的时间排列顺序通常正好相反，也就是说，是从求职者的最高教育层次（学历）写起，至于低至何时，则无一定之规，可根据个人实际情况安排。

3.注重“技能”

在时间排列顺序上亦遵循由后至前这一规则，即从当前的工作岗位写起，直至求职者的第一个工作岗位为止。求职者要将所服务单位的名称，自身的职位、技能写清楚。把社会工作细节放在工作经历中，这样会弥补工作经验少的缺陷，例如，你在做班长、学生会主席等社会工作时组织过什么活动，联系过什么事宜，参与过什么活动都可以一一罗列。作为大学生，用人企业通常并不指望你在学校学习期间会有突出的社会工作性成就，当然如果你有就更好了。

知识在线2-2
英文简历书写中的144个常用动词

4.列举所获奖励和发表的作品

将自己所获奖励及所发表过的作品列举一二，以从另一方面证实自己的工作能力和取得的成绩。介绍奖学金获得情况时应一项一行。另外，大多数外企对英语（或其他语种）及计算机水平都有一定的要求，个人的语言水平、程度可在此单列说明。

知识在线2-3
英文简历之二十四个秘籍

5.注意政治背景

如果面试外企，政治背景则越简单越好。

（二）英文简历常用语——个人情况

知识在线2-4
中英文职位对照表

Position Desired:

Name:	Gender: Male / Female
Date of Birth:	Address:
Marital Status: Single / Married	Post Code:
Height:	Weight:
Health:	E-mail Address:
Tel:	Mobile Phone:

Personal Homepage:

四、电子简历

电子简历就是指可以以e-mail形式通过互联网传播的求职简历。电子简历的投递非常简单，求职者在网上轻击鼠标就可以在全球范围内寻找适合自己的工作，无须传真当然更不需要邮寄，是全球范围的快捷传播方式。

（一）如何找到接收简历的公司的网址

1.明确目标

求职者应先明确自己的求职目标，不必是唯一的岗位目标，但一定要有一个大体的方向，如市场营销类，同时还要有明确的求职区域，就是以后上班的地区，不然再好的机会也会因为不能千里迢迢赶去而浪费了。

2.关心政策

不同地区的人事政策是不同的，许多政府的人事网站都有“政策法规”栏，在初步确定求职地域后，应关心一下当地的人才政策，对户口迁移、社会保险、应届大中专毕业生就业政策等相关内容有一个大致的了解。

3.随时下载

有些招聘页面内容较多，岗位、条件罗列一大堆。求职者怕来不及看，又怕漏看，最好的办法就是下载网页。可以先建一个名为“求职”的文件夹，把选中的网页下载下来，等以后再细细筛选。

4.注意保密

在职的求职者即使是在网上求职，最好也不要让当前的老板知道，特别是在本地网站上，因此保密工作就成了重要一环。建议在登记时使用英文名字，但学历、工作经验等必须真实，不然你会有被网站内部“封杀”的可能。同时注意，接到面试通知时要告诉招聘单位你的真实姓名。

5.及时联系

招聘岗位的空缺往往是暂时的，一发现空缺，求职者就要及时联系，否则“机不可失、时不再来”，要尽快采取适当的方法递交自己的简历。

6.保持联络

求职不能一蹴而就，持之以恒是十分有效的方法。求职者在接到不录用的通知后最好也要回复表示感谢，以便下次联络。

7.建立个人主页

为让有关单位全面了解自己的情况，最好的办法是建立个人主页，在个人主页中把自己的有关情况都罗列出来，使其一目了然。

（二）电子简历的格式和应用要点

（1）采用标准的文字处理应用软件，不要随便求新、求异。纯文本文件的功能非常简单，它不认可粗体、斜体以及圆点等加重标志，你可以利用星号（★）、加号（+）或大写字母等获得同等效果。最重要的是，求职者在书写简历时应学会不依赖各种装饰性符号。

（2）如果文字处理应用软件允许，不妨在页面的两边留有适量的空白。每行比较理想的文字长度为最多不超过65个字符（约32个汉字）。这样做的好处是易读、清晰，打印出来的效果也非常理想。

（3）为自己的简历设计一个封皮，明确指出从哪里获悉的职位空缺。简历与封皮最好在同一封电子邮件中发出。你可以在简历文件前面书写封皮的内容，也可以在简历文件上粘贴一个附件。

（4）电子邮件的“主题”一栏应直接注明应聘的职位或者相关的职位代码。

（5）最好在邮件发送后的一周内追加一封电子邮件，以便确认对方收到，当然也可以直接打电话与之联系，看看对方的态度和兴趣。

不同风格的简历范例我们将在后面章节中学习。

任务三　如何写好辅助求职资料

一、辅助求职资料种类

（1）求职者本人在求职信或简历中提及的有关教育背景的证书和相关证明资料。

（2）有关自我介绍、专长、获奖项目等由有关机构颁发的证书和相关证明材料。

（3）有关权威人士和权威部门给求职者的推荐信。

这些证书、相关证明材料、推荐信的复印件，附同求职信、简历一起提供给招聘单位，以加强求职信特别是简历中所介绍的自我能力、专长、成绩等的可信度。

二、辅助求职资料的主要内容

（1）毕业证或学历证明。求职者应向招聘单位提供自己最后、最高学历的毕业证的复印件，或者是与自己应聘职位专业对口的所学专业的毕业证的复印件。

（2）各门课程学习成绩单。毕业生各门课程学习成绩单是目前大多用人单位在招聘新员工时较为看重的一个参考文件，也是求职辅助材料中一项重要的内容。成绩单应由院校教务部门开出并加盖教务部门的公章，在求职材料中一般采用复印件，待面试时再提供原件。

（3）专业等级证书、职业资格证书。专业等级证书如“英语水平等级证书”“计算机水平等级证书”等。对于高等职业技术学院的毕业生来说，大多学院都开展了职业技能鉴定，相当一部分毕业生都获得了相关的职业资格证书。对于获得上述有关证书的求职者，可以在其求职信或简历中介绍这方面内容，并在求职材料中附加这些证书的复印件以增强可信度。

（4）获奖证书。获奖证书包括毕业生所在院校颁发的“三好学生”“优秀学生干部”“优秀党、团员”等荣誉证书；各类个人单项比赛包括在校运动会上获得的荣誉证书；以及参加社会各团体活动，向各级报纸、杂志投稿并发表个人作品或论文获奖所得到的荣誉证书等。如果求职者在求职信或简历中有介绍，应该在求职材料中提供相关证书的复印件。

（5）学校推荐表、推荐信（在外资企业，推荐信和简历一样，也是一份招聘者相当看重的必备资料）、参加社会实践毕业实习的鉴定材料和有关科研成果的证明，以及可以证明自己能力的其他个人材料。

以上有关证件的复印件均应采用A4纸复印，装订成册。原则上复印时按原件规格复印，既不放大也不缩小，否则会失真。特殊情况下，复印时可以将小的原件两件或三件复印在一张纸上。

目前，各大中专院校毕业生大多采用的是在个人简历中直接加入老师鉴定和系主任意见及学校意见。如果有可能的话，毕业生可以请系主任或自己的老师等写一封独立的推荐信，这样在求职时效果会更好。

推荐信一般包括以下三个方面内容：

第一，说明推荐人的身份及与被推荐人的关系。

第二，概述被推荐人的能力、人品、性格及学习、工作中取得的成就。

第三，建议招聘单位录用被推荐人。

项目训练

一、请按照实际情况填写个人简历评估表

（一）个人信息

1. 姓名：______

2. 住址：______

3. 电话/邮箱：______

（二）当前求职目标

______

（三）教育背景

1. 高中阶段：

______

2. 大学阶段：

______

3. 特长：

______

（四）工作经历

工作单位/时间/职位/技能/成就/代表作

1. ______

2. ______

3. ______

4. ______

（五）推荐人/证明人

______

（六）补充说明

______

二、个人资料验证（请在括号里标示）

1. 格式：简明、具有吸引力（　　）
2. 语言：简约、生动、清晰、准确（　　）
3. 准确：完整、切题（内容与申请职位的关系）（　　）
4. 技能：内容是否反映出与申请职位有关的技能（　　）
5. 态度：积极、诚恳、自信（　　）
6. 是否陈述了离开原工作单位的原因（　　）

三、写一封自荐信，请别人提出意见

四、用五分钟时间谈谈你对职业的理解

项目三

求职准备二

项目任务书

任务		知识点	项目训练
任务一	如何应对面试	一、面试的形式与种类 二、面试的技巧	一、请互分角色做面试练习，认真体会应聘者以及考官的心理，并按照表3-5对面试过程进行评估，最高分为5分 二、谈谈面试练习过程中的感受 三、对于你所认知以及经历的其他事情，结合面试中遇到的问题，讨论本章中所提出的观点的实践作用，建议各抒己见
任务二	如何准备笔试——养兵千日，用兵一时	一、笔试的种类 二、笔试的准备	
任务三	学习求职中的谈判	一、决定薪资的原则性因素 二、薪资的基本结构 三、薪资谈判技巧 四、薪资谈判中的两大忌讳 五、求职过程中的常见表格	
任务四	认识劳动合同	劳动合同的有关知识	
任务五	了解试用期	一、正确认识试用期 二、试用期的注意事项 三、试用期的自我维权	

情境案例3-1

找工作中的烦恼（视频）

面试作为用人单位直接了解、观察求职者全方位能力的方式，是每一个毕业生在就业前都要经历的，可以说是一个直接决定个人求职能否成功的环节。正因为它的重要性、决定性，每个毕业生都为之担忧，为之憧憬。

面试时，毕业生的文化知识、专业水平、逻辑分析能力等都要经受考验。如果把应试现场比作一个舞台的话，那么台上的这场戏，则需要学生排练十几年，真可谓“台上一分钟，台下十年功”。

面试也是用人单位观察一个人的应变能力、口才等的最有效途径。大多数学生因为在平时的学习中很少经历面试，对于面试中的一些技巧、应该注意的细节等，大多认识不够，往往会因为忽视这些而最终导致应聘的失败。要顺利通过面试，必须了解面试、懂得面试、把握面试。

任务一 如何应对面试

一、面试的形式与种类

用人单位通过求职者所投递的书面材料，如推荐信、求职信、个人简历等对求职者进行初步的审核，并向初步满意的求职者发出面试通知。对于每个求职者来说，接到面试通知也就意味着自己已经离成功仅一步之遥了。作为毕业生，要想成功把握机遇、使自己的临场表现与书面材料一样完美并被用人单位认可，就必须了解面试的过程、认识面试的重要性。面试是用人单位从与求职者的实际接触中观察求职者的形体相貌，了解其思想素质、知识才能、思维方式以及特长等的一种形式。它不仅是对书面材料的验证，更重要的是要对求职者进行更深入的观察。能否闯过面试这一关，就成为能否被用人单位录用的关键。

（一）面试的形式

一般情况下，面试的基本形式有两种，即个体面试和群体面试。

（1）个体面试。个体面试有两种形式，即一对一面试和众对一面试。一对一面试一般是应试者按顺序被点到名字，而后与考官进行一对一的面试，时间一般为20分钟。众对一面试是一个应试者同时与众多考官进行面试的形式，采用这种方式的目的在于综合评价的客观性以及集体做出最后的决策。

（2）群体面试。群体面试是指三个以上的应试者与考官同时相对而坐进行面试。群体面试一般有群体应试与集体讨论两种类型。

群体应试是由考官向应试者提出相同或相近的问题，应试者分别回答的面试形式。这种形式可以减少应试者的紧张与不安，并能营造出一种轻松的气氛，使面试在一个比较轻松的环境下完成。

集体讨论是应试者就考官提出的一些问题进行集体讨论，而考官也可从一个侧面对应试者的风度、教养、反应等各个方面进行综合考查的面试形式。

具体的面试形式因用人单位而异，因此在面试之前，应试者无法得知考官要采取何种形式。但不管怎样，只要掌握了面试的基本形式，做好充分的准备，无论是哪种形式，应试者都能应对自如。

（二）面试的种类

（1）按照提问的方式，面试可以分为以下几种：

①模式化面试，也称为程式化面试。它是由考官就预先准备好的问题和有关细节向应试者进行发问，其目的是通过观察应试者的谈吐、行为全面、真实地了解应试者。

问题举例：

a.你为什么想来我们单位工作？

b.关于我们单位你了解多少？

c.你认为你的优点和缺点分别是什么？

②问题式面试。它是指考官提出问题或工作计划，请应试者来解答或完成，从而通过观察应试者在特殊情况下的反应来判断应试者解决具体问题的能力。

问题举例：

a.你用什么标准来评价你为之效力的公司？

b.你的长期职业目标是什么？你计划怎样实现你的职业目标？

c.除了与职业相关的目标外，你还有什么其他方面的目标？

③非引导式面试。它是指考官与应试者的交谈没有一个中心话题，而是随意发表议论，气氛非常活跃；同时，考官也可以在闲聊中观察应试者的知识面、能力、谈吐及风度等。

问题举例：

考官："你身体这样棒，一定爱好体育运动吧？"

求职者："是的，我喜欢踢足球。"

考官："你踢什么位置？"

求职者："我一直踢中锋。"

考官："假如由于某种原因要你改踢后卫，你怎么办？"

求职者："我想，一定是有人比我更适合踢中锋。我个子高，速度快，既然我善于组织全场，我想，我也能迅速应变踢后卫。"

④压力式面试。它是指考官有意识地对应试者施加一定的压力，针对某一问题进行一连串的提问，而且刨根问底，甚至让应试者无法回答。其主要目的是观察应试者在突如其来的变化下，能否克服外界压力而做出正确的反应，并以此来判断应试者的机智程度和应变能力。

问题举例：

a.你为什么到现在还没有找到工作？

b.难道你不觉得找错地方了吗？

c.你为什么迟到？（其实你是准时到达面试地点的，待你回答后，考官可能会歉意地说："我的手表快了。"）

⑤综合式面试。它是指考官采用多种形式综合考查应试者的诸方面才能，如用英语对话、做心理测试题、进行即时演讲、现场操作电脑等。

某一应试者在一次激烈的公开招聘中，就遇到了如下问题：九名考官半小时内问了他十二个问题，每个问题只有两分多钟的回答时间，几乎没有思考的余地。一上场，考官就递来两张漫画。第一张漫画是一个古代的老者把一个地球递给一名中年人，中年人微笑地接过地球。第二张漫画则是一名中年人把一个有残缺的地球递给了一个孩子，孩子见了哇哇哭了起来。考官要求就漫画谈感想。开始，他一下呆了，先从经济学角度来回答，后来发现不对，马上改变思路。与此同时，考官还问了他很多问题，譬如如果你在主持召开企业职工大会，突然一个职工站起来指责你的许多毛病，你将采取什么措施等。

在实际的面试中，用人单位有时自行选择一种最适宜的面试方式，有时同时采用多种面试方式。其唯一目的是更全面地了解应试者，从而吸收最优秀的人才。

（2）按照发展的阶段，面试可以分为以下三种：

①初试。顾名思义，它是对所有应试者进行初步的筛选，筛去那些明显不符合基本应聘岗位条件的应试者。经过初试，只有小部分被认为有进一步考虑价值的应试者，才能参加下一轮面试。

一般来说，正规的初试都由受过专门训练的人事主管主持。初试一般涉及共性的信息，如应试者的学历、经历、求职意向，以及对应试者进行打字、制图等专业技能的测试。由于初试只是观察应试者的形象、言谈举止，检查他的履历以及求职信所反映的实际情况等，并没有更深入地了解应试者的个性、能力和潜力，因而立即拍板决定的情况通常很少。

②复试。复试又称选拔性面试，对于顺利通过初试的人来说，复试是初试与录用

面试之间的阶梯。

复试是对初试通过者的学识、能力、责任感、事业心等做一番深入的了解和探索，以确定对方是否是最中意的录用对象。一般在复试阶段，面试考官与应试者之间的关系不像初试那样疏远。复试时，问题的覆盖面很广，气氛比较自然和活跃。面试考官常提出一些开放性问题。例如，通过问“如果现在录用你，你什么时候来上班?”以观察对方处理问题的果断性。或突如其来地问应试者：“在办公室遇到一个棘手的客户，你将如何接待?”以观察应试者的想象力及自我阐述的能力等。

③录用面试。这一阶段已将是否录用一名具备或基本具备任职条件的应试者提到议事日程。通过录用面试，无论是用人单位、面试考官，还是应试者，都应把一些实质性具体问题，如专业、工作部门、工资、奖金、福利、试用期、培训期等条件摆到桌面上谈并写进协议书，以达成一个使双方都满意的录用方案。

与初试、复试相比，应试者在录用面试时的主动性已不局限于自我展露方面，而是逐渐走出被审视的窘境，并走向希望的彼岸。此时，不仅应试者将要被用人单位接受，而且用人单位要决定如何接受应试者。不过，在有些企业，录用的程序通常比较简单，一般是先阅求职材料，如果没什么问题，接着便面试或面见。

以上三类面试，越来越多地在国内各种企业的招聘中采用。据不完全统计，初试淘汰率为一半以上；复试因人才市场及职位要求而异，有一次完成选拔的，也有三番五次在业务主管、部门主管、人事主管甚至高级官员主持下进行的。

既然不同种类的面试有不同的要求，应试者就应特别注意，不要在初试期间因说不出经历或求职意向等而被淘汰，或者在复试时只会对人所皆知的最基本的情况等絮叨不已而被除名。

二、面试的技巧

1.面试前的准备

（1）面试前的心理准备。很多应试者都认为应聘面试是一件十分令人紧张的事情，因为应试者即将面对的是几乎有“生杀大权”的陌生人，即使事先有所准备和了解，心里肯定也会有所顾虑，担心自己的言行、举止等会因为一时的疏忽而导致错过已到手边的机会，由此对自己能否顺利通过面试博得对方的好感而感到担心。上述种种都会使每个应试者在临场前产生不同程度的紧张、焦虑和不安。如何克服紧张的心理，以从容的心态参加面试，对于每一个应试者来说都是相当重要的。这就需要调节自己的心理，做好充分的心理准备。

机会对每个人都是均等的，但实际上机会又只偏爱具有竞争准备、有表现意识的人，因此应试者要走出心理误区。毕业于名牌大学、热门专业，有才华、有能力等，是择业成功的优势和资本，自然会受到用人单位的赏识。但有些应试者往往会因此而过于自负、过于自信，缺乏对面试的重视、对招聘考官应有的尊重，甚至还把自身的优势和资本当作与对方讨价还价的筹码。而这样的应试者，即使再优秀也不会赢得招聘考官的高分。

（2）尽可能多地了解用人单位的情况。对信息具有特殊的、敏锐的感受力和持久的注意力，善于捕捉信息，往往会给应试者带来许多成功的契机。当代大学生无论对课内的还是课外的信息、学校的还是社会的信息、专业的还是非专业的信息，都应能自觉地、敏锐地感受到并与自己所要解决的问题联系起来。尤其是在求职阶段，若能多方获得信息，不仅会使你顺利通过面试，同时也会使你找到一份称心的工作。有一位学生参加了几次面试，也没有找到工作，于是他问指导老师："我做错了什么？"指导老师回答说："我想你的问题可能出在这儿，你只是关注你自己，你需要这份工作，但对你应聘的公司却没有表现出足够的关注。你要对它们有所了解，它们究竟需要什么，你能帮助它们达到目标吗？如果你对它们不关注，它们为什么要来关注你呢？"其实，任何一个单位都是"麻雀虽小，五脏俱全"，不进行深入了解，又怎么会在面试中应付自如呢？

世界领先的国际石油企业壳牌东北亚集团人力资源部经理史劳博对于招聘有这样一种说法：招聘大学毕业生时，他们总是会准备得非常充分，会设计好你问这门课时怎么说，问那门课时说什么，专业上特别有把握。有学生觉得"我是学××专业的，一定会更有优势"，但用人企业真的不看这些东西。

所以，在第一轮面试时，很多热门专业的学生都会感到很失望，因为人事负责人根本就不问他专业方面的知识，而会扔给他一个工作中的业务案例。这个案例不一定是有标准答案的，招聘考官主要看的是他用什么样的思路去分析这个案例、去解决这个问题，从而看到业务可能的走向，并能举一反三，预期更长远的发展。由此可见，为了使应试取得预期满意的效果，应试者首先要对用人单位的工作性质、业务范围以及发展态势等做好充分了解，尤其是要对用人单位招聘的工作岗位是否适合自己做到心中有数；尽可能多地收集相关企业的信息，了解其中的内容；不仅要获得企业的知名度、主营业务、业内地位等一般信息，最主要的是必须掌握这个企业的特性、价值观、工作方法等与自己的设想要求是否一致。

（3）面试前个人整体形象的塑造——注重第一印象。良好的形象也就是别人对他的评价和他在别人心目中的地位。在日常生活中，每个人都要接触、结交一些以前不曾相识的人，能否与其保持交往很大程度上取决于第一次见面留下的印象。这种第一印象的判断左右着人们的交往态度，因此人们对第一印象异常重视。在求职面试中也是如此，影响第一印象的因素很多，如服饰、语言、表情、动作、礼仪等，大体可分为外貌打扮、举止、仪容和谈吐四大类。我们很难设想一个没有良好形象的人能够在求职面试中脱颖而出，一枝独秀。在现实生活中，我们经常会听到"这个人挺不错""这个人太浅薄"之类的话。因此，从某种程度上说，在求职时个人形象尤为重要，可以说关系到每个应试者的前途和命运。

据国外求职专家调查，大约有15%的招聘者把应试者的外表看成决定录用与否的非常重要的因素。一位在纽约大百货公司任职的人力资源主管就说："宁愿录用面带微笑的仅有小学文化程度的女孩，也不愿录用脸如扑克的哲学博士。"尽管人们清楚地知道以貌取人实属肤浅，但他们仍然会习惯性地把这种录用标准放在一个并非次要的地位。

对于面临求职的毕业生来说，要想让用人单位在众多的应试者中记住自己，做到先入为主，良好的形象起着举足轻重的作用。每个应试者都希望将自己最好的一面展现在考官面前，而用人单位对应试者的过去一无所知，更没有充足的时间去进行全面的考察，仅在短时间内凭着应试者的简历、学历证书等，快速做出录用与否的判断。此时，良好的形象就显得格外重要。虽然这不能被视为对应试者客观、公正的全面评价，但也能作为评价处于同一条起跑线上的应试者的唯一标准。

关于人的气质分类，古希腊医生希波克拉底根据观察和验证，根据人身上四种不同液体的所含比例的不同，归纳出暴躁、活泼、沉静和忧郁四种类型的人，分别称之为胆汁质、多血质、黏液质、抑郁质气质类型。

据有关专家研究认为，俄国四位著名的文学家就分别属于这四种气质类型：普希金属于热情奔放的胆汁质型；赫尔岑属于活泼好动的多血质型；克雷洛夫属于稳重寡言的黏液质型；果戈里属于深沉孤独的抑郁质型。“质”是“气”的载体，“气”是“质”的表现。气质好像一个人的无形气息流，使人的全部活动都染上某种独特的色彩，作用于对方的直觉，从而引起对方的审美观，主要表现在情绪状态产生的快慢、情绪体验的强弱、情绪状态的稳定性和持久性、情绪变化的幅度以及语言、动作的速度等方面，从而生动直观地体现一个人的整体精神面貌。

情境案例3-2
失败的面试

下面我们就四种气质的表现做一个简单的介绍：

• 胆汁质：性情暴烈，像匹烈马；容易激动，热血沸腾；热情直率，性格外向。其表现出的特点为：容易动感情，情绪变化快；喜欢交朋友，并爱打抱不平；心里有话憋不住，总是一吐为快；做事有点莽撞，常不考虑后果，喜欢速战速决；遇到兴奋的事容易失眠。

• 多血质：性情活泼，像只林中小鹿；喜欢活动，敏感聪颖；兴趣多样，性格外向。其表现出的特点为：喜欢参加社交活动，善于接近人，有聊天闲谈的兴趣；容易生气，也容易消气；理解问题常比别人快，适应新环境也比别人快。

• 黏液质：性情沉静，像朵睡莲；稳重沉着，沉默寡言；反应缓慢，性格内向。其表现出的特点为：喜欢安静的环境，害怕嘈杂的环境；不善于和别人争论问题，更不做冒险的事情；有耐性，对愿做的事情总要做成功；生气容易闷在心里，感到说多了没意思。

• 抑郁质：性情孤僻，像一个“超人”；心绪沉闷，善于自处；多愁多虑，性格内向。其表现出的特点为：悲天悯人，长吁短叹，情绪总是不佳；行动迟缓，做事慢条斯理。

在面试中，应试者需要让自己穿着得当以便给考官一个良好的印象，这样才能抓住可能得到这份工作的机会。下面就男生和女生的“外貌美”提出几点建议：

郭沫若先生曾说：“衣裳是文化的表征，衣裳是思想的形象。”可见，服装就像一面镜子，可以照见一个人的文化面貌和审美水平。

女生：以穿朴素、得体的裙装或套装为宜，不要穿运动装、牛仔装、T恤衫，更不能穿透明的薄纱裙或有吊带的服饰；服装要大方美观，颜色和谐，整洁、得体，同时应与自己所应聘的岗位相符合。

男生：最好穿款式稳重的西服套装，外套应是黑色、深褐色或色调柔和的，不要穿宽大的运动衣；衬衣一般以色调明朗、柔和为宜，如白色、浅色；领带要系正，与西装的颜色对比不要太强，主色调一致，要给人富有生气、大方的印象。

女生：鞋以中跟为宜，不要穿高跟鞋，更不能穿拖鞋、凉鞋。

男生：鞋子要干净、光亮，鞋帮要高，但不要太时髦；鞋头不要太长，不能穿拖鞋；袜子不要高于小腿，与裤子颜色相同或相近为佳，不要穿鲜亮颜色或花格子的袜子。

女生：保持端庄、干净，要特别注意表现脸部的轮廓，头发要整洁而不失自然，如果不是短发，最好用一个发饰固定头发，不要像参加晚会一样修饰过度；指甲要干净、整洁，修剪得体，长度适中，最好不用指甲油；化妆应以表现年轻女性的气质为佳，根据自己的长相特征，突出优点，减少乃至消除弱点；略施淡妆，不要浓妆艳抹或者香气浓烈，更不能给人以妖艳、轻浮之感；选择香水应与本身的气质相配，味宜淡，闻上去给人以舒畅的感觉。

男生：头发整洁，精心梳理，不要任凭自然，不要给人油光发亮、湿淋淋的感觉；发型简单，不要留鬓角，最好不要留中分头；头发不能压着衬衣领子；胡须最好刮干净，不要留人丹胡、络腮胡；一般不要涂脂抹粉，以免给人留下不正经的印象。另外，要注意头屑、指甲、袖口等细节问题。

2.进入面试

不管是心理准备，还是掌握单位信息、树立良好形象等，都是为了最终的面试做准备。当应试者真正进入面试环节，需要面对的不单单是回答“是”与“不是”的问题，而更多的是要做到如何运用各种技巧，使自己在面试中“如鱼得水”，最终获得理想的工作岗位。在这里，我们将针对面试中所涉及的一些技巧进行简单的描述。

（1）语言技巧。语言是人类交往沟通活动的基本工具，人们靠语言交流思想、传递信息、表达感情。文明的语言树立人文明的形象，雄辩的语言树立人雄辩的形象，虚伪的语言树立人虚伪的形象……俗话说：“言为心声。”语言美是心灵美的外化表现，真可谓“诚于中而形于外，慧于心而秀于言”。在面试中，语言往往是考官从侧面评价应试者文化水平、道德修养的一个方面。所以当应试者在与考官做一对一的问答时，一定要在语言上力求完美，用语言来塑造自我形象，给对方留下一个深刻的印象，因此具备语言的表达能力是求职面试中的基本要求。

①说话和气、文雅、谦逊，是语言美的基本要求和主要标准。和气是指能平等待人，说话态度和蔼，语气温和，使人感到亲切温暖。和气是出自真诚的内心，不是假装出来的，这样才能显得自然得体，给人以美的感受。文雅是指说话措辞讲究，对答从容得体，表现得彬彬有礼、落落大方；切忌说话流里流气、油腔滑调。谦逊是指尊重对方，说话不自以为是，不狂妄自大，态度诚恳，语言朴实，虚心谦恭。

②吐字清晰，声音悦耳，用语准确，避免使用理论性较强的术语、俚语、感叹词。表达要清晰流畅，忌用口头语言回答问题。

③语速适中，声调合理。语速过慢，会给人动作迟缓的感觉；过快，会给人急躁、紧张的感觉。语调的掌握也很重要，过轻，会让人以为是缺乏勇气，胆怯；过重，会让人以为是盛气凌人、武断专横。

④切题中肯，注意条理。回答问题一定要简练、完整、有针对性，不能答非所问、文不对题、话不及义，给人一种无内涵的感觉；谈话要适度、要有节制，冗长乏味的长篇大论只会令人生厌；要注意逻辑层次和条理，简明扼要，切忌啰唆重复、语

无伦次，使人腻烦。

⑤讲究轻松、和谐的气氛。在面试中应注意双方的沟通，积极投入，恰当、适时、自然地加上几句幽默的语言会表现出你优雅的气质和风度以及博学广识，也会给谈话增加轻松、愉快的气氛，使交谈能在和谐的氛围中进行。

⑥使用具有褒义感情色彩的词汇，如“您”“您好”“谢谢”“请”“对不起”等。在人际交往中，这些词汇不仅使表达具有理性意义，而且也是维系良好人际关系的润滑剂。

⑦该你谈的时候，不要沉默不语。在交谈中，最愉快的是双方能畅所欲言。如果你感觉实在无话可说，也可利用机会提一些问题，如“公司的经营情况如何?”“你们单位是不是前几天上报纸了?”等。问题要有一定水平，能表现你的见识。

⑧不要随便附和。有的毕业生在交谈中对用人单位所谈问题一味地随声附和，使人感到他没有见解、没有独立的个性，是个唯唯诺诺的人。其实，在交谈中适当表现一下不同意见，效果会更好。

⑨不要抢着表现自己。有的应试者为赢得用人单位的好感，显示自己博学多才、交际能力强，总喜欢表现自己，打断考官的讲话，或是一个话题滔滔不绝地讲个没完，使考官插不上嘴，这样会给考官留下你爱耍小聪明的印象，觉得你是个华而不实、只会空谈的人。

⑩当在面试中有几位考官时，切忌单独与一名考官交谈，因为这会显得你呆板机械，又会造成疏离气氛，应以同一方式与各位考官接触，形成融洽的气氛。同时，应投其所好，因人说话。多名考官会有不同的情趣爱好和思想倾向，所以说话应有新有旧、有深有浅、有俗有雅、有远有近。主观想说的话要三思后有选择地说，尽可能讲对方爱听的话。注意以情动人，赢得好感，不要一个话题反复讲。

注意给人以博学多才、见多识广的良好印象。当发现自己的谈话能给对方极好的印象并能引起对方的兴趣时，要注意掌握好停止说话的时机，给对方留下回味的时间。

在交谈中，切忌与人争论。面试过程中，对有些问题双方有不同的看法是正常的。你要委婉地避开这样的问题，千万不能与考官进行激烈的争论，因为哪个单位都不想要一个“刺头”。

良好的谈吐是一种艺术，也是一种美。如果既能言善辩、应答如流，又能做到语言优美，那就会给人一种美感，使人乐于与其交往；反之，口拙舌笨、词不达意、语无伦次，就会让人失望，产生反感。

（2）非语言技巧。非语言是用表情、动作或姿态等来表情达意、传递信息的形式。在面试中，适当地运用非语言技巧，有利于树立自身良好的形象，给人以富有教养的印象，并有助于面试顺利进行。

①眼睛。眼睛是心灵的窗户，是最富有表现力的表达途径，是“一个灵魂的解释者”。在面试中，正确的注视方式应该是望着对方额头的上方，只是在双方谈到共同感兴趣的话题时才有自然的视线接触，目光要柔和、亲切、真诚，不能死盯着对方，以免让人产生不自在、不自然的感觉。目光对视时，不应慌忙移开视线，可顺其自然地对视1～3秒，眼神可以互相交流，否则容易引起对方的猜疑，或被认为是胆怯的

表现。切忌东张西望、左顾右盼，显得心不在焉，给对方一种不专注、心虚、害怕的感觉，也不要紧盯着考官的某一部位或文件、笔记本等。

②表情。面部表情最能反映一个人的心理状态。法国作家罗曼·罗兰说过："面部表情是多少世纪培养出来的成功的语言，是比嘴里讲得更复杂千百倍的语言。"在面试时，面部表情应轻松自如，不要因为面试紧张而导致面部肌肉僵硬、呆板。在整个面试过程中，应尽量保持微笑的表情，微笑既能给人以亲切的感觉，又能增强自己的自信心，使整个谈话过程在比较轻松的气氛下进行。在面试中，懂得用心倾听也是很重要的，与考官谈话时要露出洗耳恭听、入神的表情，要传递给考官这样一个信息，那就是你不仅在用耳朵，而且在用整个身心听他讲话。要保持专注的态度，不要表现得漫不经心、似听非听，或是左顾右盼、心不在焉，凡此种种都是对人不尊重的表现，极易引起对方的反感，造成不愿与你交谈和共事。

③姿势。人的形象不仅体现在衣着礼仪上，行为举止也是形象体现的一个很重要的方面。举止体现了一个人的精神面貌，可以从中判断一个人是否自信，是否懂礼貌、有教养，而这些对面试评分相当重要。今日应试者之仪容、举止将是明日单位之形象。应试者从一进办公楼起就要明白，很可能有人已经在注意自己并开始打分了。但是，就考官而言，第一印象是从应试者叩门开始的。达·芬奇说过："精神应该通过姿态和四肢的运动来表现。"因此，考官很容易观察你无意中流露的细微姿势从而对你进行判断和取舍。

首先是坐姿。坐时上半身要保持端正，两肩要放松，两臂要舒展，身体重心应落在臀部，开始坐下的动作要轻松自然。女生切忌两膝盖分开，两脚呈八字形，也不要两脚尖朝内，脚跟朝外，更不要跷起腿摇晃，或抖动脚尖。就座时，身体微微前倾，要坐得正、坐得稳，不能僵直地向前伸着头，也不能缩头缩脑、弯腰驼背，或跷起二郎腿，因为这样会显得缺少活力和生气；亦不可坐在椅子上左右摇动或转动，或坐着时双手托腮，这些均给人传递"无所谓"的感觉，不仅反映出不良心态，也会给对方留下不好的印象；更不要缩在椅子里或倚在桌子上，忌与考官坐得太近、太远或坐得太高。

其次是站姿。站立时要顺应身体的自然形态，做到保持身体平衡、轻松自如。要做到挺胸收腹、腰杆挺直、两臂下垂、四肢放松，以形成一种端正挺拔的姿势。切忌站立时歪脖、斜腰、挺腹、屈腿等。另外，站立时不要倚门或靠墙。

（3）公关礼仪。礼仪是人类生活的润滑剂，也是彼此和平相处的共同语言。在面试中，公关礼仪是个人修养素质的外在表现。如果不懂得社交场合应遵守的一些规矩，逆其礼而行，就会被认为失礼和可笑，轻则弄得尴尬难堪，重则会把事情弄糟，造成不良影响。

①准时。一般单位面试的时间都是计划好的，过早到达可能会影响用人单位组织者的工作计划，使对方不知所措或得不到适当的接洽。自古以来，"不守时者绝不可靠"的观念已深入人心。迟到是万万不可取的，这会影响整个面试的进程。通常，留给自己的时间要充足，必须提前到达面试场所，但要记住，最好不要提早半个小时或更早进入面试地点。过分提早和迟到同样是不礼貌的行为，会给对方带来麻烦。同时应利用提早到的充足时间来适应面试地点的外部环境，如面试场所在办公楼的几层、

电梯在哪、洗手间在哪、休息室在哪等，都要事先打听清楚。因为一旦应试者进入办公楼以后，每一举止都在人们的视野之中，此时考试就开始了。应试者应显得从容不迫、落落大方。如果东张西望、举止不雅，被有关人员撞见是很不利的。

②握手。通过握手可以传递一些信息，因此一定要不失身份地把手“握好”。握手时应注意下列各项：

握手时，伸手动作要大方，态度要自然，要表现出真挚的热情，一定要用右手。握手时要面带微笑，眼睛注视着对方并可根据不同场合和情况，边握手边向对方打招呼致意，如“您好！很高兴与您见面！”“您辛苦了！”

握手时，切勿表现出东张西望、漫不经心的样子，这样会给人一种敷衍了事的感觉。切勿表现出不耐烦的神情，或勉强而为之，半理睬不理睬的样子，使对方感到你缺乏诚意，并给人傲慢之感。与人握手时，如不是握住对方的手，而只是用几个手指与对方的手轻轻接触一下就了事，这有失庄重，是一种失礼行为。

如果你戴着手套，与人握手时应脱下手套。脱下的手套不可随手一摔，应拿在左手上，稍后再把手套放好。男女握手时，应该是女方先向男方伸手。按一般礼节，男方不应该主动去握女方的手。握手的手心要保持干燥。握手时要热情有力，但不可用力太大。如果用力过大，会给人一种傲慢、自大的感觉。握手的时间可以从对方反应得到暗示。

③进门。虽然在现实生活中，进门、出门是一件常事，似乎很少会有人去注意，可以说大多数人的进门礼仪还有待提高。进门的方式会因手里是否拿着东西而不同。必须注意的是，不管是哪一种门，都要用靠近门把手的那只手来开门；进门时，眼睛注视着自己的脚，才会显得优雅。进门后，不要忘了说“对不起”“您好”等话。

④无论面试成功与否，都要礼貌告退。面试结束，若考官当场录用你，说明面试成功，理应表示感谢；若考官没做任何表态，则说明还需进一步考察，不要急于让考官答复，还应礼貌地告退；即使考官发出不录用的信息，也不能表现出气愤的样子，或出言不逊，没有礼貌。不管何种结果，都应有礼貌地告别，感谢对方给了一次面试的机会，要面带微笑，有始有终，给对方留下一个良好的印象。

（4）面试心理控制。王林是一名某大学计算机系毕业生。某公司经理约他去面试，当他走进经理办公室，经理正在操作一台电脑。在亲切地和王林交谈，并看过王林的个人简历之后，经理对王林比较满意，于是面带微笑地说：“好吧，你就在这台电脑上把你的个人简历编辑打印出来。”经理边说边起身，顺手把电脑关了并说：“这台电脑启动时有点问题，你小心点。”经理走到了一边。王林坐在电脑前，热启动，不行，冷启动，也不行，电脑一点反应都没有，再启动，还是没有一点点动静。王林又等待了足有一分钟，空气好像窒息了，黄豆大的汗珠顺着脸颊往下流，急得如热锅上的蚂蚁，暗想：“完了。”他又胡乱按了几下别的不常用的键，不行，还是不行！他抬起头无助地望着经理，喃喃地说道：“真的坏了吧？这台电脑好像真的出了什么毛病，可刚刚还是很好的。”经理看他束手无策，才诧异地看着他：“噢，我忘了告诉你，我把电源关了。”“什么……”王林呆住了，他几乎无地自容，拿着自己的材料默默地走出了经理办公室……

王林被这么一个不成问题的小问题难倒，根本原因就是他在面试时过分紧张。在众多的应试者中，绝大多数人会不同程度地产生紧张情绪，从而影响面试成绩。有些人生性胆小、性格内向，以致过度紧张而导致思维停滞。由于面试关系到个人的前途，对刚出学校大门的学生来说，面对阅历丰富的考官，很容易紧张，因此紧张是面试的大敌，必须设法消除。

人在心理紧张时不是无能为力的，心理紧张是可以克服的。心理学家对克服人的心理紧张提出了一些具体的原则和方法，可以帮助应试者减轻或消除面试时的过度紧张。

①加强意志锻炼。首先要纠正自己的一些不正确信念，树立信心和决心。例如，正确认识面试的意义，不要把它看得过于严重，面试之外还有笔试，这个单位不行还有那个单位。要相信自己，经过艰苦的努力，做了充分的准备，是能够顺利通过的。此外，还可以怀着“豁出去了”的心理去面试，但一定要发挥自己的最高水平。豁达的应试者往往会获得更好的成绩。

②进行自我暗示。自我暗示就是自我鼓舞。例如，可以对自己说：“我一定不要慌！没什么了不起，我一定能在面试中取胜！”还可以暗示自己的某些优势、特长，以增强信心，如口才好、穿着整洁、仪表大方等都是优势，也可以适度地让自己想象愉快、舒适的状况和境界，这样也可以减轻或消除紧张。

③等待面试时，可读一本有趣而未读完的书，这样可以转移注意力，放松烦躁的心情。千万不要无事可做，可以做一些无关紧要的事，如阅报等，以减轻或消除紧张。

④调整呼吸。当你走入面试场所后或在面试过程中感到紧张时，可以多次做深呼吸，或双眼只看一个固定目标，这样可以稳住自己的情绪。

⑤掌握谈话的节奏，减轻或消除紧张。应试者进入面试场所后，若感到紧张，就不要急于说话，因为说好第一句话很重要，有利于顺利地回答以后的问题。在面试场所外等候时，有的人坐立不安，紧张程度达到高峰，出现喉咙发干、说不出话等现象。当进入面试场所，听完问题后，为了松弛一下，可先轻咳一声再开始讲话，可以放慢说话速度，增强说话的条理性，不易卡壳。

⑥无法减轻或消除紧张时，可以如实告诉考官，这也是一种减轻或消除面试紧张情绪的办法。面试时，应试者在心理上处于劣势，生怕出错，且把考官看得很重，以为他们可以洞察自己一切内心活动，所以越发惶恐不安。在采取一些措施还未减轻或消除紧张时，最好的办法是坦白地承认。应试者在说完自己紧张后心理一般会逐渐安定下来，面试场所的气氛也会随之缓和。面试的重要目的是测验应试者的处世本领和应变能力，说自己紧张，当然不利。但你说出来以减轻或消除紧张，会给考官以诚实和向该单位求职认真与迫切的感觉，回答好了，还有希望。

总之，面试紧张是自己造成的。如果能克服心理上的障碍，并采取以上措施，注意锻炼自己，就能正确而及时地调节自己的心理状态，自我控制力也会大大提高。只要减轻或消除了紧张，使自己的身心处于愉快状态，思维就会敏捷而有逻辑，遇到的一些小问题就会迎刃而解。

（5）注意听话礼节。面试离不开交流。成功面试的另一秘诀是学会听话，并做到

“四心”。一要用心，听别人说话时不要东张西望，不做小动作，只有专心致志才会让人感到真心诚意。二要耐心，要让考官把话说完，不随意打断或插话，如确有必要时，也应事先征得对方同意，可用商量的口吻问一下：“对不起，我可以插一句话吗？”三要会心，听话不能被动地接受，而应积极地用心理解，主动地反馈，有会心的呼应。当对方说笑话时，笑声会增添情趣；当对方说得紧张时，屏住呼吸则强化了气氛；当应试者有意识地重复对方某一句话时，也就表示了他的理解和赞同。四要虚心，有虚心聆听的态度，即使对交谈的话题自己已知晓得比对方还多，也不应断然抢过话题，喧宾夺主地发挥一番。如果有不赞同的观点，也必须以婉转的语气表示疑问，绝不与对方发生正面争论。谈话时，可以稍微做一些手势或点头之类的动作，表示交流的主动。

（6）避免陷入过谦误区。在英文中，谦虚和卑贱是同根词。当然，这并不意味着谦虚就是卑贱。然而，在现实生活中，不该谦虚的时候是绝对不能谦虚的。

在生活中我们经常会听到这样的一些对话：

——“你真行啊！考试成绩那么好，怎么学的？”

——“哪里，考试时运气好，没什么。”

在面试时，有时我们也能听到类似的谈话。例如，某学生成绩非常优秀，组织、管理能力强，可是当用人单位问他组织工作能力怎样时，他不好意思地说：“一般，做过学生干部，搞过几次活动。”问他有无特长时，他说：“没什么特长，只是有点爱好。”听了平平淡淡的回答，用人单位的热情就下降了，随之把注意力转到了别人身上。

那么，如何在面试中避免走入过于谦虚的误区呢？

首先，我们要培养务实意识。现代社会节奏快、信息庞杂，人们没有多少时间去辨别、体味言谈中的虚实。尤其在市场上，不管是商品市场还是人才市场，在洽谈过程中必须准确、客观地交流信息。欺骗是不道德的，隐瞒或许是一种策略，过分谦虚则毫无必要。其次，要学习现代交际艺术，不让人觉得你高傲自满，要让人觉得你态度诚恳、语言得体、谈吐大方。有些人错误地认为谦虚是给人留下良好印象的基础，其实这是不对的。显然，当用人单位问某人的工作能力和特长时，他只要客观讲述一下自己曾担任过的职务及时间、组织过的活动、参加过的比赛、取得的成绩等就可以了。须知绝大多数招聘者总是想招到“才能出众”的人。

（7）临场应答技巧。在实际面试中，应试者如何在做到语言美的基础上，运用语言的技巧和考官之间做进一步的对答具有决定性的作用，这时，临场应答能力则成了关键。有道是：“智者千虑，必有一失。”尽管在面试之前，应试者做了充分准备，但在面试时并不是精心准备就能完全有备无患的。对于面试中所碰到的一些突发性问题或疑难问题，如何急中生智、应答自如，使对方满意，则要看每个人的临场应答能力了。

自我推荐是面试过程中一个不可缺少的环节。用人单位在提问时经常会问这样的问题：“你能谈谈你自己吗？”或者“你觉得你是否适合我们的工作？”诸如此类。其实，这样的问题是用人单位在给你创造一个自我推荐、自我介绍的机会。戴尔·卡耐基说过：“推销自己是一种才华、一种艺术。有了这种才华，你就不愁吃、不愁穿了，因为当你学会推销自己，你几乎也可以推销任何值得拥有的东西。”

自我推荐的确是一件难事。大学生在求职过程中，只有充分掌握这门艺术，才能顺利地找到自己满意的工作。在做自我介绍、推荐时，要注意以下几点：

①推荐自己应以对方为导向。在推荐自己的时候，注重的应该是对方的需要和感受，并根据对方的需要和感受去说服对方，并被接受。假若你想去的单位是一家星级酒店，那么你必须了解这家酒店的特点，这家酒店在全国各家酒店中的地位及发展前景；更重要的是，你要知道这家酒店需要哪类人员，然后再去面试，这样成功的概率会高些。

②推荐自己要有自己的特色。推荐自己必须先要引起别人注意。如果别人不在意你的存在，那就谈不上推荐自己。那么，如何引起别人的注意呢？关键是要有自己的特色。这里的所谓特色，并非文凭或者单位鉴定的合格不合格，只要对方认为你有自己的独到之处就可以了。

③推荐自己时要注意控制情绪。人的情绪有兴奋、平静和低落等三种表现。在推荐自己的过程中，善于控制自己的情绪会使自我形象增辉。情绪无常很容易给人留下不好的印象。为了控制自己开始亢奋的情绪，美国心理学家尤利斯提出三条有趣的忠告：“低声，慢语，挺胸。”

④利用履历表或申请表把自己推荐给对方。为此，应试者要做好以下几点：一是尽可能了解对方的情况，搞清楚对方的要求及自己是不是够资格；二是搜集能够证实自己身份、履历、特长等方面的文件和材料，这些有助于对方评估你的素质；三是介绍材料应实事求是，简明扼要；四是字号、字体、版式要得当，否则，对方连阅读都感到困难，就很难对你感兴趣。

【例3-1】一家用人单位在面试时，会问应试者同样一个问题：“你为什么要来本单位应聘？”对这一问题，有下列几种回答：

①我觉得我符合贵单位的招聘条件，一是学历合格，二是已有一定的工作经验和能力，三是我已取得了一些成绩，所以我认为自己能胜任贵单位的工作。

②我一直想找一个顺心的地方，听说贵单位待遇不错，薪水又高，所以我来了。

③贵单位实力雄厚，条件优越，如果能到贵单位工作，与你们合作，将是我一生最大的满足。

④我听说贵单位刚刚起步时只有几十个人，能发展到今天全在于贵单位领导有方，管理得法，员工们艰苦创业、勤奋工作，我就喜欢在这样的环境中锻炼自己。

此类问题主要是用人单位想了解、考察应试者的动机与愿望。主考人员也很重视了解、考察应试者的应聘目的和个人抱负，从而把握应试者对用人单位和工作岗位的熟悉程度以及对前途的打算等。在以上这四种回答中，①直言不讳，但言语中流露出自命不凡的心态；②贪图享受，效果最差；③能表明殷切的期望，以情动人，对考官有一定的吸引力；④从单位创业之艰难切入话题，委婉赞美而不恭维，效果最好。因为用人单位更关心的是应试者是否对未来工作充满激情，而不仅仅是为了一个饭碗而来应聘的。虽然工作待遇的高低是选择职业时要考虑的因素，但不应是最重要或唯一的，尤其是在面试中应试者更不能将薪水作为竞争应聘的标准。其他类似问题有“你对××工作如何看待?”等。

【例 3-2】 小林是一个多才多艺并在大学里担任过很多职务、参加过许多社会实践活动的优秀学生干部。在一次面试中，考官问他：“以前是否参加过社会活动，有无一定的工作经验?”而小林却只是很平淡、很简单地回答：“在校时，曾参加过学校的各种大型活动，并在暑假里参加过挂职锻炼，积累了一点点工作经验。”

从小林的回答中，我们似乎看不到他真正的能力体现在哪里，至于用人单位，肯定也无法从他简单的回答中了解到他的经验与阅历，因此这种回答是不会让考官满意的。由于大多数用人单位都有这样一种共识：具有一定社会经验的人往往比较成熟，从而能比一般人更快地进入工作角色，更快地适应工作环境，因此现在的用人单位都非常重视应试者是否曾有过一定的工作经验。如果你曾在学生时期担任过干部、组织过活动、参加过社团或是利用业余时间参与过勤工俭学等，都应在回答中表明自己是一个具有一定的组织管理能力、良好的人际协调能力、一定的社会阅历的人。类似的问题有“你曾组织过什么大型活动?”“你有什么实践经验?”等。

【例 3-3】 在一次面试会上，考官问学生：“你希望从事什么样的工作?”学生回答说：“随便，哪里都行。”“那你对工作性质有什么要求?”考官问。“没有，什么工作都可以。”学生又一次回答。

对于此类问题，应试者可以对所应聘的岗位做出大致的设想，让对方了解到自己的抱负和将来所要努力的方向，而不是一味地回答“有”或“没有”，“是”或“不是”。这样会让对方觉得你是在“乞讨”工作，而不是在竞争工作，从而被对方小看。对于初出茅庐的毕业生来说，从基层做起、从小事做起也是有益的。

【例 3-4】 你有哪些兴趣爱好或考取了什么资格证书?

一般来说，用人单位要了解应试者的专业知识、技能，判断应试者是否能胜任某项工作时，往往会提出类似的问题。对于这类问题，应试者应该全面、详细地回答，包括自己的爱好、技能，以及所获得的证书等。此外，用人单位比较喜欢有业余爱好的人，这样的人往往有进取心，有发散性的思维。另外，各项技能的资格证书如大学英语四级和六级证书、计算机等级证书等，都是用人单位所喜欢见到的，因为任何一个单位都希望自己的员工是一个优秀的复合型人才。

【例 3-5】 你在大学的学习成绩不敢恭维，你觉得本公司还应该考虑录用你吗?

这类问题往往是一种“压迫式”的面试技巧，考官故意提出令应试者尴尬的问题，或是故意直接指出应试者的弱点，看看他在压力之下怎样反应。问题之中提到的弱点，其实不是关键之所在。应试者应该明白这个道理，不应该在听了问题之后灰心、羞愧、生气。如果听完问题后的反应是不客气的反唇相讥，或者无言以对、一怒而去，都是中了对方的圈套。

【例 3-6】 表 3-1 中的问题摘自日本就职对策研究会编著的《试题集》，希望应试者研读后有所受益。

表 3-1　　问题评价考查表

问题	评价	考查
1. 你的长处和短处是什么 2. 你的兴趣、爱好是什么 3. 谈谈你受到的家庭教育 4. 你在哪些方面优于别人	1. 谈话是否前后连贯 2. 主旨是否简洁、明了 3. 举例、用语是否确切 4. 表达时的姿态、表情	表现力
1. 你选择用人单位时，你最重视什么 2. 本单位的工作相当艰苦，对此你如何看待 3. 根据你的自我分析，你认为你最适合的工作是什么 4. 有时需要你做端茶倒水的事，你将…… 5. 如果本单位不录用你，你将会……	1. 理解问题是否正确、迅速 2. 决断能力如何 3. 对自己的判断是否有信心 4. 能否恰当地处理突发事件 5. 是逻辑判断，还是感情判断	判断能力
1. 在校期间，你参加过哪些活动 2. 对勤工俭学怎么看 3. 与同学关系如何 4. 在学校的集体生活中担任过什么职务	1. 工作节奏是否紧张有序 2. 与人交往能力 3. 对群体活动的适应性 4. 是否具备组织领导能力	行动能力
1. 能胜任最艰苦的工作吗 2. 你在本单位的奋斗目标是什么 3. 本单位的薪水属于不高行列，你为什么要选择 4. 对于委托你的工作，你能做到底吗	1. 意志是否坚强 2. 自信心如何 3. 预见性和计划性 4. 考虑问题是否偏激 5. 责任感、正义感 6. 对于较难的工作能否适应	坚韧性
1. 谈谈今天穿这身衣服的理由 2. 有男（女）朋友吗 3. 如果被两个单位同时录用，你将如何处理 4. 还有其他问题吗	1. 从着装看人性格 2. 是否喜怒形于色 3. 遇到难堪问题后的反应 4. 能否让人感到亲近 5. 回答问题是否认真、诚实	应变能力

一般来说，面试结束后坐等佳音，或垂头丧气地挥手“拜拜”这两种做法都不足取，应注意以下几点：

①在面试后 1～2 日内，你需要给用人单位具体负责招聘的主要人员写一封短信。在信里，你要感谢他为你花费的精力和时间，感谢他为你提供的信息和机会；信里还应简短地提到你对该单位的兴趣、你的有关经历和你可能为该单位做出的贡献等。

②如果两星期未接到回音，你可以给考官打电话，问他是否已经做出决定了。在电话里，你可以表示出你的兴趣和热情，还可以从他的口气中听出你是否有希望得到那份工作。

③面试看起来很成功，但结果你还是落选了，对此你不要大惊小怪。面试时，大多数考官都会尽量隐藏他们的真正意图，不会轻易让你看出来。万一他们通知你落选了，如有可能，你应该虚心向他们询问你有哪些欠缺，以便今后改进。这样，你可以知道自己到底为什么落选。一般来说，能够得到这样的信息反馈并不容易，你应该好

好抓住时机向他们请教，不能生硬地质问对方。

④如果你在打电话询问情况时觉察出自己有希望入选，但最后决定尚未做出，那你应在1~2星期后再打一次电话问候一番，提醒对方记住你的名字。

总之，得到一次面试机会很不容易，无论是面试前还是面试后都不要轻言放弃。

任务二 如何准备笔试——养兵千日，用兵一时

当应试者得体的举止、机智而富有才气的言谈打动了考官的时候，他的求职才成功了一半。对于用人单位来说，仅凭面试的第一印象就做出判断是不可能的，还必须通过笔试才能定夺。笔试是用人单位采用书面形式对应试者所掌握的基础知识、专业知识和文化素养等综合素质进行的考察和评估，是用人单位对应试者语文知识、数学知识、专业基础知识以及文字表达能力等综合能力的一次有据可查的测试。英美烟草集团的笔试就注重考核应试者的语言（英文）和数理逻辑思维能力。为此，该公司采用了专业设计的试卷，以求客观反映应试者的实际水平。笔试对应试者来说是一次公平竞争的“战场”，对招聘者来说是检查和核实应试者真才实学的办法。

一、笔试的种类

笔试主要应用于应试人数较多、需要考核的知识面较广或需要重点考核文字能力的情况。大企业、大单位大批量用人，或国家公务员录取等，往往会采用这种考核形式。目前常见的笔试种类大体有以下几种：

1.心理测试

这种方法的测试很简单，主要是一些特殊的用人单位通过测试来了解和判定应试者的心理水平或个性差异，以及每个人的智力、动机、兴趣等。一般的测试形式有填空题、判断题、选择题等。

2.专业考试

这种方法主要是用人单位为了了解应试者的专业知识水平而设置的。由于大学毕业生都经过了学业考试，所以用人单位一般通过看大学成绩单就能了解其知识水平。一些专业性要求比较高的单位则会通过笔试的方式来进一步考核应试者。值得关注的是，现在越来越多的企事业单位开始使用这种考核形式，比如很多外资企业会在招聘时考核应试者的外语、计算机能力等。这些都要求应试者有良好的专业知识和技能水平。

3.论文写作

用人单位通过论文的形式来检验应试者的文字表达能力，分析、归纳问题的思维能力等，这也是对应试者思考问题缜密性、深刻性程度的考查。应试者审题要快速、认真，抓住论文题目的关键词，确定写作中心。写作提纲要简略，能反映出文章的基本思路、段落层次等。另外，写作时要注意理顺句式，检查错别字、标点符号等。

二、笔试的准备

1.知识准备

从考试准备角度讲，知识可分为两大类：一类是主要靠记忆掌握的知识；另一类是必须通过不断地运用来掌握的知识。从用人单位的角度来看，主要目的是考核应试者对所掌握知识的运用能力。因此，应试者在复习过程中一定要将知识运用到实际的具体问题中去，学以致用，要合理地分配和运筹时间，注重科学，讲究效率。

（1）科学用脑。应试者不要长时间对着书本，以免引起视觉疲劳。对感兴趣的科目读的时间长了，也会使大脑反应迟钝，影响学习效果。要安排好脑活动顺序，学会科学地考虑和分析问题的方法，不要不分轻重缓急地一把抓。保证睡眠充足不但能有效地消除脑疲劳，而且也是对脑细胞的一种保护。

（2）交叉记忆。应试者在学习时不要急于记一些新名词，应尽量用自己的语言去演化里面的新知识或理论。大脑具有联想功能，通常可交叉记忆，加深理解。

（3）注意饮食。科学家最近证实，胆碱能增强记忆，而胆碱的卵磷脂含量较多。蛋类、鱼类、大豆和动物肝脏等食物中都含有丰富的卵磷脂，尤其是蛋黄。在复习阶段，应试者在饮食方面应合理搭配，摄取充足营养，保证身体各组织机能的正常发挥。

2.心理准备

美国心理学家曾对800名男性做了30多年追踪研究，该研究表明，成就最大者与最小者之间最明显的差别不在于他们的智力水平，而在于心理素质方面的某些特点。实际上，我们从某种角度来看，一个人能否成功的重要因素，不仅取决于他所具有的知识、能力，也取决于他的心理素质。

虽然对大学毕业生来说，他们早已经历了许多大大小小的考试，对于考试时所应具备的心理状态也十分清楚，但由于求职中的笔试往往是用人单位决定是否用人的一个重要参数，因此有些学生难免会对笔试产生一定的顾虑和担心。应试者在应聘时，首先想到的是如何战胜众多对手，向用人单位交上一份完美的答卷。此时良好的心理素质，对考试的成绩非常重要。那么，怎样才能使自己处于一个良好的心理状态呢？主要应从以下两方面着手：

（1）树立自信心。在笔试中，自信心的强弱往往会决定一场考试的成与败。当应试者在每场考试中都对自己充满信心时，这种良好的心理状态会挖掘出一个人的潜在能力，从而使其有更为出色的表现。

（2）克服怯场心理。在参加笔试过程中，受考场紧张气氛的强烈刺激，应试者情绪高度紧张，使正常的答题及思维中断，这种心理现象称为考试的怯场现象。预防怯场必须要消除紧张的情绪，因此考生在考试前要客观、正确地评价自己，树立信心，克服自卑心理，做到扬长避短，为考试做好心理上的充分准备。

3.保持良好的竞技状态

应试者在考试前要有足够的睡眠，使考试时有充沛的精力和良好的状态；绝不能临时抱佛脚，通宵达旦地复习影响考前的正常休息。一旦没有睡好，可以在考试前喝一些咖啡、浓茶等进行精神调节。考试前不能吃得过饱，不要吃不易消化的食物，否则会引起自身器官不适，从而降低大脑的工作效率，影响考试成绩。因此，考试前一定要做好准备，保持生理上良好的状态，以确保考试成功。

任务三　学习求职中的谈判

工作条件和薪资谈判是求职面谈过程中很重要的环节，是面试中的一项关键内容，也是毕业生在人生的道路上实现自身价值的第一次尝试。毕业生要想在求职中胜出，处理好与招聘单位工作条件和薪资的谈判是必不可少的重要程序。

情境案例 3-3

如此求职

毕业生在与用人单位进行薪资谈判时如果处理得好，将会弥补自身条件的不足和在求职过程中的失误，从而在面试中脱颖而出。

有相当多的毕业生在求职中遭遇失败，除了在前述的自我认知、信息准备和资料准备等方面有不足外，主要原因是未能掌握薪资谈判的技巧。

情境案例 3-4

求职中的谈判（视频）

要想掌握职场上薪资谈判的主动，应试者必须注意以下内容：

第一，在面试前要充分了解人才市场的薪资行情。

第二，分析自己所学专业在人才市场上的供求行情，对照行情预测基本薪资范围。

第三，在面试谈判过程中根据用人单位的性质、规模判断其大致薪资水平。

第四，根据面试官的表情等反应、面试交谈效果，把握好心理状态，合理地提出薪资要求。

应该怎么把握好上述内容呢？下面我们做一下详细的分析。

一、决定薪资的原则性因素

了解决定一个企业的薪资的原则性因素，是我们处理好薪资谈判的理论基础。决定一个企业薪资的原则性因素一般都包含以下内容：

（1）行业内的薪资行情。

（2）企业的经营利润情况。

（3）公平原则。薪资是衡量员工对企业贡献的尺度，只有做到公平的分配原则，才能消除企业内部的不满，才能建立良好的员工关系，因此“多劳多得”是制定薪资制度的基础。

（4）合理原则。薪资的设计要考虑当地当时的物价因素，至少足以保障员工基本的生活所需，所以要制定一个合理的标准。

（5）激励原则。企业对员工的激励，除了良好的工作环境、福利待遇外，最基本的一点就是用薪资对员工进行激励。

（6）成本原则。员工的薪资是企业成本的重要项目之一。

二、薪资的基本结构

（1）基本工资。基本工资也就是所谓的底薪，通常占正常（全勤，无加班）薪资的30%～60%。

（2）津贴。津贴随工种、职位及出勤状况而有所不同。

（3）交通补助。交通补助是指公司因不提供交通工具而给予的补贴。

（4）伙食补助。伙食补助是指企业因不提供伙食而发放的补助。如果企业提供伙食，就会免除此项补助。

（5）工种津贴。工种津贴是针对不同的操作人员，根据技术含量、工作环境、体力消耗、安全状况的不同，给予不同的工种补助。

（6）住房补助。有的企业会解决员工的居住问题，对于不住公司宿舍的员工，企业会按照一定的标准给予住房补助。

（7）职位补贴。不同的职位代表不同的责任，也享有不同的权利，职位补贴往往会拉开在同一个企业工作的员工的收入水平。

（8）夜班补贴。企业对在深夜工作的员工会给予一定的夜班补贴。

（9）奖金。奖金的发放通常依据绩效状况和出勤状况，对于薪资制度比较固定的企业，奖金就是奖励员工的重要方式了。

（10）加班费。所谓加班费，就是对正常工作时间以外的延长工时、假期出勤给予的报酬，其计算发放方法应该按照国家的相关劳动法规执行。

另外，有些企业还会有诸如年底加薪、年中（终）分红等一系列的福利待遇，这些依企业的性质和企业的经营状况而定，不是所有企业都有的薪资待遇。

上述关于企业的薪资结构的讲解，是基于管理相对正规、规模较大的各类企业。目前，我国还有相当多的中小企业的管理并不十分正规，经营规模比较小，因此在薪资的结构上就不十分完整、完善。其薪资结构一般就是基本工资加上交通费、通信费；更有甚者，有一部分小企业开给员工的只有基本工资，交通费、通信费、奖金等都一概没有。对这些企业，我们应该有所了解并有所准备，在应聘这些企业时一定要问清楚，千万不能饥不择食，盲目就业。

我们在与用人单位进行薪资谈判时，因为一般情况下是不了解用人单位的薪资的下限和上限的，所以在面试中涉及薪资时，千万不要自作主张地先向用人单位提出自己的薪资要求，而是要采取迂回的方式或旁敲侧击的方式，在对对方的薪资基本上摸了底后，再向对方委婉地提出自己的薪资要求。

我们在和用人单位进行薪资谈判时，还得考虑到用人单位所给出的某种数量的薪资所伴随的工作条件是什么。在这个薪资条件下，工作的强度、数量、环境等，应该被综合考虑进去。

另外，一些与薪资有关的问题也忽视不得，比如，是月薪制还是年薪制、是全效益工资（无底薪）还是底薪加提成、是计件工资还是计时工资、有无年终分红、是单休还是双休、有无年假、有无探亲假、加班有无加班费，等等。

三、薪资谈判技巧

1. 掌握好薪资谈判的时机

作为应试者，首先应该向用人单位展示你的个人才能，等到面试官开始有录取意向的时候再谈薪资问题。你要让对方明白薪资对你来说不是最重要的，但也是要考虑的。薪资谈判的最佳时机应该是当你感觉到用人单位基本决定录用你之后。这个时候谈薪资问题，用人单位会理解你，因为说清待遇问题，在今后的工作中才不会引起麻烦。

2.明确自己的地位

（1）没有工作经验的应试者——依公司规定。对于无经验的新员工，一般公司都有很明确的起薪制度。如果你的工作能力、表现都无记录可以证明，则没有谈判空间。在此阶段的应试者，“入门”最重要。如果有公司愿意提供机会培训你，感激之余应该努力培养实力，薪资只要不是太低即可。

（2）有工作经验的应试者——提出一个合理的范围。首先要了解所谓的底薪、全薪的差别，以及该公司的薪资结构。比如，月薪不高，但一年固定发12个月的薪水，或者每年会视业绩发放奖金等。

如果你不能确定自己提出的希望待遇是否恰当，你可这样问对方：“这样的职务通常在贵公司的待遇如何?”一般应试者如果没有足够的把握，总免不了担心：若提出的薪资要求太低，自己吃亏不说，还可能被对方怀疑能力不足；而提出的薪资要求太高又可能不被录用。

3.要力争高薪资

（1）勇于为自己争取。在对整体薪资感到不甚满意时，应试者应该试着为自己争取。有些公司在薪资谈判时，可能会预留一定空间给应试者协调，主要是看看应试者的协商技巧，以及争取工作的决心。

（2）避免“全都要争取到最好的”念头。虽然说是勇于争取，但应在心中将相关条件排先后顺序，如果最重要的部分争取到了，就应该适可而止，否则赢了一时，却赔上日后的关系，绝对是不划算的。

（3）以制造双赢的心态去协商。通常只要在一个合理的协商范围或预算内，用人单位也愿意尽量满足，毕竟选中一个合适的人才并不容易。当然这要视整体情况而定，如果有好几位条件与你相当的应试者在角逐同一职位，用人单位可能会比较坚持，因为你不是唯一的选择。

4.诚实而不欺瞒

用人单位通常会把你上一份工作的薪资待遇作为参考指标。如果你觉得之前的待遇明显低于市场行情，就应该事先提出来，提醒对方核薪时请参考市场行情，而非以前的待遇。虽然不一定要告知用人单位之前的确切薪资，但是也不可相差太远，因为一旦被发现不诚实，面谈时苦心塑造的所有好印象便付诸流水。

5.见好就收

谈完了待遇，你与对方的聘雇关系就要开始了。这意味着你与未来的主管就属于同一阵营了，必须营造一个皆大欢喜的结局，这段聘雇关系才能走得长久。因此，谈待遇的技巧，其微妙之处就在取舍之间微妙分寸的准确把握。

6.要求在劳动合同内写清谈妥的工作条件和薪资

应请用人单位将协商后的薪资和工作条件逐项列于劳动合同内，白纸黑字清楚记载，避免日后有任何误会或争议。在这里应该向大家说明，关于“要求在劳动合同内写清谈妥的工作条件和薪资”，在一般情况下用人单位都备有格式合同，但是如果该格式合同未能明确你与用人方谈妥的工作条件和薪资，你完全可以要求写在劳动合同的补充内容上。千万不能不好意思提出来，更不能因怕麻烦而放弃这个要求；否则这会给日后埋下祸根，给自己造成损失和伤害。

应试者完全可以大大方方地向用人单位表一个高姿态：尊重用人单位的薪资规则，抱着学习的态度为企业做贡献。而这个表态常常会帮助你从其他的应试者中脱颖而出，而且一般来讲用人单位绝不会因为有个表态而在薪资上亏待这名员工。

四、薪资谈判中的两大忌讳

在薪资谈判中有两大忌讳是应试者应该特别注意的：

（1）脱离市场行情，提出完全离谱的薪资要求，即人们常说的漫天要价。用人单位对这一类应试者常常是嗤之以鼻；应试者本人则达不到找工作的目的而无功而返，浪费时间。

（2）腼腆害羞，不明确提出薪资要求。这会造成两种情况：一是给老板以可乘之机，以低价占用你的劳动；二是给人以该应试者水平不高的印象，使求职活动的效率大打折扣——要么造成失败，要么被低价聘用。

五、求职过程中的常见表格

求职过程中的常见表格，见表3-2、表3-3、表3-4。

表3-2　　求职日志

时间	行动内容	工具	结果

表3-3　　求职行动个人小结

行动小结： 1. 2. 3.
检讨与收获： 1. 2. 3.
指导教师意见： 1. 2. 3.

表 3-4　　企业和个人收益分析表

企业收益： 1. 2. 3.	个人收益： 1. 2. 3.
企业支付： 1. 2. 3.	个人支付： 1. 2. 3.
分析选择某职位的必要性：	
下一步的行动计划：	
备注：	

任务四　认识劳动合同

如果已经顺利完成了薪资谈判（商谈），用人单位已经表态要聘用求职者，这时与用人单位签订劳动合同就是一个不可缺少的环节和程序了。

相当多的毕业生在求职时，常常忽视签订劳动合同。一方面有相当一部分用人单位因为管理不规范的缘故不与求职者签订劳动合同；另一方面这也和毕业生没有经验且在就业市场处于弱势地位有关。不签订劳动合同将给毕业生带来难以估计的不良后果，甚至会带来经济上的损失和精神上的伤害，因此毕业生一定要高度重视签订劳动合同的问题。

毕业生与用人单位签订劳动合同是毕业生就业取得的阶段性成果，但毕业生与用人单位在经验和掌握专业知识程度等方面的不对称性，使他们明显处于劣势，因此签订劳动合同时一定要慎之又慎，不可大意。通常，签订劳动合同时应注意以下事项：

首先，签订劳动合同必须合法，依法签订劳动合同是其产生法律约束力的前提。如果签订的劳动合同不合法，那么对求职者的权益保护将会遇到困难。为此，求职者一定要先确认自己签订的劳动合同是否具备产生法律约束力的条件，包括：用人单位这一劳动合同主体须符合法定条件；用人单位应当依法成立；能够依法支付工资、缴纳社会保险费、提供劳动保护条件；能够承担相应的民事责任。双方签订的劳动合同内容（权利与义务）必须符合法律、法规和劳动政策，不得从事非法工作。此外，签订劳动合同的程序、形式必须合法，如经协商一致、书面形式等。关注合同内容时应仔细。按照《中华人民共和国劳动合同法》（以下简称《劳动合同法》）的要求，劳动

知识在线 3-1

《中华人民共和国劳动合同法》

合同的必备内容包括：（1）劳动合同期限；（2）工作内容；（3）劳动保护和劳动条件；（4）劳动报酬；（5）劳动纪律；（6）劳动合同终止的条件；（7）违反劳动合同的责任。应将合同内容与相关的具体规定比对。对于工作内容、劳动条件等内容应具体情况具体分析。这是因为，《劳动合同法》虽将工作内容作为法定必备条款，但法律法规未对此做出明确具体规范，需要求职者多花费些时间和精力。因为通常情况下，劳动合同的工作内容多是转换为岗位和工种在劳动合同中约定，且用人单位希望用尽量大的外延或者概念表示劳动合同中的岗位和工种，如管理人员、生产人员或服务人员等。岗位工种外延大或比较粗，说明在履行劳动合同期间，当事人从事的岗位工种变化范围大，这需要当事人做好适当的心理准备和能力储备，否则，需要承担较大的风险。求职者提出在劳动合同中约定工资的标准时，应注意知己知彼。知己就是应结合自身的条件，包括学历、技能和身体素质等。知彼就是应掌握人力资源市场供求状况、劳动力市场价位等。通常人力资源和社会保障部门提供的劳动力市场指导价位给出低位数、中位数和高位数三个指标，求职者不可漫天要价，以避免为签约设置障碍。不要忽视双方协商约定的内容。对于试用期、培训、竞业禁止的补偿、补充保险和福利待遇等求职者希望在劳动合同中体现的内容，当事人应提出在劳动合同中写明的要求。

其次，毕业生自身相关知识储备不能少，求职者在签订劳动合同之前，最好认真学习和了解一些劳动法律和法规方面的知识，例如，双方的权利义务，劳动合同的订立、履行、变更、终止和解除，法律责任等规定，这样有利于求职者争取一些对自己有利的权利，一旦日后用人单位违反合同约定，求职者就可以用法律武器来维护自己的权益。当用人单位违反有关规定后，求职者有权利要求用人单位改正。比如，劳动合同的试用期超过规定期限的，当事人可以要求变更相应的劳动合同期限，或者要求用人单位对超过的期限，按照非试用期的工资标准支付工资。用人单位应当及时变更劳动合同期限，或者按照非试用期的工资标准支付工资。劳动合同只约定试用期，未约定劳动合同期限，当事人要求约定期限的，用人单位应当与当事人协商确定劳动合同期限。双方就劳动合同期限协商不一致的，按劳动合同期限与试用期的对应关系规定确定劳动合同期限。劳动合同应在求职者上岗、试用前与用人单位签订，而不是在试用合格后。求职者若是通过熟人牵线，碍于情面关系，只是简单地达成了口头协议，因无书面文件作为证据，就会增加解决劳动争议的困难。根据国家有关规定：用人单位与劳动者存在劳动关系未订立劳动合同，劳动者要求签订劳动合同的，用人单位不得解除劳动关系，并应当与劳动者签订劳动合同。因此，对于随意解除劳动合同的用人单位，求职者可以依据相关规定维护自身权益。

最后，对劳动合同文本要仔细推敲。签订劳动合同前，即使是作为劳动合同的附件，毕业生也应仔细阅读关于岗位的工作说明书、岗位责任制、劳动纪律、工资支付规定、绩效考核制度、劳动合同管理细则和有关规章制度，因为这些文件中会涉及求职者多方面的权益。遵守用人单位的劳动纪律和规章制度是员工的法定义务，当其作为劳动合同附件时，与劳动合同具有同样的法律约束力。当劳动合同涉及数字时，应当使用大写汉字。劳动合同至少一式两份，双方各执一份，求职者应妥善保管。用人单位事先起草了劳动合同文本，要求求职者签字时，求职者一定要慎重，对文本仔细推敲，如果发现条款表述不清、概念模糊，应及时要求用人单位进行说明、修订。

知识在线 3-2

《中华人民共和国民法典》（合同编）

任务五　了解试用期

毕业生在充分做好了求职前的各项准备，同时“过关斩将”，通过了紧张的笔试、面试，在激烈的竞争中脱颖而出后，最终与用人单位签订了劳动合同，但是要被正式录用，必须通过试用期这一关。

求职者应该尽快适应用人单位的工作环境，尽快熟悉本职工作，尽快熟悉上下级及同事，同时要尽快调整自身心态，实现角色转换，建立良好的人际关系网络，从而顺利地度过试用期，以便为今后的进一步发展奠定良好的基础，这是每位求职者就业后在试用期期间所面临的重要问题。

试用期虽然从理论上讲，是用人单位和求职者双向选择的过程，但是实际上因为目前的就业市场仍然是一个买方市场——以用人单位为主的劳动市场，求职者在这个市场上基本是处于被动地位，因此我们一定要高度重视试用期的各个方面，一定要有吃苦受累的思想准备，一定要努力工作以便通过试用期，“先生存，后发展”应该是毕业生在试用期的座右铭。

一、正确认识试用期

1.试用期的含义

一般情况下，制度规范、管理严格的企业在正式录用员工之前，对所招聘人员均实行试用期的用工制度。所谓试用期，有两方面的含义：一方面，试用期是用人单位对求职者在正式录用前进行一段时间的考查，以确定其是否符合本单位的录用条件的过程；另一方面，试用期也是求职者通过对用人单位进行观察和工作体验，以决定去留的过程。

2.试用期的目的和作用

试用期的目的实际上就是用人单位和求职者之间的相互近距离观察，双向选择，以实现人尽其才、人职相符。试用期有三个方面的作用：

（1）用人单位可以近距离地观察和考核求职者的政治素养、思想品质和职业道德；可以比较全面地考察求职者的业务素质、人品、个性和身体情况以及各方面的工作能力。

（2）求职者可以熟悉将来的工作环境，可以切身体会工作性质、岗位职责和工作条件，可以进一步了解企业方方面面的实际情况，考虑是否与自己理想中的工作目标相吻合，以及将来的发展空间是否符合自己的人生规划。

（3）在试用期，用人单位还将对求职者进行系统的岗前培训，包括业务培训，强调各项规章制度、职业道德，介绍公司文化等。

3.试用期的期限和待遇

《劳动合同法》规定，劳动合同期限三个月以上不满一年的，试用期不得超过一个月；劳动合同期限一年以上不满三年的，试用期不得超过两个月；三年以上固定期限和无固定期限的劳动合同，试用期不得超过六个月。同一用人单位与同一劳动者只能约定一次试用期。以完成一定工作任务为期限的劳动合同或者劳动合同期限不满三个月的，不得约定试用期。试用期包含在劳动合同期限内。劳动合同仅约定试用期的，试用期不成立，该期限为劳动合同期限。

《劳动合同法》规定，劳动者在试用期的工资不得低于本单位相同岗位最低档工资或者劳动合同约定工资的百分之八十，并不得低于用人单位所在地的最低工资标准。

4.试用期期间求职者应该把眼光放长远

在试用期，求职者必须全身心投入，尽自己最大努力去工作，既不能攀比正式员工的工资待遇，也不必太看重或计较眼前的工资待遇，首先应迈过试用期这道门槛。只要对当前的工作感兴趣，能实现自身的价值，且具有广阔的发展前景，当干出良好的工作业绩时，相信用人单位是绝不会亏待一个会给它们创造利润和价值的优秀员工的。

5.企业选拔试用期员工的标准

（1）既能为公司创造价值又符合公司的文化精神、价值标准，这样的员工一旦通过试用期，将会得到用人单位的提拔和重用。

（2）目前虽不能为公司创造价值，但其思维方式、价值观符合公司的文化精神、价值标准，这样的员工在通过试用期后，将得到用人单位的悉心培养、提拔。

（3）虽然能够为公司创造价值，但其思维方式、价值观不符合用人单位的企业文化和价值标准，这样的员工将难以通过试用期。

二、试用期的注意事项

试用期是一个特殊的工作阶段，面对一个新的工作环境、新的人际环境、新的工作岗位，求职者既会紧张兴奋，充满信心，急于想干出成绩证明自己，又会随时遇到困难挫折，产生困惑和犹豫。因此，保持一个良好的心态，掌握一定的工作技巧，是顺利度过试用期的有效途径。

1.恪守职业道德，爱岗敬业，诚实守信

品德是第一位的，员工一定要恪守职业道德，试用期更要注意爱岗敬业、诚实守信。

2.遵守规章制度，认真负责，踏实肯干

（1）上班要守时，切忌迟到早退。

（2）从小事做起，切忌眼高手低。

（3）提高工作效率，切忌拖拖拉拉。

3.了解企业文化，认同企业文化

企业文化是指企业生产经营实践中形成的一种基本精神和凝聚力，以及企业全体职工共同的价值观念和准则。有时可把企业文化分为三个层次：一是表面层次的物质文化，称为“企业硬文化”，包括厂容、厂貌、机器设备、产品造型、外观、质量等；二是中间层次的制度文化，包括领导体制、人际关系以及各项规章制度和纪律等；三是核心层次的精神文化，称为“企业软文化”，包括各种行为规范、价值观念、企业的群体意识、职工素质和优良传统等，是企业文化的核心，也被称为

“企业精神”。

4.熟悉工作环境，明确岗位职责

在试用期，除了尽快熟悉工作环境、认同企业文化外，熟悉工作内容就是最重要的了。熟悉工作内容主要包括以下几点：

（1）明确自己的工作岗位性质、任务。

（2）明确自己的岗位职责。

（3）明确本岗位处理事务的工作权限。

（4）明确自己的直接上级（顶头上司）是谁。

（5）明确自己的同事都有哪些。

（6）明确本岗位工作所需要的基本技能。

（7）明确在工作中的请示、汇报、及时反馈信息的程序及重要性。

（8）明确其他相关部门的职权和工作范围以及如何与其沟通联系等。

了解、熟悉了这些工作内容之后，更重要的是认真地履行自己的职责，按时、圆满地完成自己的工作任务。

5.塑造良好的自身形象，仪容仪表、言谈举止要得体

企业在选用新职员或选拔管理人才时，除了注重智商（IQ），考察其记忆力、判断力、认识问题、解决问题等智力水平和各方面能力外，更注重情商（EQ），也就是非智力因素，包括情绪、情感、意志、性格、气质、风度等。其中，很重要的一点就是气质、风度，主要体现在仪容仪表、言谈举止上。一位求职者刚刚踏入一个新的工作环境，通过得体的仪容仪表和言谈举止来塑造自身的良好形象，是非常重要的，也是非常有益的。

不同性质的单位对服饰仪表有着不同的审美标准和要求。新进单位的人员要根据工作性质、职位来选择适宜的服装，以整洁、大方、顺应潮流为好，不要穿过于时尚、过于休闲的服装，相对保守、正统一些的服装会给人留下好印象。如果单位要求统一着装，要保持工装整洁，对于女士，要不化浓妆；对于男士，要常理发、勤剃须，保持良好的精神面貌。

得体的言谈举止应该表现出亲切、热情、稳重、有礼貌、有智慧、讲道德、讲信用。待人接物中，一方面要切忌傲气，不能目中无人；另一方面也要避免过于谦卑，不能低三下四。

在与同事或顾客交谈时，要避免自己滔滔不绝、喋喋不休，要会耐心地倾听，不要轻易打断对方谈话或接过话头代下结论。这样，既起到了褒奖对方的作用，又是对对方的尊重；既了解了对方的见解，又获得了对方的信任和好感，便于良好人际关系的建立。

在交谈中要学会用准确的语言表达自己的意见，不能词不达意、指手画脚。有时，诚挚、亲切的微笑胜过一切。

此外，在工作期间，要避免与同事谈天说地、说长道短，切忌在上班时间与朋友或同学聊天。要记住优雅生动的语言、真诚坦率的胸怀、与人为善的态度、认真严谨的工作作风，是我们赢得别人信赖的基础。而粗俗无礼的语言、词不达意的表达、恶意的冷嘲热讽、散漫不拘的表现，将使你人缘散尽，并在自己周围树起敌意

的藩篱。

6.尊重同事，虚心求教，学会人际交往

在资源共享的知识经济时代，越来越多的企业不断更新用人观念，越来越重视企业员工的人际关系指数和协作精神，因此培养和锻炼人际交往能力，必定会为求职者顺利通过试用期增添有力的砝码。而学会人际交往首先应从尊重同事、虚心请教做起。“礼貌待人是交往的名片”，刚进一个新单位，要有一种从零做起的心态，放下架子，不论同事年龄大小，只要比你先进入单位，都是你的老师，要尊重他们，要主动热情、谦虚认真，切勿自吹自擂、装腔作势，更不能目中无人、高傲冷漠，要学会从一点一滴做起，从小的方面做起。比如，每天上班，见到上司和同事一定要主动有礼貌地问好、打招呼；尽快地记住同事的姓名；主动帮助同事等。这样，自然会给人留下良好的第一印象，得到大家的支持和帮助，易于融入同事圈中。此外，刚进新单位，所有的工作对求职者来说都是陌生的，而同事的专长、才智和丰富的工作经验是在长期的实践中取得的，因此必须虚心向同事请教，勤学多问、善于思考、埋头苦干，这样就会在融洽愉快的人际氛围中迅速增长才干，获得较大进步。

三、试用期的自我维权

由于刚刚走出校门的毕业生涉世未深、经验不足，加之急于就业和寻找用武之地以显身手，因此许多不法用人单位便以“试用期”为名，利用求职者求职心切的心理，设下许多“美丽”的陷阱，引诱求职者上当受骗或损害求职者的合法权益。因此，在试用期，求职者要擦亮眼睛，识破不法用人单位的“鬼把戏”，更应该了解和掌握有关的劳动法律、法规，拿起法律的武器，维护自己的合法权益。

1.试用期常见陷阱

（1）先过试用期，后签劳动合同。有的用人单位以试用为名，在试用期不与求职者签订劳动合同，或者只签订一份所谓的试用期合同，声称只有试用合格后方能签订正式劳动合同。由于没有劳动合同的约束，求职者的合法权益往往得不到保护。

（2）试用期内骗劳力、“炒鱿鱼”没商量。由于我国劳动力市场普遍存在着供大于求的情况，而且有些不法用人单位认为只要不与求职者签订劳动合同，就可以不受劳动法律的约束，在辞退求职者时较为方便，并且不必给予经济补偿，于是频繁地玩弄“不断试用、不断炒鱿鱼”的伎俩，役使一个又一个的廉价劳动力。

（3）随意设定或延长试用期限。有些用人单位不按照劳动法规设定试用期限，而是随意设定超长期限的试用期，签订一年或更长期限的试用合同，甚至以试用期不合格为由，随意延长试用期让求职者试来试去，就是不签订正式合同。

（4）随意降低求职者的待遇。有的用人单位以试用期是单位与求职者的相互考察、双向选择的过程，是对求职者的培训为借口，不给求职者支付工资或支付极少的工资。有的用人单位招聘时就声明，试用期管吃管住，但不发工资，只有

试用期满合格双方签订了正式合同后才有工资。有的用人单位以其他种种理由不缴或少缴各种社会保险费（如养老保险、失业保险、工伤保险、医疗保险）以及住房公积金等。

（5）用人单位和中介机构联手演“双簧”。有的不法中介机构和一些不法用人单位串通一气，假装接收求职者，随后用人单位将其辞掉，瓜分求职者的报名费、中介费；或讲得天花乱坠，夸工资、福利待遇高，合谋坑害求职者。

2.依法自我维权

《劳动合同法》规定，劳动合同是劳动者与用人单位确定劳动关系、明确双方权利和义务的协议。建立劳动关系应当订立劳动合同。劳动合同的内容包括劳动合同期限、工作内容、劳动保护和劳动条件、劳动报酬、劳动纪律、劳动合同终止的条件、违反劳动合同的责任等。除此之外，当事人可以协商约定其他内容，因此求职者应该明确，在试用期开始之前应先签订劳动合同，而且是正式的劳动合同，不是试用期临时合同，试用期是劳动合同期限内的组成部分。

《劳动合同法》规定，试用期最长不得超过六个月。关于试用期的问题在《关于实行劳动合同制度若干问题的通知》中有更详细的规定，因此求职者应该按照规定与用人单位约定试用期限，不让用人单位在试用期限上耍花招。

《劳动合同法》规定，国家实行最低工资保障制度，用人单位支付给劳动者的工资不得低于当地最低工资标准，因此求职者应该明白，尽管试用期间的工资标准与正式上岗后的工资标准相比，一般都比较低，但最低不应低于当地的最低工资标准。具体某个工种当地的最低工资标准数是多少，可到当地人力资源和社会保障部门去咨询。在这个最低工资标准之上，可与用人单位协商确定。此外，试用期包括在劳动合同期限内，劳动者应享受用人单位的各种福利待遇。

《劳动合同法》规定，劳动者有下列情形之一的，用人单位可以解除劳动合同：在试用期间被证明不符合录用条件的；严重违反劳动纪律或用人单位规章制度的；严重失职，营私舞弊，给用人单位利益造成重大损失的；被依法追究刑事责任的。因此，求职者要想在试用期不被随意炒鱿鱼，就必须首先保证自己无违法违纪问题。其次，要证明自己符合录用条件。要做到这一点，除按质按量完成劳动任务外，还要做个有心人，平时注意搜集和整理证明自己的材料。比如，以用人单位在招聘时对岗位的招聘要求为依据，保存好有关的招聘材料；以劳动合同的岗位要求为依据，求职者在与用人单位签订合同时应尽可能把岗位描述写得详细具体些，而不是没有任何说明的干巴巴的岗位名称；如果合同写得不明确，以用人单位有关规章制度中的岗位要求为依据；以试用期工作数量与质量的记录为依据。如果有的工作无法用数量来衡量，可以把自己与同一岗位的人做个对比，以证明自己在这个岗位上是称职的，是能够胜任的。有了这些证据，如果用人单位无故解除劳动合同，求职者就可以向有关部门投诉，讨回公道。

求职者如果发现用人单位违反法律、法规或劳动合同，可以向劳动监察部门进行投诉、举报，也可以向所在地劳动争议仲裁委员会申请仲裁，对仲裁不服的，可以从收到仲裁书之日起十五日内向人民法院起诉，依法维护自己的合法权益。

育德润心 3-1

就业协议有约束，签订须谨慎

项目训练

一、请互分角色做面试练习，认真体会应聘者以及考官的心理，并按照表3-5对面试过程进行评估，最高分为5分

表3-5 面试过程评估内容

姓名	5	4	3	2	1
1.开场陈述					
2.目光接触					
3.坐姿					
4.整体印象					
5.描述能力					
6.解释能力					
7.解疑能力					
8.期望能力					
9.可疑因素					
10.专业能力					
11.倾听					
12.举止					
13.生活习惯					
14.职业兴趣					
15.态度					
16.是否聘用					

二、谈谈面试练习过程中的感受

三、对于你所认知以及经历的其他事情，结合面试中遇到的问题，讨论本项目中所提出观点的实践作用，建议各抒己见

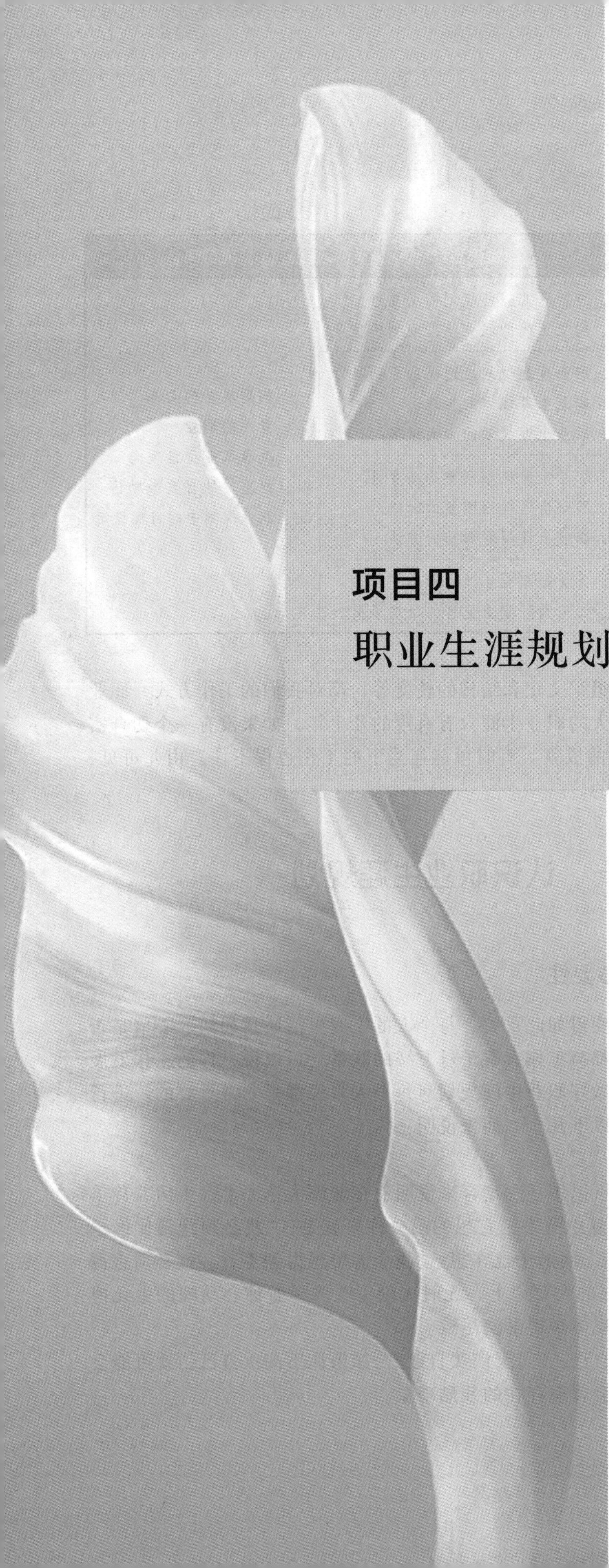

项目四

职业生涯规划

项目任务书

<table>
<tr><th colspan="2">任务</th><th>知识点</th><th>项目训练</th></tr>
<tr><td>任务一</td><td>认识职业生涯规划</td><td>一、进行职业生涯规划的必要性
二、树立正确的职业生涯规划价值观</td><td rowspan="4">一、构建成功的心态
二、梦想的职业
三、改善职业生涯观念
四、找出你的自我激励语
五、职业规划中的目标设定</td></tr>
<tr><td>任务二</td><td>如何进行职业生涯规划</td><td>一、职业生涯规划应遵循的原则
二、职业生涯规划的步骤
三、职业生涯规划的六大误区</td></tr>
<tr><td>任务三</td><td>如何进行职业生涯规划的调整</td><td>一、职业生涯规划调整的必要性
二、职业生涯规划调整的时机
三、职业生涯规划调整的方法</td></tr>
<tr><td>任务四</td><td>职业生涯的动态平衡</td><td>一、什么是职业生涯的动态平衡
二、如何做好职业生涯的动态平衡</td></tr>
</table>

经济全球化、科技发展、组织文化和结构的转变等，都对我们的工作方式、职业性质产生着深远的影响。每个人的职业生涯只有有限的几十年，如果没有一个切合实际的规划，不要说难以取得大的成就，有时可能连当下的工作也保不住。由此可见，进行职业生涯规划是很有必要的。

任务一　认识职业生涯规划

一、进行职业生涯规划的必要性

情境案例4-1

职业规划的实践性——烧开一壶水的智慧

工作从来没有像今天这样变得如此重要。每个人的家庭生活质量如何、心情是否愉快、是否受人尊重等，几乎都与工作有着千丝万缕的联系。可以说，你的工作发展决定了你的人生高度。因此，做好职业生涯规划对每个人来说都是非常重要的。进行职业生涯规划的必要性可以从以下几个方面来说明：

（一）社会竞争的残酷性

今天，社会竞争的残酷性可以用一则寓言来说明：在非洲大草原上，生活着羚羊和狮子。每天清晨，羚羊从睡梦中醒来，它想的第一件事就是："我必须跑得比狮子快，否则，我就会被狮子吃掉。"而狮子也在想："我今天要想得到美餐，就必须跑得比羚羊快。"于是，在广袤无垠的大草原上，无时无刻不在演绎着惊心动魄的生死搏杀，优胜劣汰的自然法则在这里体现得淋漓尽致。

因此，我们必须时时告诫自己："每天淘汰自己。"如果你不淘汰自己，就可能会被别人淘汰，这就是今天的社会普遍存在的残酷现象。

（二）人员流动的频繁性

大多数人的一生都是和一个职业相伴而终的，因为谋生的不易和竞争的激烈，不管你是自愿还是无奈，一旦有了某个职业便希望固定下来，随着时间的流逝，更改的心思也渐渐消失。然而，随着市场经济的发展，人员流动越来越频繁，工作三四年已经换了几个单位的现象越来越多。

在当今的社会环境下，劳动者的配置如流动的活水，在自我追求和客观需求的情况下，变更职业是绝对的，不变则是相对的。这种流动其实也是一种自我调整的机会，以便于更好地实现自我发展。俗话说得好："人挪活，树挪死。"

（三）人的需要的变化性

马斯洛需求层次理论将人的需要划分为五个等级，后来扩大到八个等级，如图4-1所示。

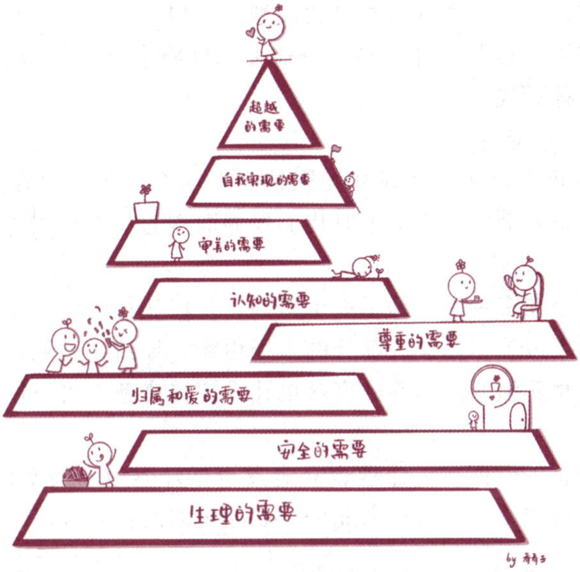

图4-1　马斯洛需求层次理论

（1）生理的需要。这包括食物、水、空气、睡眠等的需要，是人作为生物本能的需要。只有生理的需要得到满足，人们才会追求更高层次的需要。

（2）安全的需要。人们需要稳定、安全、受到保护等。安全的需要包括外在和内在两个方面：一方面，外在的环境会随时改变，瘟疫来临、政局变动、金融危机等都会对人身安全产生一定的威胁；另一方面，随着年龄的增长，人的生理功能会逐渐衰退，从而带来风险。如何减轻这些风险对人们造成的影响非常重要。

（3）归属和爱的需要。归属和爱的需要也可以称为社交需要。人是群居动物，需要结交朋友、追求爱情。虽然在互联网快速发展的今天，有不少人长期独居，很少与人接触，但是其依然需要在网络平台中开展社交。

（4）尊重的需要。上述基本需要得到满足后，人们就会追求更高级的需要。其中，内部尊重即希望自己有能力，在各个方面都可以做好，能够实现自己的理想；外部尊重即追求外界的权利、地位，渴望得到他人对自己的认可。尊重的需要得到满足，会使人相信自己的力量和价值，进而使人更有能力，更有创造力。

（5）认知的需要。这是指个人对自身和周围世界的探索、理解及解决疑难问题的需要，如儿童的好奇心、学生对知识的探索、成人对知识的需要等。马斯洛将其看成克服阻碍的工具，当认知的需要得不到满足时，其他需要的满足也会受到威胁。

（6）审美的需要。这包括欣赏美的需要、寻找美的需要等。需要注意的是，有审美的需要并不等同于有产生美的能力。比如，一个人非常喜欢好看的服装搭配，但是这不代表这个人会服装搭配。此外，审美的需要也有个性化差异，比如不同地区的人对同一种食物的口味会有不同的期待。

（7）自我实现的需要。这是指个体实现自己的理想抱负和追求，成为伟大的或具有影响力的人物的需要。马斯洛提出，为满足自我实现的需要所采取的方法是因人而异的。比如，程序员在编写代码的过程中会遇到一些阻碍，但是程序员依然克服阻碍完成了自己的工作，这背后就有他对自我实现的需要。

（8）超越的需要。这是个体最高级的需要，即将自己的知识、能力贡献给他人，以造福当代人及子孙后代。

（四）企业的不稳定性

由于环境的变化，很多曾经风光无限的企业如今已经淹没在历史长河中，可谓“浪花淘尽英雄”。企业会因为跟上了时代的发展而崛起，亦会因为被时代抛弃而快速倒闭。

诺基亚手机曾经在市场上占据了大半份额，足以让任何一个竞争对手仰望，然而新系统的出现直接抢占了诺基亚大部分的市场份额，导致诺基亚再无当年辉煌。史玉柱的巨人集团、郑州亚细亚商场等的衰落也让人记忆犹新。可以说，让一家企业长盛不衰越发艰难。

即便在相对短暂的时间内，企业也总是要根据外界市场的变化不断组织、调整，而这一过程中必然会淘汰一些人，由此可见职业规划的重要性。

二、树立正确的职业生涯规划价值观

（一）职业生涯规划不能保证百分之百的成功，但没有规划很难成功

一个人的事业能否成功取决于很多因素，个人素质、机遇和环境等都起着重要的作用。所以，职业生涯规划不能保证百分之百的成功，但是没有规划，职业生涯是很难成功的。以前，受社会环境影响，人们的工作都是由组织来“安排”的；现在，环境的因素已经弱化了，想干什么、怎么发展基本取决于自己。在这种环境下，如果没有清晰的职业生涯规划，人就会像大海里迷失方向的小船一样，是不可能到达一个理想的终点的。可以说，对自己的职业生涯有规划肯定好于不规划，多规划一定胜于少规划。

（二）职业生涯规划不要起因于对现实工作的不满

职业生涯规划绝对不是情绪化与不满的代名词，我们不能因为对现实工作不满意才进行职业生涯规划。虽然职业生涯规划有时确实能减轻甚至消除我们对工作的不满情绪，但是很明显，这是“手段”与“目的”的混淆。如果我们对职业生涯规划缺乏理性的认识，那么进行职业生涯规划很有可能是得不偿失的。

在进行职业生涯规划之前，每个人都必须有一颗平常心，要有条理地分析各项因素——评估自己、解析环境、了解企业，这样才能以客观、理性的态度来决定自己将何去何从。

（三）了解自己的特色

或许有人会说："我没有什么特色。"其实不然，就像每片叶子都有自己不同的纹理一样，每个人都有自己的特色。所谓特色，就是个人所拥有的与别人不同的地方。每个人的职业生涯都应依据个人的特色来规划，这样才比较容易成功。

当然，除了特色之外，习惯、身体状况等也与职业生涯规划有着密不可分的关系。因为在制定好职业生涯规划以后，如何执行、如何克服挫折，都与这些因素相关。下面仅依据个人的特色，将可被规划的人生分为九种类型。

1.知识专家型

知识专家型的人主要从事教师、律师、会计之类的工作，他们应用知识和专业来谋生，此类人有逐年增多的趋势。这种类型的人为人类社会的进步创造了很多价值，很受社会的尊重，因此许多人从学生时代就规划着希望成为这种类型的人。

知识专家型的人应该注意以下几点：

第一，不断充实自己，使自己不会被淘汰，同时不会有名不副实之虞。

第二，适时整理、发表自己的专业知识论文，既可教育社会大众，也可以提高知名度。

2.技术专家型

技术专家型的人主要从事软件开发、建筑、医疗、雕刻之类的工作，他们在社会上也占有相当大的比重。同时，由于他们所提供的服务与产品是帮助人们解决问题和克服困难的，因此这更突显了他们的价值和重要性。与知识专家型的人相比，技术专家型的人不仅要了解、熟记专业知识，而且必须能够熟练操作。

技术专家型的人应该注意以下几点：

第一，除了要不断吸收新知识外，还要定期进行必要的操作，以免技术水平退步。

第二，勤奋努力自然是技术专家型的人不可或缺的品质，但是天分与才气也是非常重要的。

3.坐拥金山型

坐拥金山型的人富有的原因主要有以下几种：其一，省吃俭用；其二，勤奋努力；其三，继承遗产。由于富有的原因不同，因此他们对金钱的态度和处理方式也有很大的差异。

对于富有原因不同的坐拥金山型的人，这里给出不同的建议：

第一，省吃俭用的人应该注意的是适时放松自己，赚钱固然重要，花钱更是艺术，光会赚，不会花，也是不可取的。

第二，勤奋努力的人应该注意的是必须明确规划未来，合理规划财富。

第三，继承遗产的人应该注意的是要理性消费、谨防小人，不要好大喜功、偏听偏信。

4.一马当先型

一马当先型的人做事果断，凡事身先士卒，只进不退，只要有了好的点子，马上就开始行动。由于个性使然，这种类型的人容易交到朋友，顺利时继续向前，遇到挫折时也不会气馁。

一马当先型的人需要注意的是：

第一，这种类型的人本身的优点使其容易得到资讯、人缘、机会，因此他们可能不知珍惜，从而失去许多机会。

第二，不是任何事情都可以一马当先的，有些事情确实是急不得的，急了就容易出错。

5.大树遮阴型

有些人由于父母的关系，好像一生下来就要做董事长、总经理。旁人会一厢情愿地认为："哇！好羡慕呀！这种职位我一辈子也不敢想。"其实不然，这些人或许也有苦衷，只是外人没有察觉罢了。

大树遮阴型的人应该注意以下几点：

第一，由于成功比别人容易，有时不知道珍惜，因此应该时刻提醒自己，珍惜目前所拥有的一切。

第二，不应该以目前为满足，要坚定志向，比别人做得更好。因为父母留下来的不仅是财富、地位，更是一份不可推卸的责任。

第三，如果真的不喜欢这份庇荫，可以考虑做自己想做的事情。因为如果一生都做一件自己不想做的事情，不仅不会开心，而且很难做好。

6.海市蜃楼型

海市蜃楼型的人好大喜功，凡事讲究排场、气派。对这种类型的人来说，世界是美好的，明天充满了希望。

海市蜃楼型的人应该注意以下几点：

第一，将这种理想化作为具体目标，同时将不可能的部分剔除，接下来付诸执行，这才是极具意义的。

第二，骗人、欺世是一时的，绝不会永久，就像纸里包不住火。

7.天纵英才型

对天纵英才型的人来说，似乎什么事情都不是难事，都可以迎刃而解。这种类型的人天生机智，比别人学得更快更好，因此可能养成骄纵的性格。天纵英才型的人是可遇不可求的，如果培养得法，不论对个人、企业还是社会，都将有极大的贡献。

天纵英才型的人应该注意以下几点：

第一，不可恃才傲物，对自己不懂的事情务必要虚心学习，要知道人外有人、天外有天。

第二，别人虽然不比你聪明，但是其对整个企业、社会的重要性，可能并不比你小。

第三，独木难撑大厦，一人难敌众人。再聪明和能力再强的人，都要与别人合作，否则寸步难行。

8.取长补短型

取长补短型的人做事既合天理又顺人情，是不可多得的俊杰。若能使自己成为这种类型的人或与此类人合作，你的职业生涯就已经成功了一半。

情境案例4-2

遇到职业瓶颈怎么办

9.随遇而安型

其实在这个社会上，大多数人都属于随遇而安型的人，生活在忙碌中，只要今天过得去，明天的事明天再说。于是，人们慢慢地习以为常，自然而然就随遇而安了。

任务二 如何进行职业生涯规划

职业生涯是指一个人一生的职业经历，即一个人一生连续从事的职业和工作职务的发展道路。职业生涯规划是指根据外在环境和个人的实际情况，对个人职业生涯乃至人生制定发展规划的过程。职业生涯规划是对个人职业前途的展望，是落实职业理想的实施计划。职业生涯规划实质上是追求最佳职业生涯的过程。

一、职业生涯规划应遵循的原则

职业生涯规划应遵循的原则包括：实事求是原则、切实可行原则、个人职业目标与企业目标协调一致原则，如图4-2所示。

图4-2 职业生涯规划应遵循的原则

（一）实事求是原则

准确的自我认识和自我评价是制定个人职业生涯规划的前提。

（二）切实可行原则

首先，个人的职业生涯目标一定要同自己的能力、特质相符合。一个学历不高又无专业特长的员工，却一心想进企业管理层，在现代企业中显然是不切实际的。其次，个人职业目标和职业道路的确定要考虑到客观环境条件。

（三）个人职业目标与企业目标协调一致原则

员工是借助企业实现自己的职业生涯发展目标的，因此员工的职业生涯发展目标必须与企业目标协调一致。离开企业的目标，便没有员工的职业发展，员工甚至难以在企业中立足。

这里介绍一下企业的四个人才观以及大学生就业的四个阶段。

1.企业的四个人才观

企业的四个人才观包括：人裁、人材、人才、人财，如图4-3所示。

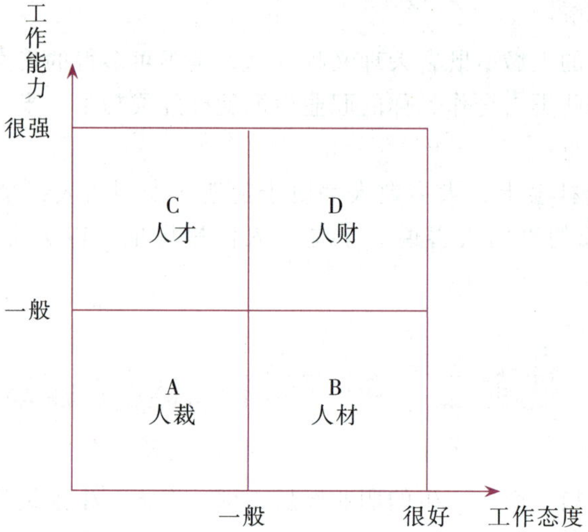

A人裁：企业裁员的对象　　B人材：暂时作为企业储备材料
C人才：企业难以把握的短期对象　　D人财：企业的财富

图4-3　企业的四个人才观

2.大学生就业的四个阶段

大学生就业的四个阶段包括：避风港、驿站、加油站、事业港，如图4-4所示。

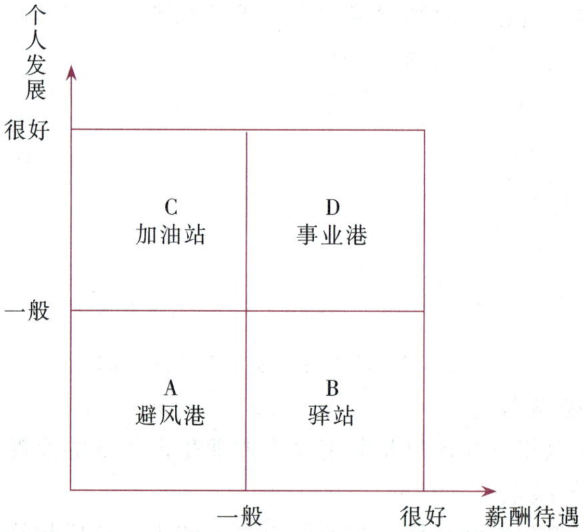

A避风港：生存条件满足期与个人发展尝试期　　B驿站：调整再造期
C加油站：汲取营养，蓄势待发期　　D事业港：事业的基点，丰收期

图4-4　大学生就业的四个阶段

二、职业生涯规划的步骤

职业生涯规划由分析发展条件、确立发展目标、构建发展台阶、制定发展措施四个步骤组成，每个步骤均着眼于职业生涯规划的核心——发展。

（一）分析发展条件

分析发展条件是确保职业生涯规划方向正确、目标符合实际的基础。有效的职业生涯规划必须在充分、正确地认识自身条件及其变化趋势、行业发展趋势和就业环境的基础上，即知己知彼的基础上进行。眼高手低是许多青年人走向社会时易犯的毛病，因此客观地把握职业生涯发展的内部和外部环境，对做好职业生涯规划具有重要的意义。

1.自身条件及其变化趋势分析

想要定位自己职业生涯发展的立足点，一般可以从三个维度进行拆解，即兴趣、技能、价值观。在项目一中，我们已经对这三个方面进行了学习，下面我们主要探讨家庭条件及其变化趋势。

对家庭条件的分析以及变化趋势的预测，实际上也是“知己”的一部分，也就是对自身在社会中所处位置的判断。家庭的经济条件、社会关系以及成员的健康状况等，均与职业生涯发展相关联。例如，家庭条件不好的，应首先考虑就业，而不是考研。此外，家庭状况也不是一成不变的，在进行职业生涯规划时应考虑变化的因素。例如，家庭中挣钱的人少，需要负担的人多，经济条件就会比较差；几年以后，可能挣钱的人多了，而需要负担的人少了，经济条件就会大大改观。

2.行业发展趋势和就业环境分析

行业发展趋势和就业环境分析则是“知彼”。所谓“知彼”，就是把握经济社会的发展现状及变化趋势，洞察行业的特点及变化趋势，了解自身所处就业环境及其变化趋势。此类分析既是寻求近期和远期职业生涯发展机会的重要手段，也是个人职业生涯发展符合经济社会发展需要的保证。

个人职业生涯的发展既离不开国家经济社会发展的大背景，也离不开个人所在地区经济社会发展的小背景。只有将个人的职业生涯发展融入经济社会发展之中，按照行业的特点及变化趋势来设计个人的职业生涯，才是有意义的、能落实的职业生涯规划。

“知彼”不仅要有宏观的认知，而且要有微观的认知。例如，与自己所学专业对应的职业群对从业者的要求及变化趋势，这些职业的道德规范、晋升阶梯等。

“知己”和“知彼”（如图4-5所示）做得越好、越细致、越深刻、越全面，确立职业目标的基础就越牢靠，成功的可能性就越大。

图4-5　“知己”和“知彼”

3.职业生涯发展条件分析的操作

（1）优势分析（即已表现出的能力与潜力）。

①分析你曾做过什么。这也就是你已有的人生经历和体验，如在学校期间担任的

职务、曾经参与或组织的实践活动、曾经获得的奖励等，这些都可以从侧面反映一个人的素质状况。在进行自我分析时，要善于利用过去的经验推断未来的工作方向与机会。

②分析你学习了什么。在学校期间，你从专业课程中学到了什么。一般来说，专业决定了你的职业方向，因而尽自己最大的努力学好专业课程是职业生涯规划的前提条件之一。同时，你要善于从中总结，把专业知识真正转化为自己的智慧。

③分析你做过的最成功的事情是什么。在你做过的很多事情中，最成功的事情是什么？为什么能够成功？成功是偶然的还是必然的？通过分析，你可以发现自己性格中优秀的一面，如坚强、果断，以此作为自己的动力之源和魅力闪光点，这也是职业生涯规划的有力支撑。

（2）劣势分析。

①分析性格弱点。一个独立性强的人可能很难与他人密切合作，而一个优柔寡断的人也很难担当企业管理者的重任。卡耐基曾说，人性的弱点并不可怕，关键是要有正确的认识，寻找弥补、克服的办法，使自我趋于完善。人无完人，克服弱点并不是要让人去做自己不擅长的工作，而是要了解弱点背后的原因是什么，能否用其他优势补足。找到弱点不是目的，避免因弱点的存在而影响自己的职业发展才是目的。

②分析经验或经历中欠缺的方面。也许你曾多次失败，却仍找不到成功的路，或者需要你做某项工作，而之前你从未接触过，这些都说明你的经验或经历有欠缺。有欠缺并不可怕，可怕的是你并没有认识到，还一味地不懂装懂。

知识在线4-1

大学生如何进行职业生涯人物访谈

（3）环境分析。

①对社会大环境的认识与分析。具体分析内容包括：当前社会的政治、经济发展趋势；社会热门职业及其人才需求状况等。

②对自己所选择职业的外部环境的分析。具体分析内容包括：自己所选择职业的发展现状及未来发展趋势；社会发展对自己所选择职业的影响等。如果很难搜索和判断这些信息，也可以寻求行业内从业人员的帮助，采用职业生涯人物访谈的方式获取信息。

（4）人际关系分析。人际关系分析的内容包括：个人职业生涯中将与哪些人交往，其中哪些人将对自身发展起重要作用，能起到何种作用，这种作用会持续多久，如何与他们保持联系，可采取什么方法予以实现；工作中会遇到什么样的同事或竞争者，如何相处、对待。

4.职业生涯机会的评估

职业生涯机会的评估主要是评估各种环境因素对个人职业生涯发展的影响。每个人都处在一定的环境之中，离开了这个环境，便无法生存与成长。所以，在进行职业生涯规划时，还要评估自己与环境的关系、自己在这个环境中所处的地位、环境对自己提出的要求，以及环境对自己有利的条件与不利的条件等。只有对这些内容进行充分的评估，才能在复杂的环境中趋利避害，使职业生涯规划具有实际意义。

（二）确立发展目标

有目标的生活才不会盲目，生活的动力在于不断追求。目标是成功的前提，因此一个成功的人生必须及早设立正确的目标。

比如，大学毕业生将要做出三种抉择：一是就业；二是考研；三是创业。不同的发展路线，对人的智能要求不同。因此大学毕业生在进行职业生涯规划时，必须进行抉择，确立发展目标。

职业生涯发展目标可分为长期目标、中期目标和短期目标，中期目标和短期目标统称为阶段目标。短期目标一般为一到二年的目标，中期目标一般为三到五年的目标，长期目标一般为五到十年的目标。

职业生涯发展目标是个人理想和职业生涯发展路线的具体化，是指可预想到的、有实现可能的目标。目标的确定要以自己的最大才能、最优性格、最大兴趣、最有利的环境等信息为依据，要防止目标脱离本人的实际和经济社会发展的需要。很多人认为选择最热门的职业就意味着最有前途，其实，最重要的还是要找到最适合自己的职业，然后努力成为这一行业的佼佼者。

但凡最后获得成功的人，都有明确的职业生涯发展目标，有锲而不舍的精神，不会为一时的风吹草动所左右。在回答想得到什么、想成为怎样的一个人这样的问题时，许多人都想“鱼”与“熊掌”兼得（如图4-6所示），这实际上是很难实现的。例如，有的人想在学术上取得成就，却耐不住一时的寂寞甚至清贫，最终学术没做好，钱也挣得不多。

图4-6　“鱼”与“熊掌”都想得到

（三）构建发展台阶

职业生涯发展目标的实现不应该企图一步登天，也就是说，要想实现长期目标，必须先完成与长期目标方向一致的中、短期目标规定的任务。

我们可以采取“倒计时”的方式来构建职业生涯发展台阶，即根据实现长期目标所需要的时间，一步步往回倒着设计。

职业生涯发展台阶有三个特点：一是必须“跳一跳才够得着”，即必须为之付出努力，为之拼搏，不是轻而易举就能达到的；二是可望又可即，即不应脱离自身条件和社会现实，通过努力能够达到；三是要十分具体，即能确认这个职业到底需要你具有什么样的职业素质，做出哪些努力，采取哪些措施才能弥补自身的差距。

第一级台阶（即短期目标）要具体、明确，稍加努力就能达到，要使自己在努力攀登一个个台阶的过程中，首先品尝到取胜的乐趣，得到“成功者”的心理体验，树立起“成功者”的信念。

各级台阶（即各阶段目标）之间的关系应该是阶梯形的，前一个台阶是后一个台阶的基础，后一个台阶是前一个台阶的方向，所有台阶都指向终点（即长期目标），如图4-7所示。

图4-7 职业生涯发展台阶

知识在线4-2

职业规划模板

（四）制定发展措施

如果不将目标转换成行动，目标终归是目标，只能停留在梦想阶段。若想将目标变成现实，则需要付出实实在在的努力，根据“现在的我”和“明天的我”之间的差距制定职业生涯发展措施。职业生涯发展措施不但要具体，而且要有标准。在具体操作过程中，我们可以利用职业规划模板来实现。

今天站在哪里并不重要，下一步迈向哪里却很重要。尽早制定一个方向正确、符合实际、内容翔实、措施具体的职业生涯规划，对你今后的职业发展具有十分重要的意义。

三、职业生涯规划的六大误区

（一）误区之一：得过且过

“得过且过”在《现代汉语词典》中的解释是“只要勉强过得去就这样过下去”，“也指对工作不负责任，敷衍了事”。尽管现在的社会竞争十分激烈，但总有人能够“超然物外”、我行我素，按既定方针办，领导再怎么急于出成绩、见效益，也跟他没关系，他就这样了。

这种人虽说也对生活有较高的要求，知道好日子过着舒服，但就是不愿意费那个劲儿，说白了就是懒。他们认为，动脑子、花心思太累，有时间还是趁年轻多玩玩。

解决方法：即使你占过一两次小便宜，但是一旦遇到裁员风波，领导要解雇的第一批人员名单上肯定有你。所以，赶紧勤奋起来吧！

（二）误区之二：没有危机意识

前些年，一些大型互联网公司成为许多学校优秀学子的竞争对象，似乎一旦进入这类公司，就可以股票、期权和高年薪拿到手软，就可以快速实现财富积累。但事实真的如此吗？回看近几年大型互联网公司的大幅裁员，许多中、高层管理者都抱憾离职。大型互联网公司根基稳定、有成熟的市场尚且如此，更不要说众多小型互联网公司了。

无论是大型企事业单位，还是小型创业公司，都不是绝对安稳的“铁饭碗”。任何人的职业生涯都会遇到危机，如竞争的危机、失业的危机，所以我们必须早做准备、多做准备。

解决方法：每天看看竞争对手的工作情况。竞争对手不限制在本单位内找，你也可以跳出本单位，到市场上找同样岗位甚至不同岗位和你做类似工作的人来做对比。

（三）误区之三：兼职“兼”到头晕

兼职既能把一个人的特长发挥到极致，又能最大限度地创收，所以很多人愿意做兼职工作。如果有这个能力，机会又合适，则无可厚非（国家明令不允许兼职的人员除外），但如果一人身兼四职、五职，忙到头昏脑涨的程度，则肯定会有得不偿失的一天。

解决方法：首先，你得明白一个道理，兼一百个职，也不见得能成为富豪。其次，你要确认一件事情，即你为什么要做兼职工作。是想赚更多的钱，还是想为自己谋求更多出路？

如果你是为了赚更多的钱，那么你要看投入产出比和回报周期的情况。比如兼职开网约车，你要先确定平台是否提供车辆；如果不提供车辆，自己家中能否支持；如果不能支持，成本如何计算……这些问题都要提前想清楚。接下来你要计算回报周期，如果你的本职工作时间是早上八点到下午五点，你可以考虑在下午五点到晚上八点之间接单，这样你一天的工作时间就是12个小时。如果恰好本职工作是一份需要静坐一天的财务类工作，那么晚上开车还是长时间静坐，可能会导致肩颈疾病。如果做兼职会导致生病，则不但会影响本职工作，而且会花掉更多的钱。

如果你是想通过兼职为自己谋求更多出路，也要从投入产出比和回报周期两个方面来考量。另外还需要增加一条，即评估主业和兼职副业之间的关系。比如，某同学毕业后去了一家外资企业做运营，兼职找了一份手绘插画的工作，这两份工作之间并无关联，很难相互迁移。但假如这位同学找了一份口语助教的兼职工作，那就可以在兼职的过程中提高自己的语言能力，在本职工作中也会有更好的表现，这就是“主业变强、副业变现”的思路。

兼职太多，会影响本职工作。假如你对现在的工作不满意，不如重新找个称心的工作。

（四）误区之四：事不关己高高挂起

某公司策划部有这样一位员工，明明极为聪明，好创意一个接一个，就是不说，因为“你也没问我呀”。开会的时候，她从来不主动发言，领导问到她头上，她也不会一次把所有的想法都说出来。但是让她做策划的时候，领导又不得不叹服她做得漂亮。部门领导几次找她谈话：“一个部门的成绩是大家一起创造的，在一个集体里没有与自己无关的事。”可她说：“不是我分内的事情，为什么要替别人操心。”人是聪明人，就是没有团队意识。

解决方法：换位思考。如果你是这样的员工，请替你的领导考虑考虑，如果你处在领导的位置上，你会怎么想？你是不是希望大家的劲儿往一处使？你是不是希望大家都有好的创意？你是不是要讲团队意识？

（五）误区之五：寻找靠山且急于表现

话里话外、明着暗着告诉同事：“我是×××的人。”

没有一个员工不愿意跟老板搞好关系。跟老板搞好关系的基础是什么？是你要有自己的一套方法，不但能干活儿，而且要干得漂亮。即便你跟老板的关系特别好，也不要让别人认为你把老板当成靠山，免得别人轻视你。

职场是一个利益共同体，你跟老板的关系再好，他愿意为了你一个人而犯众怒吗？再说，工作不是给老板干的，是给自己攒本钱呢！而且靠山是会变化的，变化的靠山靠得住吗？

解决方法：跟所有领导都处好关系是非常重要的，但千万别让他人以为“你是×××的人”。

（六）误区之六：把没思想显露出来给人看

让干什么就干什么，让做“一”绝不做“二”，不会想一想再去做（如图4-8所示）。

图4-8 把没思想显露出来给人看

情境案例4-3

频频跳槽的张小姐

一般而言，领导如果让你做到6，他会点拨到3，他希望你能想到7甚至8，做到8或9。假如你连想都不想就做了，那么肯定不会出彩。领导喜欢的是创造性理解，然后发挥，而不是把没思想显露给他看。

解决方法：凡事多动脑筋，多学习别人的长处。

任务三 如何进行职业生涯规划的调整

职业生涯是一个动态的过程，随着经济社会、自身条件、周边环境的变化，职业生涯规划也必须及时进行调整。

一、职业生涯规划调整的必要性

影响职业生涯规划的因素很多，有的因素是可以预测的，有的因素则难以预测。要使职业生涯规划行之有效，就必须不断对职业生涯规划进行调整。调整的内容包括职业生涯发展目标、职业生涯发展阶段、职业生涯发展措施，调整的依据是职业生涯发展的内、外条件的变化情况。

职业生涯发展目标的存在只是为前进指示一个方向，而规划制定者是目标的创造者，他可以在不同的时间、不同的环境下更改目标，使之更符合自己的理想目标。只有不断修正自己的目标，才能使自己立于不败之地。制定规划是为了发展，调整规划也是为了发展。在职业生涯的每个阶段，为了适应社会的变化，人们必须经常思考“我要怎么做”“我的下一个工作要做什么”“当我做现在的工作时能够为下一个工作做什么准备”等问题，主动调整职业生涯规划。调整职业生涯规划并非轻易放弃自己的追求，而是让自己的规划更适应社会、更适合自己，万万不可因为外界的变化而丧失信心、怨天尤人、自暴自弃。

就业岗位或因新技术、新工艺的运用推广，或因设备更新，或因任务、职责的变化，而对就业者提出新的要求。每一次变化，都会使一些人因不适应正在从事的职业而离开，而他们对新职业也要有一个适应的过程，如果适应不了还会继续调整职业方向。因此，我们到底适合干什么，不适合干什么，还需要实践的检验。

情境案例4-4

职业生涯发展——孔子对人生发展阶段的划分

在职业生涯发展的各个阶段，从业者应经常称称自己的“斤两”，并分析自己所追求的目标及人生价值实现的情况。工作一段时间，就要反省：自己喜欢的工作到底是什么？自己的专长是什么？现在的工作对自己的重要性如何，家庭对自己的重要性如何？有哪些工作机会可供选择？与工作有关的其他考虑是什么？存在的威胁是什么？因此，调整职业生涯规划就是要通过对以往工作经历的反省重新审视自己的价值，以适应新的变化。

二、职业生涯规划调整的时机

对于初次进入社会的毕业生，职业生涯规划调整的最佳时机有两个：一是毕业前夕，有了求职的实践，根据职位信息和供需实际，在求职过程中进行调整；二是工作三年左右时，有了从业的实践，根据从业过程对自身条件的检验，以及周围环境和自身素质的变化进行调整。两次调整，既可以是短期目标即具体工作岗位的调整，也可以是长期目标或职业生涯发展路线的调整。

工作三年左右时调整的原因主要有三个：一是大学生初次择业，难以找到十分适合自己的职业；二是在校时制定的职业生涯规划毕竟是从学生的角度看社会，职业生涯发展目标缺乏实践检验；三是已有从业经历，对社会、人生有了切身体验和更深刻的认识。因此，工作三年左右时，重新审视自己，及时调整发展方向，对自己今后几十年的职业生涯具有重要意义。

就在一个企业内调动工作岗位而言，职业生涯发展路线可以有三种选择：一是纵向发展，即职务等级由低级到高级提升。二是横向发展，即在同一层次不同职务之间调动，如由部门经理调任办公室主任。这种横向发展既可以发现自身才能与工作的最佳结合点，又可以积累各个方面的工作经验，为以后的发展创造更加有利的条件。三是向核心方向发展，即虽然没有晋升，却担负了更多的责任，有了更多的机会参与企业的各种决策活动。

三、职业生涯规划调整的方法

第一，重新剖析自我。这是指了解自身条件的变化，加深对自己的认识，检验自己的职业素质是否适合所从事的职业，弄清“我能干什么”。在此基础上，选择更适合自己的方向，调整自己的职业生涯规划，从而为自己的长远发展奠定基础。

第二，重新评估职业生涯机会。在从业过程中，内、外部环境的变化会给自己的职业生涯带来新的机遇和挑战。因此，要重新评估职业生涯机会，如分析当前经济社会的发展趋势如何，所从事的职业在目前与未来社会中的地位如何，社会发展对自身发展的影响有多大，自己所在企业所处的内、外部环境和个人的人际关系怎么样等。弄清了这些，你就会明白什么是自己可以干的，什么是自己不能干的。

第三，修正职业生涯发展目标。这是指调整职业生涯发展的长期目标或阶段目标。

第四，修订落实计划。这是指制订一个新的自我提升发展计划，进一步明确“我应该怎么干”。每过一段时间，从业者都要审视内、外部环境的变化，及时调整自己原定的职业生涯规划。当一个人的职业生涯并非一帆风顺时，调整的过程往往可以使人的多方面能力得到提高。

情境案例4-5

职业生涯体验——教授与文盲

人的一生可能要更换多个岗位，甚至可能要更换多种职业。职业生涯规划能力和调整能力是从业者必备的能力，也是使从业者终身受益的能力。在整个职业生涯中，你不仅需要知道自己想从事什么工作、能从事什么工作，更重要的是要知道以什么策略、手段实现职业生涯的发展。

任务四　职业生涯的动态平衡

在任务三中，我们学习了如何调整自己的职业生涯规划，接下来我们从人的发展周期来看职业生涯的状态变化。

一、什么是职业生涯的动态平衡

每个人在不同的时期会有不同的选择和重心。例如，在中学时期，认真学习并提高学习成绩是所有学生的重心，而上了大学，尤其是在大三以后，由于每个人对未来发展的规划不同，因此重心也会有所不同。

有的同学因为早早计划好了要考研，所以在大二就通过了英语四六级考试，到了大三已经一门心思在研学专业课知识，每天泡在图书馆和实验室里。这样的同学就是先人一步做好了准备，未来考研时会很有优势。当然，也有一些同学决定大学毕业后直接工作，在校期间就承接了很多校内学生组织工作，早早积累了组织、策划等工作经验，未来在面试时也能够发挥自身的优势。

上述同学都找到了自己当下阶段的重心，可是当他们分别上了研究生、开始工作之后，重心还会发生转移。这种重心不断转移的状态就是一种动态平衡。

二、如何做好职业生涯的动态平衡

那么，如何做好职业生涯的动态平衡呢？

首先，我们可以对个人在社会上所扮演的角色进行划分，包括学习者、工作者、休闲者、伴侣、公民、父母、子女七种（如图4-9所示）。然后，以自己的某个年龄为标准，对每种角色进行打分，七种角色加到一起要等于100分。如果总分大于100分，则可以先计算总分与100分的比值，再用各角色的得分分别除以得到的比值。

图4-9　个人角色划分

育德润心4-1

榜样的力量——记雒鹰成长班朋辈教育活动

例如，某同学想看一下自己35岁时的角色配比，那么可以这样来计算。35岁正处于职业上升期，在工作者的角色上要打50分；家里的小朋友应该刚上小学，正是需要父母辅导作业的时候，在父母的角色上要打20分；这个阶段也该考虑是否要二胎了，如果要的话，父母的角色还需要再加10分；如果是在互联网公司工作，就要考虑增加一些发展的可能性，在学习者的角色上需要打20分；此时的父母已经年迈，家里需要有人照顾，在子女的角色上也要打20分；和伴侣此时已经度过了七年之痒，在伴侣的角色上要打15分；休闲的时光也要有啊，少一点，就打5分吧！作为一名好公民，平时热心参加公益活动，在公民的角色上也要打10分。

这样算下来，这位同学35岁时的角色配比总分就达到了150分，是总分100分的1.5倍。将七种角色的分数分别除以1.5，就可以得出每种角色的最终得分了。

项目训练

一、构建成功的心态

1.你的六项成功要素。

(1) ____________________

(2) ____________________

(3) ____________________

(4) ____________________

(5) ____________________

(6) ____________________

2.写出三个你在工作（学习）中充满热情的行为。

(1) ____________________

(2) ____________________

(3) ____________________

3.选择三个目前最不适合你的自我肯定，并制定三项应对措施。

(1) ____________________

(2) ____________________

(3) ____________________

二、梦想的职业

找出不同年龄段梦想的职业，并填写表4-1。

表4-1　不同年龄段梦想的职业

梦想的职业	哪里吸引你
16～20岁	
21～30岁	
31～40岁	
41～50岁	
51岁及以上	

三、改善职业生涯观念

在表4-2的左侧写下你可能有的不合理的、消极的职业生涯观念，然后在右侧写出相对合理的、积极的职业生涯观念。

表4-2　新旧职业生涯观念

旧的职业生涯观念	新的职业生涯观念
1.世界变化着，人不可能做出职业生涯规划	我也许不能为一生做规划，但至少可以为下一步做规划
2.如果找不到合适的工作，我就是一个失去价值的人	
3.没有一份工作令我喜欢	
4.	
5.	
6.	
7.	

四、找出你的自我激励语

1.我最珍视的是：

____

2.我对一份工作最看重的是：

____

3.能让我精神振奋的活动是：

____

4.我的理想职业是：

____

五、职业规划中的目标设定

请按照个人实际情况回答下列问题。

1.长期职业目标。

____

2.短期职业目标。

（1）我准备选择的培训项目为：

____

（2）这样我将成为：

____

（3）我的兴趣为：

____

（4）这类职业能让我：

____

3.与职业目标有关的优劣势。

（1）优势（你的长处）：

____

（2）劣势（需要改善的地方）：

____

（3）实现职业目标的策略：

____

（4）有益于实现职业目标的可用资源：

____

（5）可替代的短期目标：

____

项目五
创 业

项目任务书

<table>
<tr><th colspan="2">任务</th><th>知识点</th><th>项目训练</th></tr>
<tr><td>任务一</td><td>认识创业环境</td><td>一、宏观环境
二、地区和行业环境</td><td rowspan="10">创业计划书
一、企业概况
二、创业者个人情况
三、市场评估
四、市场营销计划
五、企业组织结构
六、固定资产
七、流动资金
八、销售收入预测
九、销售和成本计划
十、现金流量计划</td></tr>
<tr><td>任务二</td><td>提升创业素质</td><td>一、创业意识
二、创业者的心理素质</td></tr>
<tr><td>任务三</td><td>制定创业策略：一份翔实的创业计划书</td><td>一、编制创业计划书的基本原则
二、创业计划书应具备的要素
三、创业计划书的格式与内容
四、创业计划书编写注意事项</td></tr>
<tr><td>任务四</td><td>企业创建的法律形式</td><td>一、个人独资企业
二、合伙企业
三、公司</td></tr>
<tr><td>任务五</td><td>如何进行小微企业创业融资</td><td>一、小微企业认定
二、小微企业现状
三、小微企业创业融资对策
四、小微企业创业融资中的银行信贷
五、小微企业创业融资中的民间借贷</td></tr>
<tr><td>任务六</td><td>提升创业者文化与修养</td><td>一、创业者文化
二、创业者修养</td></tr>
<tr><td>任务七</td><td>如何进行团队管理</td><td>一、团队
二、团队管理五要素
三、团队管理的六项内容
四、团队建设的方法与技巧
五、团队的特征
六、团队的矛盾管理</td></tr>
<tr><td>任务八</td><td>如何进行创业企业员工管理</td><td>一、创业企业的基本特点
二、创业企业员工管理的重要性
三、创业企业员工管理存在的主要问题
四、创业企业员工管理的几点对策</td></tr>
<tr><td>任务九</td><td>如何制定创业企业品牌营销策略</td><td>一、认识品牌的重要性，树立品牌意识
二、创业企业进行品牌营销的具体战略
三、创业企业品牌营销的侧重点
四、“互联网+”环境下的个性化营销</td></tr>
<tr><td>任务十</td><td>如何进行创业项目管理</td><td>一、创业项目管理概述
二、创业项目管理过程</td></tr>
</table>

创业的目的是创造价值和创造财富。从经济学角度来看，创业者是一个将各种资源组合起来并创造出比原来更大价值的人，也是引入变革、创新理念以及方法的人。从心理学角度来看，创业者是典型的被某种动力驱使的人，目的是获得某种利益，实现某种目标，不仅为自己创造财富，而且可以创新资源利用方式，为他人创造工作机会。

情境案例5-1

小王的创业经历

本项目将选择一个具代表性的社会角色——大学生来讨论创业这个话题，当然，这里的大学生不是狭义上的“象牙塔”里的学生，而是囊括了各界人士。在序言里，我们曾提起过，社会就是最高深的大学，而我们都是社会这所大学里的学生。

任务一　认识创业环境

任何组织都是在一定的环境中从事活动的，环境的特点及变化必然会制约着组织活动的方向和内容的选择。

一、宏观环境

一个国家或地区的市场开发程度，政府的国际地位、信誉和工作效率，金融市场的有效性，劳动力市场的完善与否，法律制度是否健全等，形成了新创企业的宏观环境，对新创企业的创办、生存和发展具有重要的影响。具体来说，宏观环境包括社会文化环境、经济环境、教育与科技环境、政策环境。

（一）社会文化环境

社会文化主要是指一个国家或地区的民族特征、人口状况、社会阶层、价值观念、生活方式、风俗习惯、宗教信仰、伦理道德、文化传统等的总和。社会文化环境可以细分为：社会环境，主要包括人口状况、社会阶层、相关群体等因素；文化环境，主要包括文化传统、价值观、风俗习惯等。

市场是由那些想购买产品同时又具有购买能力的人构成的，这种人越多，市场规模就越大。因为人口的多少直接决定市场的潜在容量，而人口的年龄结构、分布、密度、流动性等状况，又会对市场需求格局产生深刻影响。老年人有着明显不同于年轻人的需求，同样，男性与女性、南方人与北方人在需求结构、消费习惯和方式上，也会有明显的差异，而且社会成员又可按一定的社会标准划分为若干阶层，同一阶层通常有相同的价值观念、生活方式和相似的购买行为。因此，大学生在进行创业时，首先应对自己产品的消费对象或服务对象有一个清楚的定位，应当密切注意人群特征及发展动向，不失时机地辨明和利用人口状况带来的市场机会。

文化环境对创业者创业行为的产生有一定的促进或阻碍作用，同时它又调节和决定着消费者的购买行为，从而形成人们的社会生活方式和行为准则。长期以来，某些根深蒂固的保守思想影响着人们的行为。与美国“鼓励冒险、宽容失败”的文化有所不同，中国的传统观念是“出头的椽子先烂”“枪打出头鸟”；与美国文化强调独立有所不同，我国是崇祖思想和家长作风盛行的国家之一，家长们的约束常常也会成为大学生创业活动的一种阻力。当然，近年来，我国政府在鼓励创业方面的积极宣传、优惠政策以及一批成功创业者的示范效应都使得传统保守思想的负面影响大为减小。从整体上来看，随着我国民众思想的不断解放，创业的文化环境还将不断得到改善。

（二）经济环境

经济环境指的是国家或地区的整体经济发展状况，包括经济发展水平、社会经济结构、经济体制、宏观经济政策、物价水平、劳动力情况等。

经济发展水平通常是指一个国家或地区的经济发展规模、速度和达到的水平。创业者首先应该考虑的指标主要包括所在经济环境的国内生产总值（GDP）和人均国内生产总值、某一地区的失业状况、消费者的可支配收入等。通常在不考虑人口因素的情况下，国内生产总值越高，市场规模就越大。但是市场的需求主要是由人们的购买能力决定的，因此人均国内生产总值基本上决定了人均收入水平，从而决定了居民的购买力，这是决定市场需求的基本因素。同样，就业状况、可支配收入等都是影响市场环境的主要因素。对创业者来说，整个宏观经济水平的持续良好是一个十分有利的因素。

社会经济结构通常是指一个国家的产业结构、分配结构、消费结构、技术结构和所有制结构，其中产业结构的调整最为关键。了解这一点，有利于企业在制定战略时把握长远的方向和机会，推动企业发展。大力扶持高新技术企业已被列为我国政府新时期的主要任务之一，国家已经相继出台了诸多政策措施。为了扶持、促进科技型中小企业进行技术创新，国务院还批准设立了用于支持科技型中小企业技术创新项目的政府专项基金，该基金鼓励并优先支持产、学、研的联合创新，优先支持具有自主知识产权、高技术、高附加值、能大量吸纳就业、节能降耗、有利于环境保护及出口创汇的各类项目。这类项目应该是大学生创业的首选项目。

经济体制决定了国家与企业、企业与企业、企业与各个部门之间的关系，并通过一定的管理手段和方法，调控和影响社会经济活动的范围、内容和方式。它对企业生存和发展的形式、内容和途径提出了系统的要求与条件。目前，我国在经济体制上还有一个完善的过程，还存在许多不利因素，尤其是金融和资本市场的问题，如我国的风险投资体系尚不完善。

（三）教育与科技环境

教育与科技环境是指一个国家或地区的科技发展水平、国民受教育程度、人力资源的开发程度以及教育模式等。

科学技术是第一生产力，通过技术创新和技术进步来推动经济的发展已成为一种世界性的潮流。由于技术更新速度的加快，产品的生命周期越来越短，市场竞争日趋激烈，谁能够找到和利用新的技术，满足市场新的需求，谁就能在市场中立于不败之地。反之，如果企业墨守成规、闭门造车，必将被市场淘汰。创业者必须特别注意国内外最新的科技发展变化及发展趋势。在科技迅速发展的今天，网络已经成为家庭的必备品，一批全心全意为网商服务、竭尽全力助网商成功的网络平台的建立提供了一种新形势下的创业环境。2015年3月，在全国两会上，“制订‘互联网+’行动计划”首次被提出。大学生创业者年轻、有知识、学习能力强，在这种新科技形势下，不仅要从国内的技术环境出发，而且要紧紧把握国际前沿的技术变化趋势，识别和评价技术机会与威胁，更好地利用互联网技术开展创业项目。

中国“互联网+”大学生创业创新大赛、“挑战杯”中国大学生创业计划大赛、全国大学生电子商务“创新、创意及创业”挑战赛、全国财经院校创新创业大赛、全国技工院校学生创新创业大赛、全国高职院校“发明杯”大学生创新创业大赛等各类创新创业大赛的举办，为大学生开展创新创业项目提供了发展的平台。

在教育模式中，我国的特点是窄而深，注重“教”的重要性；相比之下，美国的特点则是宽而浅，更强调“学”的重要性。美国的教育是服务型的、开放的，一般都实行学分制，学生只要修够学分即可拿到文凭，在校时间不受限制，因而学生创新能力强，且具备了较强的独立性和竞争意识。而我国的教育是管理型的、封闭的，实行的是不完全学分制，大部分学生不能提前或推迟学习，接触社会的机会不多，且在校时间受到限制。在这种教育环境下，学生创新意识不足，普遍缺乏创新精神和冒险精神，加上我们太过于注重学习的过程与形式，而忽略了学习的目的，因而走出校园谱写创业史的不多。

（四）政策环境

政策环境指的是党和国家制定的相关政策。它可分为大的政策环境和小的政策环境。前者是针对所有创业者而言的，对大学生创业者来说，这是首先要了解的政策；后者则是专门针对大学生创业者制定的优惠政策。

1.大的政策环境

大的政策环境即对创业者的创业行为产生影响的政策，主要有以下几个方面：

（1）民营企业的地位转变。非公有制企业特别是民营企业的地位发生了很大转变，非公有制经济已发展为国民经济的重要组成部分。

（2）大力扶持高新技术企业。我国政府对科研机构、高等学校研究开发高新技术并将其转化为科技成果提供了以下税收优惠政策：

①科研机构和高等学校的技术转让收入免征增值税；

②科研机构、高等学校服务于各行业的技术成果转让、技术培训、技术咨询、技术服务、技术承包所取得的科技性服务收入暂免征收企业所得税；

③科研机构、高等学校转化科技成果以股份或出资比例等股权形式给予个人奖励，获奖人在取得股份、出资比例等时，暂不缴纳个人所得税（取得按股份、出资比例分红或转让股权、出资比例所得时，应依法缴纳个人所得税）。

另外，我国还规定被评为高新技术企业即可享有多方面的优惠，如按规定一般企业所得税减免期满，高新技术企业可延长三年减半缴纳企业所得税；优先提供生产经营所需的水、电、运输和通信设施；按照当地国有企业收费标准计收费用，生产和流通过程中需要借贷的短期周转资金，以及其他必需的信贷资金，经中国人民银行审核后，优先放贷等。

2022年3月5日在第十三届全国人民代表大会第五次会议上，李克强总理所作的《政府工作报告》中指出：加大企业创新激励力度；强化企业创新主体地位，持续推进关键核心技术攻关，深化产学研用结合，促进科技成果转移转化；加强知识产权保护和运用；促进创业投资发展，创新科技金融产品和服务，提升科技中介服务专业化水平；加大研发费用加计扣除政策实施力度，将科技型中小企业加计扣除比例从75%提高到100%，对企业投入的基础研究实行税收优惠，完善设备器具加速折旧、高新技术企业所得税优惠等政策，这相当于国家对企业创新给予大规模资金支持；要落实好各类创新激励政策，以促进企业加大研发投入，培育壮大新动能。

（3）税收优惠政策向西部倾斜。

为配合西部大开发战略，积极引导和鼓励西部地区个体、私营等非公有制经济加快发展，我国将在税收政策上对西部实行倾斜。

（4）促进中小型民营企业的发展。

自2003年1月1日起，我国开始施行《中华人民共和国中小企业促进法》，建立中小企业发展基金，帮助其发展。在具体政策上，则有放宽中小企业进入领域，取消对中小企业贷款、融资、股票上市的歧视性规定，简化中小企业投资项目的审批手续等。

2. 小的政策环境

小的政策环境可分为中央政策和地方政策两大类。

就业创业政策 5-1

《教育部关于做好2025届全国普通高校毕业生就业创业工作的通知》

（1）中央政策。2022年，教育部印发《教育部关于做好2023届全国普通高校毕业生就业创业工作的通知》（以下简称《通知》），决定实施“2023届全国普通高校毕业生就业创业促进行动”。《通知》深入学习和贯彻党的二十大精神，全面落实党中央、国务院对高校毕业生就业创业工作的决策部署，围绕更大力度开拓市场化社会化就业渠道、充分发挥政策性岗位吸纳作用、建设高质量就业指导服务体系、精准开展重点群体就业帮扶、简化优化求职就业手续、完善就业与招生培养联动机制、加强组织领导七个方面提出21项举措，以健全就业创业促进机制，推动就业创业工作提质增效，促进高校毕业生更加充分、更高质量就业。

各地各高校要加大国家创新创业政策落实力度，加强创新创业服务平台建设，大学科技园、创业园、创客空间等要向高校毕业生提供场地优惠和专业化孵化服务，指导创业团队争取各类创业优惠政策，促进创新创业项目落地发展。办好中国国际“互联网+”大学生创新创业大赛，切实发挥大学生创新创业带动就业的作用。建立完善大学生创新创业信息服务平台，提供创新创业相关政策发布、解读、项目对接等服务。组织双创导师深入校园进行政策解读、经验分享和实践指导，支持大学生返乡创业、到城乡基层创业就业。

就业创业政策 5-2

《国家发展改革委等部门关于深入实施创业带动就业示范行动　力促高校毕业生创业就业的通知》

2022年，《国家发展改革委等部门关于深入实施创业带动就业示范行动　力促高校毕业生创业就业的通知》（发改高技〔2022〕187号）提出，创业带动就业示范行动在推动创业带动就业方面积累了有益经验、取得了积极成效。为贯彻落实中央经济工作会议精神，进一步做好高校毕业生重点群体就业工作，将深入实施创业带动就业示范行动，发挥示范基地带动作用，力争2022年为高校毕业生提供200万个高质量就业机会，为全国做好创业带动就业工作做示范。

国家发展和改革委员会同教育部、工业和信息化部、人力资源和社会保障部、农业农村部、国务院国资委、共青团中央、全国妇联，建立《扶持高校毕业生创业就业普惠政策清单》，就鼓励高校毕业生自主创业、鼓励企业吸纳高校毕业生、鼓励社会支持高校毕业生创新创业提出多项普惠政策，同时要求各地方在此基础上形成本地区政策清单。

高校毕业生就业创业关系千万家庭幸福，关系财富创造、高质量发展。国家出台了一系列促进高校毕业生就业创业的政策和措施，如对参加就业技能培训和创业培训的毕业年度高校毕业生，培训后取得职业资格证书（或职业技能等级证书、专项职业能力证书、培训合格证书）的，给予一定标准的职业培训补贴；有条件的地区，对首次创办小微企业或从事个体经营，且所创办企业或个体工商户自工商登记注册之日起正常运营1年以上的离校2年内的高校毕业生，给予一次性创业补贴；对毕业学年有就业创业意愿并积极求职创业的低保家庭、贫困残疾人家庭、原建档立卡贫困家庭和特困人员中的高校毕业生和中等职业学校（含技工院校）毕业生，残疾及获得国家助学贷款的高校毕业生和中等职业学校（含技工院校）毕业生，给予一次性求职创业补贴。

此外，2021年10月国务院办公厅印发的《国务院办公厅关于进一步支持大学生创新创业的指导意见》（国办发〔2021〕35号），也为提升大学生创新创业能力、增强创新创业活力提出了指导意见。

就业创业政策5-3
《国务院办公厅关于进一步支持大学生创新创业的指导意见》

（2）地方政策。地方政策即各地方政府在中央政策指导下结合地方实际出台的政策。在这里，列举几个省市出台的措施以做说明。

广东省鼓励大学生自主创业的规定包括：凡高校毕业生自办企业的，市场监督管理部门要简化其审批手续，并给予不同程度的免税政策；对毕业生所办从事咨询信息、技术服务的独立核算企业或经营单位，自开业之日起，免征所得税2年；对毕业生所办从事商业、物资、对外贸易、旅游、仓储、居民服务、饮食、教育文化事业的独立核算企业，自开业之日起，免征所得税1年；对毕业生所办从事交通运输、邮电通信业的独立核算企业或经营单位，自开业之日起，第一年免征所得税，3年内减半征收所得税；对毕业生创办的农业生产产前、产中、产后服务的企业，对其提供技术服务和劳务所得的收入免征所得税。

情境案例5-2
多彩青春，为老人撑起一片夕阳红

浙江省规定大学生想创业可贷款10万元～50万元，如果创业失败，贷款10万元以下的由政府代偿，贷款10万元以上的部分，由政府代偿80%；大学生从事家政、养老和现代农业创业的，政府给予10万元的创业补贴，大学生到这些领域工作，政府给予每人每年1万元的就业补贴，连续补贴3年。

辽宁省沈阳市印发的《大学生创业场地（租）补贴实施办法》（新修订）指出，首次在沈阳创业的大学生和毕业生，可享受的创业场地补贴由每年6 000元提高到1万元。补贴对象包括在校大学生和毕业5年内的高校毕业生，且没有进入创业孵化基地（园区）、租赁场地（与注册地一致）首次在沈阳创办企业或从事个体经营，且所创办企业和个体工商户自工商登记注册之日起正常运营6个月以上。补贴标准为：符合申请条件的大学生，按照实际租赁期给予每年1万元的创业场地补贴（其中困难家庭大学生给予每年1.2万元补贴），实际租金低于补贴标准的，按实际租金补贴，补贴期限为2年；享受补贴期间，每带动1人就业并按规定缴纳社会保险，补贴标准每月增加500元，每月最多增加1 500元。

河南省洛阳市印发的《洛阳市促进2021年高校毕业生就业创业工作方案》指出，要大力扶持高校毕业生自主创业。大中专学生首次创办企业或从事个体经营，自工商登记注册之日正常经营1年以上的，给予一次性开业补贴。加大高校毕业生创业担保贷款支持力度，降低反担保门槛，符合申请条件的人员可根据实际情况申请最高不超过50万元的创业担保贷款，对申请10万元以下的中央政策财政贴息个人创业担保贷

情境案例5-3

海归创业故事：科技为本 产业报国

款免除反担保。大中专学生创办的实体在经认定的创业孵化基地内发生的物管、卫生、房租、水电等费用，3年内给予不超过当月实际费用50%的补贴，年补贴最高限额1万元。每年认定一定数量的示范性创业孵化基地和新型孵化平台，对达到国家级、省级、市级标准的，一次性分别给予100万元、50万元、30万元奖补。对认定为省级、市级返乡创业示范园区的，一次性分别给予50万元、20万元奖补。

二、地区和行业环境

大学生创业的地区和行业环境相对于宏观环境来说，其影响更为直接、具体，也更具有特殊性。

（一）大学生创业的地区环境

所谓地区环境，顾名思义，就是相对于整个国家而言，每一个企业必须设立在一定的区域内，因而新创企业必然会受到这个区域环境的影响。分析地区环境，关键在于思考新创企业相对于这个地区内其他企业的规模、影响程度，自身的发展前景有多大。

新创企业在一个地区内的重要性和影响力，一方面取决于企业的营业额、员工数量和纳税额，另一方面与新创企业对该地区所做的其他贡献有关。地方政府总希望通过新创企业将顾客引入当地后，能够间接地为其他企业带来更多的销售额。例如，新创的旅游公司可以为当地的商场、宾馆带来新的消费者并增加营业额；新创的产品型企业可以使当地的资源得到有效的开发利用；新创的科技型公司可以充分利用、挖掘当地的技术资源，吸收和培养更多的科技人才。因此，新创企业在为当地的经济、社会发展做出贡献的同时，赢得了该地区的支持和客户的忠诚。

创业者在创业时对地区环境的评价应主要考虑以下因素：

（1）创业者对该地区的熟悉程度。

（2）创业者在该地区内有多大的影响力。

（3）拟创立的企业在该地区内会产生怎样的影响。

（4）哪些有影响的地区成员将支持或反对创业者要创办的企业。

（5）创业者是否有特别的人际关系或技能来培养关键的地区关系。

（6）可以采取什么样的实际步骤来加强地区的支持和使当地的创业机会最大化。

（7）可以采取什么样的实际步骤来减少地区的反对和使当地的问题最小化。

（二）大学生创业的行业环境

行业环境是创业环境中最为微观的，任何一个新创企业都可以归类为某一行业，行业分析对新创企业十分重要。一般来说，新创企业的行业环境分析主要关注两个问题：一是行业内的竞争程度及变化趋势；二是行业所处的生命周期。如果行业内的竞争已十分激烈、进入壁垒高或行业已处于夕阳阶段，新创企业成功的概率就不高，即使成功也十分艰难。美国学者迈克尔·波特的五种力量模型较好地反映了新创企业的行业环境因素。他认为现有竞争对手、潜在竞争对手、替代品生产者、产品用户、供应商决定了一个产业的竞争力，构成了行业环境因素。

1.现有竞争对手分析

企业面对的市场通常是一个竞争市场，同种产品的制造和销售通常不止一家企业。多家企业生产相同的产品，必然会采取各种措施争夺用户，从而形成市场竞争。当创业者选择进入某一行业时，就要对行业内的现有竞争对手进行分析。

现有竞争对手分析主要从以下方面展开：

（1）竞争对手的基本情况。竞争对手的基本情况主要包括竞争对手的数量有多少，分布在什么地方，它们在哪些市场上活动，各自的规模、资金技术力量如何，其中哪些对自己的威胁特别大等。

（2）主要竞争对手构成威胁的原因。基本情况研究的目的是要找到主要的竞争对手，要分析其能对本企业构成威胁的主要原因，是技术力量雄厚、资金多、规模大、有人才优势还是其他原因，以帮助本企业制定相应的竞争策略。

（3）竞争对手的发展动向。密切关注竞争对手的发展动向就要收集有关资料，分析竞争对手可能开发哪些新产品、开辟哪些新市场，从而帮助企业先走一步，争取时间优势，使企业在竞争中取得主动地位。

2.潜在竞争对手分析

一种产品开发成功，会引来许多企业的加入，特别是那些进入壁垒不高的行业。新厂家进入行业的可能性大小，既取决于由行业特点决定的进入难易程度，又取决于现有创业者可能做出的反应。因此，创业者在创业时就应考虑自己的新创企业会引来多少跟风者，如何保持自己的优势。

要减少潜在竞争对手的加入，创业者可以采取以下措施：一是加大进入壁垒。进入壁垒分为很多种，如技术壁垒，创业者拥有某种专利，从而可以限制他人生产相关产品或从事此行业；资金壁垒，新创企业对资本的要求非常高，也会阻止较多的新厂家进入。当然，对大学生创业者来说，能筑起资金壁垒也非易事。二是产品差别。不同企业提供的产品或服务并不是完全均质的，必然存在某种程度的差异。创业者要使自己的产品或服务区别于其他企业，且这种差异并非能轻易模仿。

3.替代品生产者分析

不同的产品，其外观形状、物理特性可能不同，但完全可能具备相同的功能。产品的使用价值或功能相同，能够满足消费者相同的需要，在使用过程中就可以相互替代，生产这些产品的企业之间就可能形成竞争，因此行业环境分析还应包括对替代品生产企业的分析。

替代品生产者分析主要包括两个方面：一是确定哪些产品可以替代本企业提供的产品；二是判断哪些类型的替代品可能对本企业（行业）经营造成威胁。这里主要考虑性价比问题，如果两种可相互替代产品的性价比相同，它们之间的竞争则会十分激烈；如果两种可相互替代产品的性价比相差悬殊，它们之间则不会产生实际的威胁。

4.产品用户分析

产品用户在两个方面影响行业内企业的经营：一是用户对产品的总需求决定行业的市场潜力，从而影响行业内所有企业的发展边界；二是不同用户的讨价还价能力会诱发企业间的价格竞争，从而影响企业的获利能力。前者要考虑的问题主要有了解用户需求的内容、趋势和特点，用户的消费心理、消费习俗及层次等，既要努力满足用户的需要，又要积极引导需求，创造新的市场；后者要考虑的问题主要有用户购买量的大小、企业产品的性质、企业产品对用户的重要性等。

5.供应商分析

供应商向行业内的企业提供原材料、零部件等投入性资源。为创业者所在行业提供产品和服务的供应商的数量、特点与态度是供应商分析中要评价的因素，数量的多少决定了供应商的垄断性及双方在商务谈判中所处的地位，供应商的特点与态度则关系到相互关系的稳定性和融洽程度，也关系到创业者超过竞争对手取得与供应商良好合作关系的难易程度。

任务二　提升创业素质

知识在线 5-1

开一家店铺
（视频）

创业素质是创业者创业实践前所经历的物质与精神力量的聚集过程。它不仅有助于创业者明确创业目标，积极把握创业机遇，进行有效的创业决策和将创业计划付诸实施，而且为创业者在创业过程中克服各种困难、战胜各种挫折、解决各种问题、增强心理素质提供了有效手段。因此，创业素质对创业成功与否起着决定作用。在经济全球化发展的时代，要想在激烈的竞争中立于不败之地，就必须要有创业精神，而创业素质是创业精神的具体体现。因此，创业素质就成为大学生创业研究的热点问题之一，对大学生创业具有非常重要的理论价值与实际意义。

一、创业意识

人的心理是人脑对客观现实的主观能动的反映。心理活动具有不同的形式，而意识是心理活动的最高形式，是人所特有的心理现象，是人在生产、生活实践中，在用语言与他人交往的过程中，在一定的社会历史条件下形成的。意识一经产生，就反作用于客观现实，在人的实践生活中起着特殊的重要作用。概括地说，意识是一个多维度、多层次的心理系统，具有复杂的结构，为人类所特有。例如，我们承认动物也有心理，它们能看、能听，甚至也有一定的情绪表现，高等动物如猿猴，还会有简单的思维活动，但是它们没有意识。因为它们没有语言，无法进行抽象思维，不能进行有目的、有计划的复杂活动。

创业意识是指一个人根据社会和个体发展的需要所引发的创业动机、意向或愿望。大学生创业意识则是大学生根据社会和自身发展的需要所引发的创业动机、创业意向或创业愿望。创业意识是人们从事创业活动的出发点与内驱力，是创业思维和创业行为的前提。需要和冲动构成创业意识的基本要素。创业意识是创业的先导，构成创业者的创业动力，由创业需要、动机、意向、志愿、抱负、信念、价值观、世界观等组成，是人进行创业活动的能动性源泉。正是它激励着人以某种方式进行创业活动，向自己提出某种目标并力图实现它，从而表现出一个人的精神面貌。

（一）创业意识的特征

1.社会历史制约性

创业意识是以提高物质和精神生活的需要为出发点的。这种需要在很大程度上取决于具体的社会历史条件，因此人的创业意识的激发、产生受历史条件制约，具有社会历史制约性。科学家对人类大脑的研究表明，不同人的大脑潜能几乎是相同的，人人具有创业潜能，这是它的自然属性。但是在社会实践领域中我们发现，人与人创业能力的差异相当大，究其原因，是各种社会因素、历史条件作用的结果，如是否具有创业的社会历史环境，是否具有鼓励和激发创业的教育方式与文化形态，以及相应的创业机制等。当今社会，随着科学技术的进步和劳动生产效率的提高，经济增长对就业的吸纳能力将会不断下降，就业缺口也会不断扩大。鼓励大学生自主创业，既能解决大学生自身就业难的问题，还能为社会拓展就业渠道，更重要的是能满足大学生自我实现的需要，因此现代大学生应强化创业意识，主动适应社会与时代发展的现实需要。

2.综合效应性

创业意识中的需要、动机、意向、志愿、抱负、世界观等属于非智力因素范畴。在实际的创业活动中，一个人的创业意识与他的兴趣、爱好、情感、意志等非智力因素相关联而发挥综合作用与效应。若个体对某一对象或领域并无兴趣或爱好，就很难激起其创业意识；同时，创业意识是意志的一种表现，是情绪、情感的一种升华。

3.协调性

创业意识的协调性是指创业动机与创业效果之间的一致性。创业动机应以创业效果为归宿，而创业效果又体现并反映创业动机。坚持创业动机与创业效果的协调性，首先要求追求社会效益，其次才能追求经济效益。协调性还说明二者之间应保持一定的数量关系，动机过程的强弱会引起效果的相应变化。可以设想，动机越强，有机体的活动就会越高涨，活动的效果也就越佳。但事实并非如此，活动动机很低，有机体对工作持漠然态度，工作效果是不好的。然而，当动机过强时，有机体处于高度的紧张状态，其注意知觉的范围变得过于狭窄，反而限制了正常活动，从而使工作效率降低。例如，在复习时做了充分准备的学生一心想考出好成绩，他也可能在考试中不能充分发挥，甚至不及格，就是因为其动机过强，反而降低了考试效果。因此，为了使活动卓有成效，我们应避免动机强度过高或过低。

4.可强化性

创业意识是创业思维和创业行动的必要准备，因此每一个希望创业的人都必须首先强化创业意识。创业道路是艰辛的，其原因主要是难以发现和把握商机以及资金和自身能力不足等。但是，没有一位大学生认为自己完全不具备创业素质，只有少数大学生因受传统思想影响，不愿走自主创业之路，把找工作寄托在父母及亲友身上，因此强化大学生的创业意识是高校工作的当务之急。教育实践证明，创业意识是可以强化的，而注意进行创业意识的早期强化工作对创造力的开发及增强创业能力均会产生良好的催化剂作用。强化创业意识，通过组织大学生创业计划竞赛活动褒奖发明创新，从而形成鼓励独创性的风气，鼓励和培养大学生的创业精神，或者通过讲授创业技能、实施创业教育等途径，可收到明显效果。

（二）大学生创业意识的内容

1.确定的人生目标

增强创业意识，首先要提升个体的创业价值理念。俗话说："只有想不到的，没有做不到的。"要培养创业意识，就要有明确的人生目标。人生目标属于创业的价值理念，只有明确了人的价值及人生的意义，才能尽早确立个体的追求目标，最大限度地发挥个人创业的积极主动性。美国哈佛大学一位资深人生咨询专家、心理学教授认为：选择决定命运。他指出，确定的人生目标、前沿的思考和平衡的心态是事业成功的要诀，其中，确定的人生目标应排在事业成功的首位。

因此，确定的人生目标是一切成就的起点，更是创业的始发站。其实，人人都能伟大，只是多数人选择了平凡，其关键就在于你所确立的人生目标究竟是伟大还是平凡。如果你选择了平凡，就注定只能是平凡的。对于人生和创业，确定的目标是至关重要的一步。我们要及早确定长期目标，争取每天接近一点，因为人若没有目标就永远不会前进，但若想法太多，过于分散的目标又会成为你长久的负担。

创业作为一种社会实践活动，是在一定的意识和目标支配下进行的。同样是进行创业活动，有的创业者是为了展现并提高自己的才华和能力，有的则是为了积累物质财富，还有的是希望改变自然或社会面貌。不同的创业目标与价值理念，体现了不同的人生目标，也体现了不同的创业价值。人的自我价值反映了个人在实现人生价值过程中所持有的态度和看法，只有抱有积极向上的个人价值观，将自我价值与社会价值和谐统一起来，才能体现真正的创业价值。

那么，怎样确定创业者的人生目标呢？如果你以前从未设定目标，建议你先从具体的短期目标开始。选择1天的短期目标，完成后逐渐拓展为1周、1个月、1季度、1年、5年、10年……我们每个人都必须有确定的目标，以及可以无限延伸的目标，因为只有确定的创业目标才会在潜意识中时时提醒我们前进与努力的方向，使我们能够“看到”目标完成时的情景，从而促使我们把这一目标转化为自己强烈的愿望，并敦促我们不再拖延观望而是付诸行动，这才是真正意义上的创业意识。

2.敏锐的商业意识

创业者需要有前瞻性意识。创业者创办一个新的企业，必然要考虑企业的未来，只有意识超前，才能使创办的企业在未来有一个合理的定位。只有具备前瞻性的意识，创业者才能具有创造性或创新性，才能与众不同，才能使新创企业具有其他企业所不具备的新意，才能使自己创业成功。

创业者的前瞻性意识集中表现为敏锐的商业意识。商业意识是人们在经营实践中，在获取信息的基础上，把握市场趋向的一种思维活动方式。商业意识的形成及培养，对创业者捕捉商机有着至关重要的作用，也是创业者创业的必备条件之一。商业意识是指经营者在经营活动中要按照商品经济的运行规律来办事的思想观念，也是经营者寻找、创造商业机会的思维活动。

商业意识的形成和发展需要一定的客观条件和主观条件。客观条件主要是指人存在和活动的社会历史条件与客观环境，即一定的社会政治、经济制度，社会生产力和经济发展的状况，科学文化、教育发展的水平，国家的路线、方针、政策等。社会经济活动是按商品经济和市场经济的运行机制来进行的，任何生产经营活动都要讲求经济效益，在这样的环境中自然会有强烈的商业意识，因此市场经济和商品经济的运行机制是人们商业意识产生的客观社会经济条件。主观条件主要是指个人对商业活动的关注，并有志于从事生产经营活动以及具备相关的经济知识。这也是商业意识形成的主导因素。例如，一个人有丰富的经济知识和商业知识，但仅仅停留在理论研究上，并不想去创业、去经商，当然就不会形成商业意识。因此，个体应正确认识并充分利用自身优势，发挥主观能动性，积极创造条件，克服不利条件，选准创业与奋斗目标，充分发挥个人的聪明才智，以坚韧不拔的毅力，顽强拼搏，克服困难和挫折，创造优异成绩；同时，要学会分析自己周围的环境，善于学习他人的长处，不断充实自己，增长才干。商业意识既可以通过耳闻目睹及书本知识的学习来逐步培养，也可在具体的实践中不断发展和深化。培养商业意识，首先要用心钻研有关知识。只有把注意力集中到所要追求的目标和方向上，意识的形成才会更快、更深。其次，要善于观察和思考。客观事物是不断发展变化的，只有善于观察分析，善于收集和利用信息，善于思考，才能真正把握事物的本质，发现无限商机。最后，要积极主动地寻找和创造商业机会。只有积极主动的创业者，才能在实践中不断丰富思想，深化商业意识。大量事实表明，等来的机遇远远少于主动寻找到的机遇。会不会寻找商机，能否创造商机，也是创业者商业意识的一种体现。但是，人对于机遇的认识和把握各有不同，法国科学家巴斯德说过："机遇只偏爱那些有准备的头脑。"所以，机遇的有无很多时候在于是否去主动创造、积极寻找。

3.科学的经济头脑

在资源条件和市场条件相同的情况下，有的创业者创造了丰硕的成果，有的创业者可能只取得了较小的成绩，有的创业者甚至血本无归。造成这种差异的重要原因之一就是创业者是否具有科学的经济头脑。以较小或最小的投入获取较大或最大的成果与产出，是科学经济头脑的集中反映，科学的经济头脑是创业者必须具备的创业素质和创业意识之一。

所谓经济头脑，是指人们根据经济运行趋势和经济活动规律，对自己所拥有的经济资源进行投入，以期获得更大的成果并对自己的经济行为能否创造优异成果所做出的分析、判断和决策的一种思维能力。这一概念有着丰富的内涵。具有科学经济头脑的人，不只对经济的局部问题有独到见解，而且对经济的整体运行也能做出大体正确的判断，并能提供有价值的决策参考意见；不仅具有战略眼光，能在某一经济领域或范围内对事物之间的联系进行分析判断，而且能运用所拥有的资源在经济活动中创造和增加价值，实现预定的经济目标；一般不太注重一时的利益得失，而是将眼前利益和长远利益结合起来加以考虑，更注重长远利益，尤其是在收益与风险并存的情况下，对某种经济利益的放弃或追求则是科学经济头脑的具体表现。科学经济头脑还包括对某项经济活动事前所做的预测与估算，即对经济活动中投入与产出的较强核算能力。有了这样的经济头脑，创业者就能够根据自身情况与市场情况，对所要进行的经济活动能否产生经济效益进行较为准确的预测，从而决定是否进入市场、何时进入市场、进入何种领域市场等，强调的是对市场前景的分析能力，也是从微观的角度去认识行业经济对经济主体的利益影响，侧重于对资金的使用。

因此，创业者经济头脑的具体表现，就是在实际经济活动中对经济知识的正确和灵活使用。总之，科学经济头脑的形成，除了具有深厚渊博的经济知识以外，市场实践活动也是其形成的重要途径。

二、创业者的心理素质

素质是个人身心条件的综合表现，是个人生理、心理结构及机能特点的总和。良好的创业心理素质是创业成功的必备条件。所谓心理素质，是指人们在心理活动方面的能力，即应对、承受及调节各种心理压力的能力，并主要表现在人们的情绪及行为的稳定性方面。从某种程度上讲，心理素质与人的性格、气质之间是一种相互作用的关系，它是个性心理特征在个体应对外界压力时的具体表现，如紧张、痛苦、胆怯、自卑、害羞、难堪、愤怒、嫉妒、失意、抑郁、孤独、恐惧、误解、渴望等，都可能会成为人们需要承受的心理压力。而对于这些压力人们所进行的心理活动，即对于压力的认识，由此认识所产生的情绪，以及经过调节或控制最终付诸行动的表现，恰恰反映了人们的心理素质特点。也正是这种心理活动水平的不同，才使得人们在心理素质上有所差异。创业是艰苦的，不仅会遇到各种各样的困难，而且还有失败的可能，所以在创业过程中拥有良好的创业心理素质是必需的。创业者必须正确地了解自己，正确地认识社会，认识到创业的艰难，形成谦虚、豁达、坚韧不拔的创业心理素质。

从某种角度上看，一个人能否成功的重要因素不仅取决于他的学识和能力，也取决于他的心理素质水平。无论是超脱、乐观、开朗、镇定自若，还是慌乱、束手无策、缩手缩脚等，都从不同方面反映了人们的心理素质状况，从中不难发现心理素质对人的影响。美国一些心理学家的追踪研究表明：成功者与失败者之间的差异不在于他们的智力水平，而在于其心理素质方面的某些特点，如是否有自信心、不屈不挠、不自卑等良好的意志、性格品质。确实，心理素质不仅决定着一个人在个性、气质等方面的特点，还将对人在处理各种问题、应变各种事件，以及在事业上的发展产生重要影响。

大学生创业者创业心理素质的培养与塑造应注重以下几个方面：

（一）创业成就动机

动机是激发和维持个体进行活动，并导致该活动朝向某一目标的心理倾向或动力。动机与需要是紧密相连的。需要在主观上常以意向和愿望被体验着，模糊意识到的、未分化的需要被称为意向，明确意识到并想实现的需要被称为愿望。如果愿望仅停留在头脑里，不把它付诸实际，那么这种需要还不能成为活动的动机。只有当愿望或需要激起人进行活动并维持这种活动时，需要才能成为活动的动机。成就动机是一个人追求成就的内在动力，是指人们在完成任务的过程中力求获得成功的内在动因，即一个人对自己认为重要的、有价值的事情乐意去做并努力达到完善地步的一种内部推动力量。创业成就动机是指个体在完成创业任务时力图取得成功的动机。

心理学家麦克莱兰指出，成就动机强的人对学习和工作都非常积极，能够控制自己不受环境影响，并且善于利用时间。成就动机得分高的人比成就动机得分低的人更会取得优良的成绩。麦克莱兰把成就动机看作决定个体行为的根本原因，并且将一个民族的成就动机看作社会经济的决定力量。他的一项研究证实了成就动机高的人比成就动机低的人更有可能成为企业家。研究中他评估了一组成就需要高低不同的人，然后进行追踪调查，结果发现：在企业家人群中，83%的人在成就需要成绩上得高分；相反，在不是企业家的人群中，只有23%的人有高成就需要。心理学研究发现，个体的成就动机中含有两种成分：追求成功的倾向和回避失败的倾向。一般认为，成就动机较高的人喜欢选择富有挑战性的任务，其追求成功的倾向大于回避失败的倾向；成就动机较低的人则回避困难任务，表现出更关心回避失败的特点。个体对成果的归因，对自我的认知评价以及目标定向都与其成就动机水平有密不可分的关系。在成就归因方面，高成就的人常把以往的成功归因于能力与努力，而把失败归因于缺乏努力；低成就的人则会把以往的失败归因于缺乏能力，而把成功归因于外在原因，如运气。个体对自我的认知评价，主要集中在对自身能力水平的评价上。凡是对自身能力水平评价较高的人，一般也会具有较高的成就动机。个体对目标的定向有两种方式：一种定向以提高自身能力为目的，多选择富有挑战性的任务来做；另一种则以证明自身能力为目的，这种定向会使个体回避挑战性的任务。在成就动机水平方面，前者的水平更高一些，具有更高的追求成功的倾向，后者则多为回避失败。一般来讲，成就动机水平较高者都具有以下特征：喜欢中等程度、富有挑战性的任务，并且会全力以赴地获取成功；目标明确，并对其抱有成功的期望；精力充沛，探新求异，富有开拓精神和创新性，他们总是力图将每件事都做得尽可能好；选择工作伙伴以高能力为条件，而不是以交往的亲疏关系为前提；有责任心，他们喜欢对自己的行为负责；反馈对高成就动机的人十分重要，因为他们总想知道自己做的结果如何。

因此，创业成就动机应成为衡量大学生创业素质的一个重要方面，提高大学生的创业素质，必须首先培养和增强大学生的创业成就动机。心理学研究表明，成就动机是一种社会性动机，大学生的成就动机既不是先天遗传，也不是生理需要，而是在后天教育的影响下，在与他人交往的社会活动过程中逐步形成的，这就为通过教育、培养和训练加强大学生的创业成就动机提供了可能与保证。大学生作为高级人才的后备力量，其创业成就动机的高低直接制约和影响着他们的成功与成才。学校应大力加强对大学生后天的培养和教育，充分激发大学生的创业成就动机，使大学生以成功创业为目标，在面向现代化、面向世界、面向未来的过程中努力做出更大的成绩。

为此，学校应教育大学生以学业进步、创业成才为奋斗目标，不应以考试过关为学习目的，从而提高和增强大学生的创业成就动机。学校加强对大学生成就动机的教育与训练可采取以下两种方法：一是引导个体在预先设定的领域中获得高成就，引导时主要培养个体的特定技能与能力；二是帮助个体形成追求成就的倾向与态度，具体行为目标由个体自己确定。此外，创业者只有对所从事的创业活动产生浓厚的兴趣，才会激发创业的情绪、情感，产生创业的需要，从而转变为创业的自觉行动。

（二）创造性思维

创业从某种意义上说就是创造财富（物质财富与精神财富），只有适应社会的发展和时代的要求，为社会、为他人创造出更多的财富，满足社会和人们的需要，才能把自己的人生价值转化为财富，才能在这种创造财富的过程中找寻到满足感，才能实现自我。而人类创造的一切物质财富和精神财富，都是人们在长期实践活动中通过思维活动，特别是创造性思维活动形成和积累起来的。

不论从事何种职业，不管是否情愿，当今的时代都对各行各业的人们提出了善于思考的要求，只有做到勤奋加思考，使自己成为一个具有创造性思维能力的人，才能使自己在事业上有所成就。处于时代浪尖的大学生创业者更要注重加强对自己的创业思维训练与培养，不断为创业成功注入新的活力。

创造性思维贯穿所有创造活动过程的始终，创业活动尤其离不开创业者的创造性思维。对于创造性思维过程的分析，最有影响的理论是沃拉斯（Wallas）提出的四阶段理论。他认为，与创造活动相联系的创造性思维过程可分为准备期、酝酿期、豁朗期和验证期四个阶段，与平常人相比较，富有创造力的人的思维具有高度的流畅性、变通性、独特性与敏感性等特征。

创造性思维是在一般思维的基础上发展起来的，是后天培养与训练的结果。培养大学生的创造性思维应注意改变传统的评定学习成绩的观念，鼓励其从事创造性行为。要培养大学生的发散思维能力，可从培养其思维的独创性、流畅性和灵活性入手，着重启发学生从不同方面对同一问题进行思考，引导学生参加创造性活动，如组织学生参加创业设计大赛、科技小组、兴趣小组、文艺小组等。这些都是启发大学生创造性思维、培养其创造力的重要途径。作为创业者，大学生应在实践中有意识地培养和提高自己的思维品质，克服从众心理，突破思维定式，摆脱习惯性思维、权威思维、书本思维以及其他种种思维障碍的束缚，开展有目的、有重点的思维培养和训练，特别是要着力加强创造性思维的训练与培养，在日常生活和教学实践中，注意在发展聚合式思维的同时，加强发散式思维的培养。要善于不断学习、积累和运用知识经验，并熟练掌握逻辑思维和创造性思维方法，注意与他人交换意见，参加集体讨论，以激发和培养自己的创业思维与灵感。

（三）创业意志

创业者需要具备并保持旺盛的斗志和充沛的精力，以克服自身的惰性，管理新创企业并推动其成长，因此是否能够保持旺盛的斗志和充沛的精力，是准备创立企业的人们必须考虑的问题。这种旺盛的斗志体现了创业者顽强的意志品质和强大的自我控制力。在创业过程中，困难、挫折甚至失败都是在所难免的，能否战胜挫折和困难，是创业者能否取得事业成功的一个重要因素。意志是人们做出一切行动不可缺少的推动力量，也是不可或缺的心理素质之一。一个人如果具有坚强的意志，就能调节自己的行动和精神状态，克服困难、战胜挫折，取得事业的成功；反之，则会一事无成。人们所从事的各种社会实践活动都需要一定的意志努力，尤其是困难的任务。在实践活动中，坚强的意志既有力地推动着人们去组织和控制自己的行动，使人们按照客观需要和事物的规律从事各种活动，又会及时制止那些不符合实际要求的行动，通过克服各种困难和挫折，成功地完成所担负的任务。因此，意志在人的成才、成事中具有极为重要的作用。无论从事什么活动，没有良好的意志品质，都难以获得成功。对富有挑战性的创业活动而言，更是如此。

1.意志与意志行动

人对客观世界的反应并不是消极被动的，而是积极主动的。我们根据对客观事物的认识，先在头脑中确定行动的目的，然后根据这个目的来支配自己的行动，并力求实现此目的，这种心理活动就是意志。由意志支配的行动称为意志行动。意志行动是有目的的行动，是人类所特有的。

意志行动有其发生、发展和完成的过程。这一过程大致可分为两个阶段：采取决定阶段和执行决定阶段。前者是意志行动的开始阶段，它决定了意志行动的方向，是意志行动的动因；后者是意志行动的完成阶段，它使内心世界的期望、计划付诸实施，从而达到某种目的。

（1）采取决定阶段。采取决定阶段一般包括确定目的或目标、制订计划、心理冲突、做出决策等许多环节。目的是人的行动所期望的结果。在行动中，人期望要得到的结果，有时是很明确的，有时则不一定明确。有时行动想要达到的结果只有一个，无选择的余地，这时确定目的不会产生内心冲突；有时则有好几个可供选择的结果，确定目的会产生心理冲突，需要做出意志努力。目的确定之后，就要进一步选择达到目的的行动方式和方法，拟订出行动计划。对于行动方式、方法的选择，也有各种不同情况。有时只要一提出目的，行动方式、方法便可确定，这无须意志努力。通常情况下，也要对达到目的的方式、方法进行选择并比较各种方式、方法的优缺点及可能导致的结果。这时内心也可能犹豫不决，难以下决心拟订出行动计划，因此在确定行动计划、做出决策时也会产生心理冲突，这也需做出意志努力。

（2）执行决定阶段。执行决定是意志行动的最重要环节。从做出决定到执行决定，在实践中往往因具体情况的不同而有所不同。有时在做出决定之后就立即过渡到执行决定阶段，有时决定是比较长期的任务或是未来行动的纲领，这样的决定并不能立即付诸行动，而只是将来行动的企图。在执行决定的过程中，已确立起来的决心和信心也可能会发生动摇，如将要执行的决定与个体已形成的消极个性品质或兴趣爱好的矛盾，或在执行决定的过程中可能产生的新期望、新意图与预定目的的矛盾，或在执行决定时遇到新情况、出现新问题而人们又缺乏应付和解决的技能与知识的矛盾等，都会妨碍意志行动贯彻到底，只有解决了这些矛盾才能达到预定目的。优良的意志品质正是在克服困难的实际斗争中锻炼和培养起来的。

2.意志的作用

意志对人行为的调节作用保证了行为目的的方向性，调节的最终结果表现为预定目的的实现。意志对行动的调节作用具体表现为对人的行为的发动和抑制两个方面。发动表现为推动人去从事达到某种预定目的的行动，如为了完成某项工作任务，意志推动人去寻找设备、查阅资料等。意志还表现为抑制与预定目的相矛盾的愿望和行动。例如，约束自己以战胜外界的诱惑和干扰，不做与目的相违背的事情。意志对行动的发动和抑制作用，在人的实践活动中是相互联系和相互统一的。为了达到预定目的，意志通过发动和抑制这两个方面，抑制与预定目的相矛盾的行动，发动与预定目的的实现有关的行动，从而实现对行动的调节与支配。意志对行动的支配与调节作用，不仅限于调节人的外部动作，还可以调节心理状态，包括人的认识活动和情绪状态。例如，当运动员在比赛中向自己提出“不要慌、稳定发挥”的要求时，实际上是意志促使其镇定，表现了意志对情绪状态的调节。近年来的医学实践和生理学研究证明，经过生物反馈的训练，可以随意调节那些由自主神经支配的内脏器官的机能，如可在一定程度上调节人的心律、血压、肠胃蠕动，甚至脑电活动的节律等。这说明意志对植物性神经所支配的内脏活动也有着一定的调节作用。

任务三　制定创业策略：一份翔实的创业计划书

情境案例5-4

失败的创业

创业计划书也称创业者的商业计划书，是创业者准备的书面计划，用来阐述新企业的背景、产品、市场营运、组织机构及管理方法和理念，而且要对财务、风险回报做出定性、定量的分析，其主要目的是说服投资者对新企业进行投资。

创业计划书是创业者就某一项具有市场前景的新产品向风险投资者或潜在投资者游说以取得其投资的可行性报告。创业计划书不仅是一种业务构思策划、信息披露和吸引投资者的宣传书，更是以后公司运作的指导书。创业计划书对创业者、潜在投资者甚至新员工都很有价值，他们通过创业计划书来了解创业企业的目标。创业计划书既是对一项新创业活动前期工作的总结，也是一项新创业活动的开始。

在我国，大学生创业计划书往往会赢得投资人的注意，一份好的创业计划书对创业者来说是非常重要的，它是创业者起步的通行证。1999年以来，共青团中央、中国科学技术协会、教育部和全国学生联合会开始在全国高校举办“挑战杯”中国大学生创业计划竞赛，到2020年已经举办了12届。其中有许多优秀的大学生创业计划赢得了风险投资者的关注，并且创业成功。在编制创业计划书的过程中，创业者必须思考和分析创业企业创建和运行初期的各个方面，并准备有效的策略去应对会出现的不确定性。从某种意义上说，一份好的创业计划书能够帮助创业者避免或减少企业在今后运作中的失败。

一、编制创业计划书的基本原则

要使风险投资者或潜在投资者对一个创业项目充满信心，并非需要创业计划书写得如何复杂，而在于创业计划书是否能够提供准确的分析、周密的实施方案和步骤、可行的管理办法和技术、理念及管理上的创新点。一般情况下，一个没有创新的、重复别人的经营项目是不会得到投资者关注的。通常，编制创业计划书要遵循以下原则：

（一）立题新颖，富有创意

创业项目立题新颖非常重要，尤其是以大学生为创业主体的创业者，掌握和了解最新技术的发展动态代表着知识青年的时尚追求。传统经济学存在一条普遍规律，那就是收益递减规律，即提高资源效率的投资越多，获得的边际效益将越低。21世纪是知识经济的时代，在知识经济社会也存在一条重要规律，那就是收益递增规律，即提高智力资源效率的投资越多，获得的边际效益越多。

大学生创业要注意知识资本的使用，这是树立新颖、独树一帜的创业项目的源泉，一个新颖独特的项目往往更容易引起投资者的注意。比如，第十届“挑战杯”中国大学生创业计划竞赛金奖项目《睿行全自主泊车系统》；第十一届“挑战杯”中国大学生创业计划竞赛金奖项目《国内首创锂电池超声透视设备》；第十二届“挑战杯”中国大学生创业计划竞赛金奖项目《全自动“纤”锋——首款国产化全自动光纤熔接一体机》等。这些选题新颖、充满创意的创业计划书为赢得创业大赛的奖牌奠定了良好的基础，而一份成功的创业计划书往往与新颖的立题密切相关。

（二）简明扼要，层次清晰

创业计划书的编制要条理清晰、简明扼要，累赘、大篇幅的创业计划书是不可取的。要达到创业计划书编制的简明扼要，最好的方法是将创业计划书分成几个层次，每个层次中都要有明确描述概括性信息的主题，一些详细的计算过程或分析步骤可以放在创业计划书的附录中。这样可以使读者能够尽快地掌握创业计划书的基本要点，了解支持创业主题成立的要素。

（三）战略性和战术性决策分析相结合

任何一个创业项目，通常既有创业项目相关背景的详细介绍，也有目标市场和今后应用前景的分析。由于创业计划书实质上是创业实践活动的路线图，因此在创业计划书编制时要求针对不同时间段进行不同职能的决策分析和实施计划，尤其是在市场营销、投资与财务管理、人力资源等方面，既要有战略性的决策分析，又要有战术性的决策分析。

在创业计划书的编制过程中，这些战略、战术决策的分析，可以避免使创业计划书成为一个“内部文件”。从不同的角度对创业计划书进行远期和近期、内部和外部、潜在与现实、整体与局部的策划分析，会使读者和投资者感觉到创业计划成功实施的可能性增大，也使创业者能够全面、充分地思考那些阻碍创业成功的问题。

除此之外，大学生创业者要关注政府与行业近期和未来可能的政策导向与发展战略，关心国家和地区的产业结构、经济发展趋势，并将自己的创业计划融入这些大环境中，使创业计划获得成功。

（四）目标明确，重点突出

创业计划书一般是以某个创业企业为创业主体而撰写的，其主要目的是为投资者描述一个完整的企业蓝图，使他们对新的风险和企业有所认识，对创业企业的项目充满信心。

在创业计划书中，应有明确的经营目标，包括远期的和近期的，如市场份额、生产和经营规模、投资回报率等财务和非财务指标。企业目标的确定要求创业者对企业类型及竞争环境要有相当充分的了解，目标应该具体、明确，应该是可度量的，并且是可控制的。其重点突出表现在两个层面上：一是整个创业计划书有鲜明的特点，如产品或服务的市场竞争优势、创业团队的组成和独特的管理方法等，能给投资者留下深刻的印象；二是创业计划书中的主要构成部分要有明确的重点，创业计划书的编写具有分明的层次。

（五）营运评估

通常投资者都是以投资回报或者潜在回报来评价创业计划书的，因此创业计划书中的财务决策数据要经过慎重考虑和精心准备。对特定环境下不确定性导致的营运预算结果，要进行专门的讨论。在营运评估中，不仅要进行财务数据的预测，还要进行非财务数据的预测。

二、创业计划书应具备的要素

创业计划书的编制形式有多种，以下几个要素是要具备的：

（一）人员

人员是指组织和经营创业企业的人，也称创业团队。一份创业计划书应有创业企业管理层每位人员的职责描述，这些管理人员应具备某一方面（技术或管理上）的专长，创业团队最好由互补型的人员组成，并要求团队成员具备良好的协作精神和对创业公司保持高度忠诚。

在创业计划书的附录中，最好有创业团队主要成员的基本情况介绍，包括工作经历、受教育程度、具备的专业特长、在职业和个人素质方面曾取得的成就等。

（二）机遇

在进行投资项目评估时，投资人最关心的就是创业企业的产品、技术和服务能够在多大程度上解决现实生活中的问题，市场份额为多少，能创造多少利润，成功的可能性有多大，企业的竞争对手是谁，企业控制了什么资源，企业的优势和劣势是什么等。创业计划书中要对以下问题进行回答：准备新开的创业公司的竞争对手是谁，你们可以控制的资源有哪些，你们的优势和劣势是什么，你们对竞争对手采取怎样的应对手段等。

每一个机遇都存在成功或失败的可能性，创业计划书中要实事求是地阐明各种机遇的可能情况，并提出相应的应对措施。

（三）环境

环境是指不可避免发生的周围各种情况的变化但创业者又无法左右的因素，如法律法规、利率变化、人口发展趋势、通货膨胀以及其他因素等。每份创业计划书中都应包括对创业企业所处环境情况的介绍，对不利环境所采取的措施以及对有利环境的积极作用的详细说明。

（四）风险与回报分析

风险与回报分析是指创业者对任何可能变化的因素的评估，创业团队面对可变因素所采取的措施，以及对收益进行定量和定性的分析。那些高科技、高成长的创业项目在很大程度上会获得风险投资家的投资。大学生创业项目中有许多是以科研成果转化为主题的，所以对可能发生的技术风险、知识产权风险、财务风险和管理风险等都要进行较详细的分析。

对创业项目的投资回报率、项目的投资回收期和风险投资的退出机制分析是创业计划书必不可少的部分，这往往是创业者和投资者在关注风险之前首先应关注的问题。

三、创业计划书的格式与内容

创业计划书通常没有固定不变的格式，但它一定要包括创业者的创业目的、对创业企业和环境的描述、创业团队的组成、创业项目的风险和回报分析等重要内容。创业计划书可以为投资者描绘一个完整的创业企业的蓝图，并帮助创业者进一步深化对创业企业经营的思考。

创业计划书与投资建议书是有区别的，后者篇幅较短并且较少涉及细节问题；而前者可能长达几十页，甚至几百页，涵盖的内容包括多方面。可以这样说，投资建议书是创业计划书的节略本。

表5-1、表5-2为两种创业计划书参考格式，创业计划书的格式不是固定的，最好根据创业企业的特点编制适合自己公司特征的创业计划书。在具体编制创业计划书时，大学生可以根据自己的选题内容，选择适合自己选题的创业计划书格式。另外，可根据实际情况对以下创业计划书进行前后次序的调整和内容的增删。

表5-1 创业计划书的格式（适用于生产型企业）

一、前言（篇幅不宜过长，对创业计划书进行概括性综述）
1.创业公司简介
创业公司经营项目及产品内容、技术来源等，经营团队介绍及所占股权份额情况
2.资金需求量预测
公司筹备期间的费用、技术转让费用、土地及固定资产占用费、资金周转占用数量等
3.投资条件
投资条件、投资金额、股款缴纳时间、董事及监事席位、非现金出资股东股权比例
4.投资回报率预测
未来各年投资回报率、回收净值、回收期、风险投资推出时间和价值预测
5.风险分析
公司内外部环境变化，如技术开发、管理效果和市场变化等情况对投资回报率的影响
6.其他分析
重大采购和销售合同、营销手段和损益平衡点分析等
二、创业公司基本资料
1.创业公司设立背景
2.创业公司经营业务及内容
3.预计资本金
4.创业公司设立程序及其日程表
5.联络人及地址
三、创业公司组织
1.创业公司筹建期的组织机构
2.创业公司设立后的组织系统图
3.拟担任主要负责人的资料
四、创业公司股权结构
1.无形资产的价值估算
2.股东出资额及股权结构
3.董事会和监事会人员名单
五、业务内容
1.产品市场分析
2.行业竞争分析
3.营销策略介绍
六、技术与生产
1.关键技术说明
2.生产与制造
产品的生产流程、主要原材料及供应商情况和厂房设备情况，对生产工人的要求和生产成本预算
七、财务预算
1.资金需求预测
2.未来1年的现金流量预测
3.投资回收期预测
4.投资回报率和净值回报率计算
5.未来3年的净现值计算
6.敏感分析和盈亏平衡分析
八、投资以及风险管理
1.技术和产品开发风险分析
2.市场风险分析
3.风险投资的退出机制
4.创业公司的企业文化
5.公司的风险控制措施
九、附录（必要补充材料）
1.未来3年的成本费用预测
2.市场调查数据分析
3.未来3年的利润表预测
4.未来3年的资产负债表预测
5.未来3年的现金流量表预测
6.租约

表5-2 创业计划书的格式（适用于服务型企业）

一、执行总结（对创业计划书进行概括性描述，起摘要作用）
1.公司概述
2.市场机会和竞争优势
3.产品或服务前景
4.公司所处的环境及创立背景
5.创业立项的重要性及必要性分析
6.创业公司经营业务及内容
7.创业公司设立程序及其日程表
8.预计资本金
二、产品或服务介绍
1.产品或服务描述（特征、主要客户对象等）
2.产品或服务优势
三、市场调查与分析
1.市场容量估算
2.预计市场份额
3.市场组织结构
四、公司战略
1.SWOT分析报告
2.公司总体战略
3.公司发展战略
五、营销策略
1.目标市场
2.产品和服务
3.价格的确定
4.分销渠道
5.权力和公共关系
6.政策
六、产品制作管理
1.工作流程图以及生产工艺流程图
2.生产设备及要求
3.质量管理措施及方法
七、管理体系
1.公司的性质及其组织形式
2.部门职能
3.管理理念及公司文化
4.团队成员的任职和责任
八、投资分析
1.股本结构与规模
2.资金来源与运用
3.投资收益与风险分析（对投资回报率、回收净值、回收期等的计算）
4.可以引入的其他资本
九、财务分析
1.财务预算的编制依据分析
2.未来3年的预计会计报表及附表
3.财务数据分析（主要财务指标分析、敏感分析和盈亏平衡分析等）
十、机遇与风险
1.机遇分析
2.外部风险分析
3.内部风险分析
4.解决方案和应对措施
十一、风险资本的退出
1.撤出方式
2.撤出时间
十二、附录（补充资料）

四、创业计划书编写注意事项

创业计划书的编写水平是获取风险投资或者创业投资成败的关键。如果你的创业计划书中所描述的企业给人的感觉只是勉强维持，或者说你对新创企业的论证依据不够充分的话，那么你的创业计划很难获得成功。

创业计划书可以由创业者自己编写，也可以委托他人制订。创业者在自己编写创业计划书时，可以组织创业团队的成员协助起草。由于创业者熟悉自己的任务和职责，又非常了解自己的产品或服务的特征，在充分考虑投资环境和外部市场等重要因素的情况下，自己编写出来的创业计划书更具有可操作性。如果委托他人制订创业计划书，创业计划书的编制者则应详细了解创业企业的内外部环境，并且应得到创业者的支持。

（一）编写创业计划书时要强调的事项

虽然创业计划书的形式大同小异，但不同形式的创业计划书中基本都包括创业计划书要素。编制创业计划书时要注意以下内容的提示，其目的是能给投资者留下深刻的印象。

1.执行总结或前言

这部分是对创业计划书的高度概括，通常是在创业计划书完成后编写，主要作用是引起投资者或者读者的兴趣。其主要概述“是什么”“怎么样”“为什么”“在哪里”等问题，篇幅不宜过长，一般不超过两页。

2.公司基本资料或背景描述

这部分要清楚地描述本企业的独特性或者与众不同的特征，说明创业企业未来的潜力和发展能力。

3.营销策略和市场

这部分要明确目标市场、市场定位和市场份额，充分论证自身优于竞争对手，使投资者相信你有能力实现销售计划、有能力应对竞争。

4.管理体系

这部分详细说明创业企业的组织形式，介绍创业团队主要成员的履历。具有丰富阅历和实践经验的管理者以及一支精干的创业团队是创业企业组织机构和人力资源的重要保证，也是投资者关注的重点。

5.投资与财务分析

这部分应做出切合实际的资金需求和使用预测，编制预计财务报表，对投资回报率、投资回收期等关键财务数据进行预算。这些指标是对将要付诸实施的创业计划的最好支撑，如果有风险投资，则要说明风险投资的退出方式。

6.风险分析

这部分要说明当外部环境变化时，创业企业所在行业的调整和同业间的竞争可能会出现产品削价、生产和服务成本提高、生产计划或销售计划不能完成、研发费用提高等风险。在创业计划书中对上述风险的应对措施或方案应给予预测和分析。

7.风险投资的退出

这部分要说明风险投资退出方案，包括对退出时间、所有权的转移方式、企业战略的延续性和高级领导层的变化做出说明。

（二）编写创业计划书时要注意的事项

通常编写创业计划书可参考上述格式或者根据具体情况进行适当的调整，以下事项应提醒创业计划书的编制者注意：

1.创业计划书应适当简短

创业计划书除了要求对创业计划的目的、过程和结果进行表面描述外，还要求简短，尽量避免长篇幅赘述。由于创业计划书的读者大都是投资家、金融资产管理者和政府、企业的关键人物，他们都不愿意看到一篇主题不突出、篇幅冗长的创业计划书。

2.创业计划书的结构要有逻辑性，并需要进行适当的包装

创业计划书中的目录、执行摘要、正文、图表和附录等部分要有连贯性和逻辑性，前后内容要相互呼应，不能相互矛盾。创业计划书的装订要进行适当的包装，体现庄重、大方的风格。

3.创业计划书中的关键数据要面向未来，避免夸大

创业计划书应说明创业企业的趋势，指出创业企业未来将实现的数量指标。例如，投资回收期、投资回报率和风险的预测与计量，而且这些预测数据的提供要有根据，令人信服，防止夸大其词，对重大风险应有足够的估计。

4.提供创业团队取胜的证据

创业团队中关键人物的技能和团队成员间的互补技能对创业企业取胜至关重要。通常，投资者在审查创业计划书时，非常重视创业团队的成员构成。创业计划书中应提供团队关键人物的能力证明资料，如专利发明、获奖证明、工作技能和主要工作经历等。

5.确定目标市场，避免过度多样化

为了说明创业企业产品或服务的销路，创业计划书中要明确强调目标市场，充分说明商业机会，避免试图创造多样化的市场或者多种投资，因为一个企业在开办初期应首先集中力量开拓明确的目标市场。

6.创业计划书要使用合适的称谓

创业计划书可以由创业团队自己编制，也可以委托咨询公司编制。通常创业计划大赛是由创业团队亲自参与的，这时的创业计划书中使用的称谓通常是“我”“我们”等第一人称。如果创业计划书是委托咨询公司起草的，而且该计划书不是以竞赛形式递交，最好以第三人称角度措辞，即使用“他”“他们”等人称。无论使用何种称谓，都要避免使创业计划书带有个人化色彩，努力做到内容客观、公正。

任务四　企业创建的法律形式

创业是一项综合性很强的活动，了解和学习相关的法律、法规是成功创业的必要条件。然而，在实际创业中，有很多大学生忽视法律问题，带来了不少麻烦和损失。在这一任务中，我们主要介绍企业创建的法律形式。

在传统上，我国企业是按所有制的标准进行分类的，《中华人民共和国民法通则》将企业分为全民所有制企业、集体所有制企业、外资企业、私有企业和个体工商户。但国际上的通行标准是根据企业投资者的出资方式和责任形式的不同而对企业进行分类的。根据这一方式，企业可以分为独资企业、合伙企业和公司企业。随着我国市场经济的进一步发展，我国已经颁布实施了《中华人民共和国公司法》（以下简称《公司法》）、《中华人民共和国个人独资企业法》（以下简称《个人独资企业法》）和《中华人民共和国合伙企业法》（以下简称《合伙企业法》），这三大法律是创业者在选择企业形式时必须熟知的。

知识在线5-2
《中华人民共和国公司法》

一、个人独资企业

自2000年1月1日起施行的《个人独资企业法》从组织形式上完善了自然人市场准入法规。

1. 概念

所谓个人独资企业，是指依照《个人独资企业法》在中国境内设立，由一个自然人投资，财产为投资人个人所有，投资人以其个人财产对企业债务承担无限责任的经营实体。

2. 法律特征

个人独资企业的法律特征包括三个方面：

第一，独资企业的出资人为一个自然人。

第二，独资企业的全部财产为投资人所有。也就是说，在独资企业中，企业的财产同投资人的个人财产没有严格区分，即使有，也仅仅是经营性财产和消费性财产的区分。

第三，独资企业以投资人的全部个人财产对企业的债务承担无限责任。独资企业完全由投资人个人控制，企业的生产经营活动同投资人个人的关系非常密切，所以投资人应对企业的债务承担无限责任，这有利于保证债权人的利益。

3. 设立条件

申请设立个人独资企业应当具备以下五项条件：

（1）作为投资人的自然人。

作为投资人的自然人不能是法律、行政法规禁止从事营利性活动的人，如在职国家公务员，现役军人，国有、集体企事业单位在职管理人员等。

（2）合法的企业名称。

企业名称应当符合名称登记管理的有关规定，并与其从事行业相符，企业名称中不得使用“有限”“有限责任”“公司”字样。

（3）投资人申报的出资。

对于投资人申报的出资，投资人无须提交验资报告或者出资权属证明文件，登记机关对投资人申报的出资数额、是否实际缴付等情况不予审查，由投资人对其申报的出资情况承担法律责任。这意味着在法律上对个人设立独资企业没有最低出资额限制。

（4）固定的生产经营场所和必要的生产经营条件。

从事临时经营、季节性经营、流动经营和没有固定门面的摆摊经营，不得申请登记为个人独资企业。

（5）必要的从业人员。

4.设立程序

个人独资企业设立时，应到所在区域的市场监督管理部门进行登记注册，递交设立申请书。设立申请书中应载明：企业的名称和地址，投资人的姓名和居所，投资人的出资额和出资方式，经营范围。市场监督管理部门在收到设立申请文件之日起15日内，对符合《个人独资企业法》规定条件的给予登记，发给营业执照，营业执照的签发日期就是该企业的成立日期。

二、合伙企业

《合伙企业法》于1997年8月1日起施行，2006年8月27日第十届全国人民代表大会常务委员会第二十三次会议修订。

1.概念

所谓合伙企业，是指自然人、法人和其他组织依照《合伙企业法》在中国境内设立的普通合伙企业和有限合伙企业。

2.法律特征

合伙企业的法律特征包括三个方面：

第一，有两个以上的投资人共同投资兴办。合伙企业的投资人可以是自然人也可以是法人，但必须是两人或两人以上。

第二，合伙人以合伙协议确定各方出资、分享利润和承担债务的份额。

第三，普通合伙企业由普通合伙人组成，合伙人对合伙企业债务承担无限连带责任。《合伙企业法》对普通合伙人承担责任的形式有特别规定的，从其规定。有限合伙企业由普通合伙人和有限合伙人组成，普通合伙人对合伙企业债务承担无限连带责任，有限合伙人以其认缴的出资额为限对合伙企业债务承担责任。合伙企业较适合那些商业风险不大、从业人员具有较强的专业经验和能力、规模较小的经济组织，如律师事务所、会计师事务所等。

3.设立条件

（1）普通合伙企业。申请设立普通合伙企业必须满足以下五项条件：

①有两个以上合伙人。合伙人为自然人的，应当具有完全民事行为能力，限制及无民事行为能力的人不得作为合伙企业的设立人。法律、行政法规禁止从事营利性活动的人，如现役军人、在职的国家公务人员，也不得成为合伙企业的合伙人。

②有书面合伙协议。合伙协议是合伙人之间确定权利和义务关系的最重要的依据，合伙人应以书面形式在合伙协议中明确约定：合伙企业的名称和主要经营场所的地点；合伙目的和合伙经营范围；合伙人的姓名或者名称、住所；合伙人的出资方式、数额和缴付期限；利润分配、亏损分担方式；合伙事务的执行；入伙与退伙；争议解决办法；合伙企业的解散与清算；违约责任。合伙协议经全体合伙人签名、盖章后生效。

③有合伙人认缴或者实际缴付的出资。合伙人的出资形式可以多样化，除了一般

的货币、实物、土地使用权、知识产权和其他财产性权利外，合伙人还可以以个人劳务方式出资，只要合伙人在合伙协议中约定该劳务的评估办法即可。

④有合伙企业的名称和生产经营场所。与独资企业相同，合伙企业在名称中不得使用“有限”“有限责任”“公司”字样。

⑤法律、行政法规规定的其他条件。

（2）有限合伙企业。

①有限合伙企业由两个以上五十个以下合伙人设立，但是法律另有规定的除外。有限合伙企业至少应当有一个普通合伙人。

②有书面合伙协议。合伙协议除符合普通合伙企业的规定外，还应当载明下列事项：普通合伙人和有限合伙人的姓名或者名称、住所；执行事务合伙人应具备的条件和选择程序；执行事务合伙人权限与违约处理办法；执行事务合伙人的除名条件和更换程序；有限合伙人入伙、退伙的条件、程序以及相关责任；有限合伙人和普通合伙人相互转变程序。

③有合伙人认缴或者实际缴付的出资。有限合伙人可以用货币、实物、知识产权、土地使用权或者其他财产权利作价出资。有限合伙人不得以劳务出资。

④有合伙企业的名称和生产经营场所。有限合伙企业名称中应当标明“有限合伙”字样。

⑤法律、行政法规规定的其他条件。

4.设立程序

合伙企业设立时，到所在区域的市场监督管理部门提交登记申请书、合伙协议书、合伙人身份证明等文件，市场监督管理部门自收到申请登记文件之日起30日内，做出是否准予登记的决定。对符合规定登记条件的，将发给营业执照，合伙企业以营业执照的签发日期为其成立日期。

三、公司

公司是指在中国境内设立的有限责任公司和股份有限公司。《公司法》于1993年施行。根据2018年10月26日第十三届全国人民代表大会常务委员会第六次会议《关于修改〈中华人民共和国公司法〉的决定》第四次修正。

任务五　如何进行小微企业创业融资

情境案例5-5

创业需要准备

一、小微企业认定

（一）小微企业的标准

目前，小微企业主要指产权和经营权高度统一、产品成本服务种类单一、规模和产值较小、从业人员较少的经济组织。

小微企业是小型企业、微型企业、家庭作坊式企业、个体户的统称。

（二）划分小微企业的意义

企业的划分中有小微企业的单独分类，使我国企业划型更加完善，有利于清晰地对各类企业进行统计管理，并且与世界主要国家对小微企业标准的界定一致，有利于与国际接轨。按照行业划分，切实体现了指标选取注重灵活性的特点。划分小微企业对我国制定和实施小微企业政策、加强分类指导和推动小微企业发展具有重要意义：一是有利于对小微企业的分类管理、政策实施和宏观决策。充分按照行业来划分，有利于建立分类管理的统计制度和信息管理，真实反映各个类型企业的运行状况。二是有利于制定符合对小微企业扶持的优惠政策，更加有针对性和时效性。三是有利于发挥小微企业的市场主体作用，解决劳动力就业问题。

知识在线5-3

大中小微型企业划分标准

小微企业兴则经济活，小微企业强则民众富。更加关注民生，关注弱势群体已经成为现阶段社会发展的必然要求，面广量大、势单力薄的小微企业发挥着越来越重要的作用。政府的政策也在有力地向小微企业倾斜，缓解小微企业三难三缺（融资难、用工难、用地难，缺技术、缺人才、缺管理），更加关注科技型、成长型、创新型小微企业发展，更加关注初创小微企业的生存，政府将扶持一批“专、精、特、新”的小巨人、隐形冠军，促进小微企业持续、健康、创新发展。

二、小微企业现状

（一）小微企业的基本情况

小微企业主年龄在20～30岁的人数最多，占总数的39%，其次是年龄在30～40岁的，占37%。小微企业主学历状况，高中、中专学历的占36%，而大专和本科学历的分别仅占24%和23%。数据显示，小微企业的平均存活周期仅2.5年，平均从业规模仅为13人，主要为缓慢成长型企业，如生产加工行业和经销批发行业，这不得不引起我们的警惕。

（二）小微企业创业的融资现状

1.小微企业融资模式

融资难一直是小微企业生存和发展的瓶颈。当前，我国经济发展面临需求收缩、供给冲击、预期转弱三重压力，加之国际形势复杂严峻以及国际大宗商品价格上涨，部分小微企业出现成本高企、利润下滑和流动性压力，小微企业融资难、融资贵的问题更加凸显。

企业的资金主要来源于内部融资和外部融资两个渠道。外部融资已成为企业获取资金的重要方式。外部融资按照有无金融中介分为两种方式：直接融资和间接融资。

直接融资的优点是资金流动比较迅速，成本低，受法律限制少；缺点是对交易双方筹资与投资技能的要求高。相对于直接融资，间接融资则通过金融中介机构，充分利用规模经济，降低成本，分散风险，实现多元化负债，更适合小微企业。

小微企业直接融资的方式不仅包括民间借贷、银行贷款等，还可以使用PE/VC等股权投资基金、风险投资基金，甚至是利用中小企业集合债、IPO等直接融资工具。

2.小微企业创业融资的特殊性

（1）小微企业的所有者和经营者基本上是合二为一的，大部分还具有家族特征，管理的人格化现象突出必然带来融资需求更加人格化。

（2）小微企业的内部组织结构简单，管理者必须靠自己的人格魅力来管理、维系企业的稳定。企业家需要运用个人的才能发挥发现市场、创造市场、应对不确定性等核心作用，还得通过人际关系来建立良好的外部环境，而人际关系结构是企业发展的基础。

（3）大多数小微企业发展不稳定，力量薄弱，风险大。虽然小微企业经营灵活，可以发挥个性优势，但是灵活性也意味着不确定性，在一定条件下，优势也可能转化为劣势，从而引发融资困难。

（4）小微企业受货币政策等宏观政策的影响非常明显，在大环境政策发生变化时，一些大企业凭着信誉可以选择其他融资渠道，也会抢占小微企业的商业信用，而小微企业做不到这些；同时，大企业拥有强大的财力，可以运用抵押等方式融资。

（5）抵押品和担保的严重缺乏。在发达市场经济国家，诸如土地、建筑物、住宅、可变现的储蓄、机器设备、应收账款、销售合同、存货等均可作为抵押品；而在我国，银行对抵押品的要求很严格。

3.小微企业融资难的原因

（1）贷款依然困难。这是小微企业长期以来的发展瓶颈，由于实力薄弱，再加上数量众多，在目前的金融体制下，小微企业根本不具备对金融机构的议价能力，甚至很难入正规金融机构的“法眼”。另外，正规金融机构数量有限，小微企业分布散乱，也很难进入金融机构的服务半径。

（2）融资更加昂贵。这是小微企业当下面临的严峻现实，“人为刀俎，我为鱼肉”。由于难以享受银行的服务，无可奈何之下，小微企业不得不从民间借贷。

（3）资金链断裂风险增大。这是小微企业不得不面对的巨大挑战，众多小微企业原本“利润比刀片薄”，而今雪上加霜，不仅背负高利率的借贷或融资，往往还得使用担保或质押，压力无疑是巨大的。另外，高利贷缺乏法律保障，也给借贷方带来了无形的压力。侥幸是偶然的，掺杂众多非理性因素在其中的资金链发生断裂是必然的。

资金是经济的血液，没有资金的供养，企业就会严重受压，如果得不到及时的舒缓，压力积累与传导可能导致三大后果：一是内向传导。企业陷入恶性循环，没有资金得不到发展，没有发展更得不到资金。二是外向传导。或是拖欠上游的原料方账款，或是提前支取下游的经销商账款，企业陷入三角债。三是全局传导。三角债恶性膨胀，再加上高利贷的链条原本就很脆弱，某一根稻草就可能引爆区域性金融风险。

三、小微企业创业融资对策

解决小微企业融资难的问题是一个系统工程，必须解放思想，深化改革，创新理念，采取有效措施，提高中小企业素质，调动各有关方面的积极性，充分发挥政府的政策导向与资金支持功能。以中小企业增信为例，不但要完善政府性融资担保体系，搭建风险分担机制，还要加快企业信用信息平台建设和数据共享，增强中小企业信息披露透明度，为金融机构提升服务能力夯实基础。鼓励、支持和引导银行业各金融机构不断加大对小微企业的信贷支持，积极构建多层次小微企业直接融资体系，切实提高小微企业综合素质、信用水平与融资能力，不懈持久地合力推进小微企业融资问题的缓解。

近年来，按照党中央、国务院的决策部署，有关部门采取了一系列有力、有效的措施支持中小微企业融资，取得了明显成效。2021年5月，银保监会办公厅下发《2021年进一步推动小微企业金融服务高质量发展的通知》，要求银行业金融机构要继续发挥好小微企业间接融资的主渠道作用，实现信贷供给总量稳步增长；邮储银行、股份制银行努力完成普惠型小微企业贷款“两增”目标；大型银行、股份制银行要努力实现2021年新增小微企业“首贷户”数量高于2020年，大型银行要将小型微型企业“首贷户”占比全部纳入内部绩效指标。

2021年12月，《国务院办公厅关于印发加强信用信息共享应用促进中小微企业融资实施方案的通知》（国办发〔2021〕52号），就进一步发挥信用信息对中小微企业融资的支持作用，推动建立缓解中小微企业融资难、融资贵问题的长效机制做出部署。目前，中小微企业融资继续呈现“增量、面扩、价降”态势。国家发展改革委、银保监会等部门大力推广的“信易贷”模式以及全国融资信用服务，对支持中小微企业融资发挥了重要作用。

李克强总理在第十三届全国人民代表大会第五次会议上的《政府工作报告》中指出：加强金融对实体经济的有效支持；用好普惠小微贷款支持工具，增加支农支小再贷款，优化监管考核，推动普惠小微贷款明显增长、信用贷款和首贷户比重继续提升；发挥好政策性、开发性金融作用；推进涉企信用信息整合共享，加快税务、海关、电力等单位与金融机构信息联通，扩大政府性融资担保对小微企业的覆盖面，努力营造良好融资生态，进一步推动解决实体经济特别是中小微企业融资难题。

要化解小微企业融资难题，不能简单就事论事，必须统筹兼顾小微企业的经济功能和社会功能，从经济社会的全局入手，坚决抑制具有泡沫经济特色的房地产投机、资本炒作和金融暴利，始终坚持金融服务实体经济的本质要求，始终坚持市场配置资源的基本方向，始终坚持克服信息不对称的技术原则。

（1）坚决促进房地产价格合理回归，坚决限制金融业过高利润。房地产是生产和生活的基本要素，但曾几何时，投机炒作持续推高房地产价格，压缩了小微企业的利润空间，抬高了小微企业的基础成本，加重了社会投机氛围，削弱了实体创业和企业家精神，成为制约小微企业发展的重大障碍。房地产投机不除，小微企业的发展就难以“解套”。限制金融业过高利润，一方面要靠深化改革，另一方面也要压缩存贷利差。目前，我国银行业的存贷利差远高于国际银行业平均水平，必须尽快压缩，保障并合理回馈存款人利益，同时倒逼银行业向经营取利。

（2）坚定推进金融体制市场化改革，建设多元化金融体系，规范发展民间金融组织，鼓励国有金融机构与民间金融组织竞争，压缩资金循环链条，着重在金融紧贴和服务实体经济上下功夫，增强防范和化解金融风险的能力。

（3）继续深化政策性金融扶持体系建设。政策性金融扶持体系针对性强、灵活性大、快捷便利。更重要的是，它能够很好地反映政府在特定时期的特定意志，事实上可构成国家宏观调控的辅助工具，弥补市场不足。小微企业与国计民生紧密相关，社会功能突出，应该继续深化政策性金融扶持体系建设。

（4）大力发展直接融资，支持合适的小微企业上市。直接融资有助于降低资金成本。在直接融资市场，小微企业的占比偏小，近乎没有。直接融资对某些高科技小微企业尤其适合，有助于迅速突破资金瓶颈，实现跨越式发展。

（5）积极鼓励金融组织创新，大力引导互助式金融组织的发展。多样化需求的出现为金融组织创新提出了命题，信息化技术的发展为金融组织创新提供了可能。在我国当前的金融体制下，尤其要充分发挥民间的创造性与活力，充分利用市场、社区、园区、街道乃至行业内部信息对称及内生动力的优势，大力引导互助式金融组织的发展。

（6）积极鼓励金融产品创新，及时推出适用性强的信贷品种，甚至包括风险投资产品。市场往往具有丰富的个性，金融市场也不例外，所以不能一刀切，要具体情况具体对待。

（7）全力打造企业征信系统，突破银行间和地域间的限制，尽可能实现即时通。即时通征信系统能够约束和规范企业的行为，降低金融机构的经营管理成本，有助于构建银行和企业间的和谐关系，让金融市场更加健康发展。

四、小微企业创业融资中的银行信贷

从现实情况来看，中小微企业的融资还面临很多问题。比如，小微企业银行贷款门槛依然很高，规模越小的企业获得银行资金支持的难度越大，企业续贷需求比较大，无还本续贷的政策仍需要进一步落实；信用贷款在小微企业融资中发挥积极作用，但动产融资、供应链金融等融资方式占比还是较低。

（一）银行不愿意为小微企业贷款的根本原因

银行不愿意为小微企业贷款的根本原因：一是小微企业贷款的风险较高；二是按照服务大企业的传统模式开展小微企业信贷，人工成本太高；三是由于监管机构对银行的不良贷款生成状况有严格要求，银行往往担心会因为小微企业贷款的高不良率而被问责。银行在进行小微企业信贷试点时，也遇到了三大业务难题：首先，如何破解小微企业贷款的抵押担保难题；其次，考虑到小微企业的较高违约风险和对贷款定价的较低承受能力，这项业务难以做到“收益覆盖风险”；最后，如果银行还像服务大企业那样来做小微企业贷款，一方面将面临难以承受的人工成本压力，另一方面业务发展会相当缓慢。

（二）针对小微企业贷款的尝试和探索

虽然小微企业信贷开展起来比较困难，但是银行非常有必要涉足这一领域。从我国银行业的现状来看，随着利率市场化进程的加快和金融市场体系的进一步完善，金融脱媒将进一步加剧，以大客户为主要服务对象的传统经营模式将受到利差急剧缩小、优质客户流失等严峻挑战。未雨绸缪，银行需要改变传统模式，将目标客户从大企业逐步转向中小企业，特别是小微企业，开辟新的业务增长点。由于上述风险和成本等问题的存在，银行开展小微企业信贷业务显得动力不足。

要推动小微金融迅速发展，各银行都在进一步探索符合自身特色的商业运作模式。

1.国家开发银行搭建融资平台，打造多品牌战略

国家开发银行吉林省分行搭建吉林省中小企业融资服务平台，积极探索创新金融

产品，先后推出了“万民创业小额贷款”“抚松模式”“成长型中小企业贷款”“青年金融助业贷款”等多个以小微企业及个人为服务对象的贷款品种。

2. 中国银行“中银信贷工厂”

中国银行是最早开展小微企业信贷业务的国有商业银行，成功打造了集产品开发、市场推广、信贷审批、贷后管理等职能于一身的专业化中小企业融资服务新模式——“中银信贷工厂”。

3. 中国民生银行“商贷通”

中国民生银行的“商贷通”已经成为小微企业贷款产品中的领头羊，在业内获得了较高的评价。贷款利率采用与客户议价的方式，平均贷款利率为基准利率上调20%。

针对小微企业贷款的问题，各个银行都推出了相应的贷款种类。例如，恒丰银行股份有限公司的个人小额短期信用贷款，渣打银行的“现贷派”无担保个人贷款，哈尔滨银行的个人工资保证贷款和个人信用贷款，花旗银行的“幸福时贷”，渤海银行的“摩登时贷”等，可以为小微企业创业融资带来便利。

同时，各省市也推出了一系列创新举措以解决小微企业贷款难、贷款贵的问题。

（1）北京市设立了全国首家集首贷、续贷、确权融资和知识产权质押融资服务于一体的小微企业金融服务机构——北京市贷款服务中心。该中心实现企业网上申请办理，并通过汇聚企业政务数据、开通政务服务绿色通道等措施，疏通企业融资“堵点”，缩减业务受理审批时间，推进小微企业金融服务“降本扩面、提质增效”。目前，该中心能提供100多种信贷产品服务。

（2）上海市科技创业中心、上海市大学生科技创业基金会与全市5家试点银行合力推出一款为科技型企业量身定制的贷款产品——科创助力贷，该产品利率低、无须担保费，最高贷款额度300万元。银行贷款产生的风险损失，由上海市科技创业中心和上海市大学生科技创业基金会按照一定比例提供补偿。

（3）云南省重点扶持十类人员和小微企业申请创业担保贷款，由政府出资担保并给予贴息，支持个人创业或小微企业扩大就业，该项贷款由政府承担大部分利息。

（4）西安市充分利用大数据平台，推出“数字绿卡+政务快贷”信用金融服务新模式，金融机构提供“7×24小时”不打烊服务，在线审核，快速放款，让企业“零抵押、零材料、零见面、零跑腿”就能获得贷款。

（5）三亚市为解决困扰民营和小微企业发展的贷款难、贷款贵的问题，推出了一款“政银保”金融创新产品，专门为小微企业发放信用贷款，该项贷款的贴息、保费（担保费）补贴、风险分担等支出，均由三亚市财政设立的小微企业贷款风险保障专项资金提供。

（三）发展小微企业融资业务应当坚持的原则

小微企业有别于大公司业务，银行必须首先认识和熟悉小微企业运作及经营的独特性，理解和容忍小微企业发展的“不规范性”，并制定一套单独的适合小微企业融资业务发展的工作流程和评审标准。

为落实小微企业融资业务在发展初期“三化（批量化、流程化和规模化）”的要求，有两项比较领先的原则有必要坚持：

第一，收益覆盖风险原则。该原则首先强调的是利率水平或客户综合贡献度等收益回报问题。小微企业贷款的利率定价水平目前大体为同档基准利率上浮30%。

第二，大数法则定律原则。该原则具有两重含义：规划先行，规避行业或系统风险；“量与质”相互辩证的风险管理理念。

五、小微企业创业融资中的民间借贷

（一）小微企业普遍“差钱”，无奈选择民间借贷

资金无疑是制约小微企业发展的最大问题，在从银行贷不到款的情况下，民间借贷成了小微企业的无奈选择。

面对资金压力，小微企业普遍“差钱”，长三角地区主要依靠亲朋好友等民间借贷方式融资，而环渤海地区拖欠账款形成“三角债”的现象更为严重。专家认为，环渤海地区小微企业多为当地国有大中型企业做配套生产，因大中型企业结算时强势，给小微企业结款较慢，小微企业不得不拖欠自己的上游企业以缓解资金压力。

虽然小微企业“家家各有难念的经”，但乐观的是，小微企业继续生存下去的信念并未被打消，绝大多数干实业的小微企业依然保持着一股韧劲。正如一些乐观者所言：“冬天来了，春天还会远吗？”

（二）小微企业融资难探源：民间借贷法律化成关键

从根本上和全局范围破解“融资难”，谨防企业债务风险加剧和反复，还要有更宽视野、更高视角的深化金融改革“路线图”，在这幅“路线图”中的一些关键性问题值得重视。

要大胆创新和健全金融监管体系。随着民间资本进入金融市场政策的逐步放宽，新型农村金融机构设立步伐加快，小微金融机构数量将呈激增之势，加之其涉及客户众多，业务类型多样，与地方企业和地方经济发展联系紧密，仅依靠中央的“一行两会”，显然难以满足监管需求，构建中央与地方分类管理、分级监管等新体系就日显重要。

确立民间融资的法律地位，使民间融资逐步走向“阳光化”，已是化解金融风险、保障民营中小企业生存发展的关键。

任务六　提升创业者文化与修养

创业作为一个复杂的劳动过程，是创业者主观能动性发挥的重要表现。在创业的过程中，创业者除了具备一定的客观条件外，还要具备一定的主观条件，才能更好地实现预定目标。其中，创业者文化与修养的修炼是创业成功的重要保证。

一、创业者文化

在谈及创业者文化的内涵之前，先介绍一下文化的内涵。

“文化”在我国古代很多文献中早有提及，如《易经》中就有“文明以止，人文也。观乎天文，以察时变。观乎人文，以化成天下”的说法。意思是，以文明使人止

于应有的分寸，这是人的文饰；观察天的文饰，以明察四季时序的变化；观察人的伦常秩序，以教化天下，达到移风易俗的目的。

随着时间的流变和空间的差异，“文化”已成为一个内涵丰富、外延宽广的多维概念，几乎无所不包。“文化是人类的一种生活方式，是人类在长期斗争中积累下来，并世代相传的关于如何适应环境、与自然做斗争、协调人类内部关系的行为模式。”

一般情况下，根据文化的结构和范畴，把文化分为广义和狭义两种概念。从广义上来说，文化指的是人类在社会历史发展过程中所创造的物质和精神财富的总和。它包括物质文化、制度文化和心理文化三个方面。广义的文化包括四个层次：一是物态文化层，由物化的知识力量构成，是人的活动及其产品的总和，是可感知的、具有物质实体的文化事物；二是制度文化层，由人类在社会实践中建立的各种社会规范构成，包括社会经济制度、婚姻制度、家族制度、政治法律制度等；三是行为文化层，以民风民俗形态出现，见于日常行为之中，具有鲜明的民族、地域特色；四是心态文化层，由人类在社会实践和意识活动中经过长期孕育而形成的价值观念、审美情趣、思维方式等构成，是文化的核心部分。

从狭义上来说，文化是社会的意识形态以及与之相适应的组织机构与制度。它是一种历史现象，每个社会都有与之相适应的文化，并随着社会物质生产的发展而发展。作为意识形态的文化，是一定社会政治和经济的反映，反过来又作用于社会政治和经济。

由此可知，文化是人类发展到一定阶段的产物，为人类所独有，并且具有民族性。文化体现了人的精神风貌、心理状态、思维方式和价值取向等。

随着人类社会和经济的发展，在一定的历史条件下，文化又被进行了细分，衍生出了企业文化、茶文化等。

创业者文化是指创业者在创业的过程中形成的，对于创业成败具有深远影响的文化。它对指导创业者如何选择行业、经营企业具有重要作用。

创业者文化与企业文化有一定关联。企业文化是指企业在生产经营和管理活动中所创造的具有本企业特色的精神和物质财富的总和，包括文化观念、价值观念、企业精神、道德规范、行为准则、历史传统、企业制度、文化环境、企业产品等，其中价值观念是企业文化的核心。

创业者文化贯穿于整个创业过程，所以创业者应当在准备创业前期，对一些前辈尤其是成功的前辈在创业实践中积累的相关经验进行了解和分析，掌握相关的文化内涵。只有这样，才能使创业者在创业中做到事半功倍。

二、创业者修养

（一）创业者修养的含义

创业者修养，又称创业者素养，通常指创业者在创业的过程中应当具备的基本素质，包括创业所需的身体素质、心理素质、知识素质、能力素质等。

在谈创业者素养之前，有必要对“素养”的相关内容加以介绍。所谓“素养”，是指修习涵养，也被称为素质，通常用来形容一个人的行为道德。从广义上讲，“素养”包括道德品质、外表形象、知识水平与能力等方面。在知识经济的今天，素养的含义大为扩展，它包括思想政治素养、文化素养、业务素养、身心素养等各个方面。《辞海》对“素质”一词的定义是：人的生理上生来具有的特点；事物本来具有的性质；完成某种活动所必需的基本条件。我们可以参考素质含义的第三个方面，推出创业者素养的内涵。本文中的“素养”，主要是指为了完成创业活动，创业者必备的基本条件。

（二）创业者修养的分类

创业者的个人素质也是创业成功与否的一个主观因素。一个创业者无论过去受过什么样的教育、程度有多高，在选择了他的创业历程后，就必须根据产业的特点加强学习，提高专业知识，加强自身修养的修炼。

在创业的过程中，创业者应当具备的修养有很多。本书主要从以下几个方面对创业者修养进行分析说明：

1.身体素质

俗话说：“身体是革命的本钱。”人们从事的各种活动，都是在具备一定的身体素质的条件下展开的。如果身体素质不能过关，即使将行动付诸实践，也会因为身体出现状况半途而废。

好的身体素质主要是指身体健康、体力充沛、精力旺盛、思路敏捷。现代小企业的创业与经营是艰苦而复杂的，创业者工作繁忙、时间长、压力大，如果身体不好，必然力不从心，难以承受创业重任，所以身体素质的具备是创业者从事创业活动的前提和基础。

2.心理素质

现代紧张的生活节奏无形中增大了人们的心理压力，这种压力来自各个方面。如果创业者不能应对创业过程中的各种压力，这种状况不但会影响创业者的成功，甚至还会带来负面作用，后果严重。

所谓心理素质，一般是指创业者的心理条件，包括自我意识、性格、气质、情感等心理构成要素。作为创业者，自我意识特征应表现为自信和自主；性格应表现为刚强、坚持、果断和开朗；情感应表现为更富有理性色彩。成功的创业者大多是不以物喜、不以己悲的。因此，心理素质在创业过程中起到关键作用。

创业者的创业精神至关重要。一旦认准、选择好了行业，就要持之以恒、锲而不舍。业攻于专、精于勤，创业者必须专心致志、全心全意地致力于自己的事业。如果创业者不能把有限的力量聚合在一个点上，就不能产生效能反应。实际上，把一个行业的业务做专做精了，都会发现它有自己的规律。只有不断积累、等待时机，才能找到更好的契合点。

除此之外，创业者务必脚踏实地，认真做好每一件事。只有注重过程的精细化，实实在在地干，才能水到渠成。创业是一个过程，是各种组合劳动的结果，是一个长期积累的结果。因此，谈创业就必须脚踏实地。

3.知识素质

创业者的知识素质对创业起着举足轻重的作用。知识素质，即通常所指的文化素养。文化素养是一个看不着但能感觉到的素质，是在知识社会中长久保持成功所必须具备的品质。文化素养的内容十分广泛，几乎无所不包。创业者每天要辛勤工作，没有太多的时间和精力放在文化素养的修炼上。因此，创业者也不必试图从全方位提升自己的文化素养，只要抓住文化素养的主要内容即可。一个人的文化素养一般集中体现在思想道德和专业知识上。

创业者或许对思想道德重视不够。其实，商业人士要特别重视自己的思想道德素养。创业者放弃别的种种诱惑从事新事业的开创，也是以实现自己的理想为目的的。这里所说的思想道德素养是指创业者对待广大客户的态度以及对待社会的态度。一个没有良好道德素养的创业者，把名利看得比生命都重要的人，创业过程就缺乏灵魂、缺乏人们所企盼的激情、缺乏凝聚力。善行为主、诚信为本，这也是创业者赢得社会各界关爱的积极因素。

当前，中国已经进入了买方经济时代，作为卖方的商家必须以优质的产品、真诚的服务来赢得顾客的信赖。只有那些能为顾客带来更多便利、创造更多价值的商家，才能在商场上立于不败之地。创业者在创办商业机构的选择方面、在公司的运作经营方面，不要将心思全部用在如何赚钱上，而应思考自己所创的事业能否给众多的人带来更多的幸福。因为，创业者辛勤创业，并非只是为了金钱，更是为了实现人生的价值。

在专业知识方面，创业者要进行创造性思维，要做出正确决策，就必须掌握广博的知识，具有一专多能的知识结构。具体来说，创业者应该具备以下知识：了解政策、法律知识，用足、用活政策，依法行事，用法律维护自己的合法权益；了解科学的经营管理知识和方法，提高管理水平；掌握与本行业、本企业相关的科学技术知识，依靠科技进步增强竞争能力；具备市场经济方面的知识，如财务会计、市场营销、国际贸易、国际金融等。

4.能力素质

创业者至少应具有以下能力：

（1）创新能力。创新能力是民族进步的灵魂，现代社会的竞争主要体现在创造力的竞争上。创业者的创新能力主要是指在创业的过程中，运用相关知识、理论，在实践领域中不断提供具有经济价值、社会价值等的新思想、新方法和新发明的能力。

（2）分析决策能力。面对激烈的市场竞争，创业者需要具有非凡的决策能力。因为只把事情做好或把企业管理好是远远不够的，考验成败的关键是能否做正确的事情，即必须做正确的决策。外面的诱惑很多，机会也很多，一不小心就可能掉入盲目决策的陷阱。

（3）预见能力。自古以来，无论是帝王将相还是平民百姓，预见性都起着至关重要的作用。预见性是指一个人对事物发展的预判和前瞻，一个人预见能力的强弱是决定其能力大小的关键因素之一。

（4）应变能力。创业者必须具备应对变革的能力。创业者是否可以在激烈的市场竞争环境下，突破自己固有的思维局限，挑战自己以往的成功模式和战略手段，是考验创业者心理素质和魄力的重要环节。不断否定自己、突破自己、战胜自己、向自己挑战、向明天挑战，才有机会成为未来的佼佼者。

（5）用人能力。俗话说：“用什么样的人，办什么样的企业。”创业者作为领导者，周旋于各色人物之间，必须精于揣摩人性、把握人心，正确识人、择人、用人。只有这样才能用好人、管好人，起到事半功倍的效果。

（6）组织协调能力。组织协调能力作为管理者必备的能力之一，主要是指创业者能够根据工作任务的特点，对资源进行分配，同时能够控制、激励和协调群体活动的过程，使之相互融合，从而实现组织目标的能力。

（7）社交能力。社交能力是通常所说的交际能力，主要是指创业者能够妥善处理组织内外关系的能力，包括与周围环境建立广泛联系和对外界信息的吸收、转化能力，以及正确处理周围关系的能力。

（8）激励能力。创业者必须具有影响他人和激励他人的能力，如能够让合伙人、周边员工心甘情愿地跟随自己为理想而奋斗。一个能调动团队潜能的领军人物，才可以激发团队每个人的事业激情，才可以振奋人心，才可以使每个人为参与到一份事业中而感到自豪。只有这样的团队，才有生命力和活力。

当然，这并不是要求创业者完全具备这些素质才能去创业，但创业者本人要有不断提高自身素质的自觉性和实际行动。提高素质的途径是：一靠学习；二靠改造。要想成为一个成功的创业者，就要做一个终身学习者和改造自我者。哈佛大学的拉克教授讲过这样一段话："创业对大多数人而言是一件极具诱惑的事情，同时也是一件极具挑战的事。不是人人都能成功，也并非想象中那么困难。但任何一个梦想成功的人，倘若他知道创业需要策划、技术和创意的观念，那么成功已离他不远了。"

育德润心 5-1

使命明确，能影响、激励他人，才真正是创业达人

（三）创业者修养应当如何修炼

俗语说："冰冻三尺非一日之寒。"同样，创业者修养的修炼也需要一定的时间和方法。

1.身体素质的培养

身体素质是创业的基础，身体状况也因人而异。当今社会的很多企业家，虽然拥有过人的能力和才华，但是往往身体素质不达标，不能承受紧张的工作和生活带来的各方面压力，从而使创业活动不能顺利进行。职场中，也不乏亚健康人群。由此可知，身体素质的锻炼和加强是创业者甚至职场人员的必修课。

创业者应当从自身身体特点出发，选择适合自己并且感兴趣的锻炼方式，如瑜伽、跑步等。

只有拥有良好的体魄，才能为心理健康奠定基础。

2.心理素质的培养

心理素质是一个人长时间在现实生活中形成的一种遇到突发事情时所表现出的个体素质。要想提高自身的心理素质，就应在平时生活中始终保持平和的心理状态。遇到紧急事情或始料不及的情况时，首先要保持冷静不慌，才能思维不乱，长此以往则会形成一个良好的心理素质。

其具体方法如下：

（1）树立正确的人生观，始终保持开阔的心胸，提高对心理冲突和挫折的忍受能力，热爱生活，热爱学习。

（2）充分认识自己，正确评价自己，有自知之明，不自卑，不自负。

（3）积极交友，宽容待人，善于与他人交流思想、感情，相互帮助，相互学习。

（4）积极培养自己的各种兴趣爱好，参加有益的娱乐活动，积极参加各种体育活动。

（5）多欣赏优秀的文学、艺术作品，如《钢铁是怎样炼成的》《红岩》等，陶冶情操，树立远大的理想。

（6）学会思考，爱动脑筋，学会全面分析复杂问题，要有遭受挫折的思想准备。

3.专业知识与职业技能的培养

创业者在选定创业领域和行业的基础上，要培养和加强对该领域相关知识的学习。

首先，要培养和增强对该专业的兴趣。兴趣是最好的老师，每个人都会对他感兴趣的事物给予优先的注意和积极的探索，并从中感到愉悦、放松和快乐，表现出积极而且自觉自愿的正面情绪。要积极期望，要有目标意识，并且要培养自我成就感，进而培养直接的学习兴趣。除此之外，要在解决问题的过程中增强对专业的兴趣。

其次，要重视课堂学习并不断拓展和优化知识结构。课堂是大学生进行专业知识学习的主阵地，课堂学习是一种高效率获取知识的学习途径。通过课堂学习，创业者可以对该专业的基本知识结构和发展有大致的了解，并做到心中有数。在此基础上，创业者还要不断拓展和优化知识结构。一个人的知识结构并不是一成不变的，随着形势的发展、个人经历的变化、教育环境的改变，个人所掌握的专业知识也在不断补充和更新，因此要不断吸取新知识的精髓。

最后，积极参加实践，“实践出真知”。创业者可以进入相关行业进行工作，虚心学习，从实践中积累经验；可以将一些企业的管理方法记录下来，对其管理的优缺点进行深入分析，取其精华、弃其糟粕。

4.能力素质的培养

（1）创新能力的培养。

一个成功的创业者具备非凡的创造力。对企业而言，提到创新，人们往往联想到技术创新和产品创新，其实企业创新的形态远不止这些。一般来说，企业创新主要有发展战略创新、产品（或服务）创新、技术创新、组织与制度创新、管理创新、营销创新、文化创新等。

发展战略创新是对原有的发展战略进行变革，是为了制定出更高水平的发展战略。实现企业发展战略创新，就要规划新的经营内容、新的经营手段、新的人事框架、新的管理体制、新的经营策略等。

企业普遍面临发展战略创新的任务。例如，当前有些企业经营策略明显过时，有些企业经营范围明显过宽，有些企业经营战线明显过长，还有些企业经营内容本来就与自身特长严重脱节。诸如此类的企业如果不重新定位，那么发展前景堪忧。再如，很多企业都需要重新解决靠什么经营的问题。为了从根本上改善经营状况，只能另谋新的依靠。

创新对生产企业来说，是产品创新；对服务行业而言，主要是服务创新。例如，手机在短短几年时间已从模拟机发展到数字机、可视数字机、可上网和可拍照的手机等。手机的更新换代，生动地告诉我们产品的创新是多么迅速。

技术创新是企业发展的源泉、竞争的根本。就一个企业而言，技术创新不仅可以是商业性地应用自主创新的技术，还可以是创新地应用合法取得的、他方开发的新技术或已进入公有领域的技术，从而创造市场优势。例如，沃尔玛（Wal-Mart）在1980年全球率先试用条形码，即通用产品码（UPC）技术，结果使其收银员效率提高了50%，并极大地降低了经营成本。

（2）应变能力的培养。

多参加富有挑战性的活动。在实践活动中，我们必然会遇到各种各样的问题和实际的困难，努力去解决问题和克服困难的过程，就是增强人的应变能力的过程。

扩大个人的交往范围。无论家庭、学校还是小团体，都是社会的一个缩影，在这些相对较小的范围内，我们可能会遇到各种需要应变能力才能解决的问题。因此，只有首先学会应对各种各样的人，才能推而广之，应对各种复杂环境。只有提高自己在较小范围内的应变能力，才能推而广之，应对更为复杂的社会问题。实际上，扩大自己的变化范围也是一个不断实践的过程。

（3）组织协调能力的培养。

组织协调能力可以通过以下途径来培养：

①培养坚强的意志，不被困难吓倒，不被失败和挫折压垮。

②明确追求目标。目标明确才能增强一个人的自信心，并积极排除干扰和克服心理障碍。

③提高知觉的能力。这是提高人的观察能力、获取信息和加工信息的主要通道。

④积累丰富的经验。经验可有效地引导人们处理好日常工作，并提高人的决策判断能力。

⑤提高记忆能力。记忆力是提高领导者管理及提取必要信息的基本能力。

⑥勇于挑战工作重担。重要的工作经验及疑难问题的处理过程，可以锻炼、检验和表现行为人的组织才能。

⑦提高交际及沟通技巧。这可帮助一个人协调好各种人际关系，发挥组织的功能作用，调动员工的积极性，形成良好的群众基础和干群关系。

⑧养成良好的工作习惯。良好的工作习惯可以提高工作效率，节省时间，分清主次。

⑨培养广泛的兴趣。广泛的兴趣可扩大知识面，提高综合能力和统揽全局的能力。

⑩克服保守思想和惰性心理。这可以增强人的活力，培养创新能力。

⑪学会宽容。宽容是获得友谊与支持、营造良好人际关系及管理环境的保障。

（4）社交能力的培养。

要有效地提高社交能力，可从两个方面入手：一是对社会情境的辨析能力；二是提高对其他人心理状态的洞察力。

对环境的辨析能力，是指要有效地达到社交目标，便要应情势而做出相应的行为。社交环境瞬息万变，交往的对象也有不同的特质，要适应不同的社交环境、人物，就需要有敏锐的观察和认知能力。

对环境的辨析能力是社交能力的一个重要部分。一个人如果能够对情境间的细微不同之处加以区分，往往更能掌握社交环境的变化而做出合宜的行为，以适应不同性质、千变万化的环境。这种“因时制宜”的说法，并非只是近代西方心理学所提倡的，其实在中国古代典籍中也常被提到。例如，《中庸》中有：“国有道，其言足以兴；国无道，其默足以容。”这便说明了进谏及保持缄默都是合宜的处事方法，但朝臣采取哪种方法才可产生较理想的后果，却取决于他们身处的国家是有道还是无道之国。以杨修为例，他是一个机智的才子，但他所服侍的主公曹操却是一个性格多疑的人。杨修自恃聪明而多次道破曹操的心意，故招来杀身之祸。若他的主公是个宽宏大量、知人善用的人，杨修不但不会被杀，反而会被委以重任。虽然有人会慨叹杨修生不逢时，但若以“因时制宜”来衡量，杨修似乎只顾一时言语之快，却忽略了对方（曹操）的性格，因而说出一些合乎事实但不合对方心意的话，白白地把性命断送了。由此可见，要成功地达成社交目标，便要审视客观情势的变化，因时变通，以适应各种各类社交情境。

任务七　如何进行团队管理

一、团队

（一）什么是团队

情境案例5-6

被拒在门外的老板

团队是由少数有互补技能，愿意为了共同的目的、业绩目标和方法而相互承担责任的人组成的群体。

（二）团队类型

团队类型分为独立型团队和跨功能型团队。

（1）独立型团队也称自我管理型团队，每个人独自完成同样的任务以实现更大的团队利益。

（2）跨功能型团队是由来自不同领域的专家组成，为了一个共同的目标而一起工作。行进乐队是这类团队的一个好例子，每个成员一起演奏不同的乐器，共同完成同一个乐曲。

（三）团队角色

团队是由扮演着不同角色的个人组成的，团队角色主要区别就是领导者和成员。

团队领导者要维持这样一个平衡：一方面，要保证团队的工作进度；另一方面，要允许团队成员做出自己的决定。领导者要不断激励队员，促使团队达成目标。有效的领导者从来不会使用职权来提高进度，他应该和其他人一起交流工作进度，像教练一样敦促队员遵守规则，像拉拉队队员一样鼓励团队成员取得进步，并在个人或团队取得成功时进行庆贺。

团队成员参与并致力于团队的任务。队员必须诚实，能倾听他人的意见。要成为一名优秀的队员不一定必须是某个主题的专家。为了团队的利益，队员要把自己的日程放在一边。优秀的队员通常是问题的解决者。在别人看到问题时，他们通常能发现机遇。队员因共同的任务和相互之间的尊敬而紧密联系在一起，他们认识到只有一起努力才能完成任务。

（四）团队发展的五个阶段

成型——队员之间相互建立人际关系，并确定哪些行为是大家可以接受的；

震荡——队员开始参与团队活动，并影响团队的决策；

规范——队员一起确立行为和工作规范，这样就能以大家都接受的方式相互合作；

运作——队员开始按计划相互合作，并成功地实现团队目标；

解散——在团队解散时，队员要相互评估工作、记录流程、发现和总结，并一起庆贺成功。

有些团队通过几次会议很快地完成了前四个阶段，而有些团队会在震荡阶段受到阻碍，花费很长时间。有时候，团队的前一次会议还在规范或运作阶段，下一次会议却返回到震荡阶段。团队发展的这些阶段没有一个标准的规律，关键是：任何时候都要认识到团队处于哪个阶段，并恰当地完成这一阶段。

二、团队管理五要素

不同的学者从不同的角度对团队进行定义。本书认为团队就是合理利用每一个成员的知识和技能协同工作、解决问题，达到共同目标的共同体。大学生团队就是由少数具有技能互补的成员，为实现共同的目标和一个能使他们彼此担负责任的程序，共同为达成高品质的结果而努力的共同体。

大学生团队需具备五个重要的团队组成要素，即5P。

（一）目标（purpose）

大学生团队应该有一个既定的共同目标，为团队成员导航，知道要向何处去，没有目标，这个团队就没有存在的价值。目标在创业企业的管理中以创业企业的远景、战略的形式体现。

（二）人（people）

人是构成大学生团队最核心的力量。三个及三个以上的人就形成一个群体，当群体有共同奋斗的目标时就形成了团队。在一个大学生团队中，人力资源是所有创业资源中最活跃、最重要的资源，应充分调动创业者的各种资源和能力，将人力资源进一步转化为人力资本。

目标是通过人员来实现的，所以人员的选择是大学生团队中非常重要的部分。在一个团队中可能需要有人出主意、有人制订计划、有人实施、有人协调不同的人一起工作，还需要有人去监督大学生团队工作的进展，评价大学生团队最终的贡献，不同的人通过分工来共同完成大学生团队的目标。在人员选择方面要考虑人员的能力如何，技能是否互补，人员的经验怎样。

（三）定位（place）

大学生团队的定位包含两层意思：

（1）团队的定位。这包括：大学生团队在企业中处于什么位置；由谁选择和决定团队的成员；大学生团队最终应对谁负责；大学生团队采取什么方式激励下属。

（2）个体（创业者）的定位。这包括：作为成员在大学生团队中扮演什么角色，是制订计划还是具体实施或评估；是大家共同出资，委派某个人参与管理，还是共同参与管理，或是聘请第三方（职业经理人）管理；在创业实体的组织形式上，是合伙企业还是公司制企业。

（四）权限（power）

大学生团队中领导人的权力大小与其团队的发展阶段和创业实体所在行业相关。一般来说，大学生团队越成熟，领导者所拥有的权力相应越小，在大学生团队发展的初期阶段领导权相对比较集中。高科技实体多数实行民主的管理方式。

（五）计划（plan）

计划有两层含义：一是目标最终的实现需要一系列具体的行动方案，可以把计划理解成达成目标的具体工作程序；二是按计划进行可以保证大学生团队的工作进度顺利。只有在计划的操作下大学生团队才会一步一步地贴近目标，从而最终实现目标。

三、团队管理的六项内容

从管理学角度，我们可以看出管理的内容就是管理的职能。管理职能是指管理的职责和功能，是管理者在管理活动中应当承担的职责和任务，是管理活动内容的理论概括。作为团队的管理者不仅要了解管理的职能还要知道沟通在团队中的作用，这就是团队管理的六个内容。

（一）计划职能

计划职能是管理的首要职能，是指为了实现组织目标而对未来的行动进行计划和安排。其中心任务是确定组织的目标和实现目标的具体方案。

（二）组织职能

组织职能是管理的重要职能。组织工作的主要内容是：根据组织的规模和任务设计组织结构；明确相应的职责、任务和权力；为了保证工作顺利进行建立健全各项规章制度等。

（三）人员管理

人员管理是管理的核心职能，主要是对各岗位的人员进行选聘、教育培养和绩效考核，以及人力资源的有效利用和开发。

（四）领导职能

领导职能就是对组织内成员的个人行为及集体行为进行引导、运用各种手段和方法施加影响的过程。通过对组织成员进行领导，从而保证组织目标的顺利实现。

（五）控制职能

控制职能是管理过程的关键职能，是通过信息反馈和绩效评估，对组织的活动进行监督、检查、纠正偏差的过程，是连续不断、反复进行的过程，贯穿于整个活动的始终。

（六）沟通

沟通是指借助一定的手段把可理解的信息、思想和情感在两个或两个以上的个体或人群中传递或交换的过程，目的是通过相互间的理解与认同使个人或群体间的认知以及行为相互适应。

四、团队建设的方法与技巧

团队建设是事业发展的根本保障，团队运作是业内人士长期实践的经验总结，几乎没有人是靠单打独斗获得成功的。团队的发展取决于团队的建设。团队建设应从以下几个方面进行：

（一）组建核心层

团队建设的重点是培养团队的核心成员。俗话说“一个好汉三个帮”，领导人是团队的建设者，应通过组建智囊团或执行团，形成团队的核心层，充分发挥核心成员的作用，使团队的目标变成行动计划，团队的业绩得以快速增长。团队核心层的成员应具备领导者的基本素质和能力，不仅要知道团队发展的规划，还要参与团队目标的制定与实施，使团队成员既了解团队发展的方向，又能在行动上与团队发展方向保持一致。大家同心同德、承上启下，心往一处想，劲往一处使。

（二）制定团队目标

团队目标来自公司的发展方向和团队成员的共同追求。它是全体成员奋斗的方向和动力，也是全体成员精诚合作的一面旗帜。核心层成员在制定团队目标时，需要明确本团队目前的实际情况。例如，团队处在哪个发展阶段？组建阶段、上升阶段，还是稳固阶段？团队成员存在哪些不足？需要什么帮助？斗志如何？制定目标时，要遵循目标的SMART原则：S——明确性，M——可衡量性，A——可实现性，R——相关性，T——时限性。

（三）训练团队精英

训练团队精英的工作是团队建设中非常重要的一个环节。建立一支训练有素的销售队伍，能给团队带来很多益处：提升个人能力、提高整体素质、改进服务质量、稳定销售业绩等。一个没有精英的团队，犹如无本之木，一个未经训练的队伍，犹如散兵游勇，难以维持长久的繁荣。训练团队精英的重点在于：

一是建立学习型组织：让每一个人认识学习的重要性，尽力为他们创造学习机会，提供学习场地，表扬学习进步快的人，并通过一对一沟通、讨论会、培训课、共同工作等方式营造学习氛围，使团队成员在学习与复制中成为精英。

二是搭建成长平台：团队精英的产生和成长与他们所在的平台有直接关系，一个好的平台，能够营造良好的成长环境，提供更多锻炼和施展才华的机会。

（四）培育团队精神

团队精神是指团队的成员为了实现团队的利益和目标而相互协作、尽心尽力的意愿和作风，包括团队的凝聚力、合作意识和士气。团队精神强调的是团队成员的紧密合作。要培育这种精神，首先领导人要以身作则，做一个具有极强团队精神的楷模；其次，在团队培训中要加强团队精神的理念教育，最重要的是，要将这种理念落实到团队工作的实践中去。一个没有团队精神的人难以成为真正的领导人，一个没有团队精神的队伍是经不起考验的队伍，团队精神是优秀团队的灵魂、成功团队的特质。

（五）做好团队激励

人是需要激励的，所以团队要采用各种激励手段来调动团队成员的积极性和创造性。在一个团队中最重要的是领导者必须懂得如何激发团队成员，以促使整个团队呈现出最佳状态，这是团队管理能否取得卓著成效的根本措施。团队领导的任务就是找出激励员工的因素有哪些。员工是为了自己的需要和目的而工作的，并非任由领导予取予求。

1.让团队的每一个成员忙碌起来

首先，在团队用人方面，你要信任某个人，就要不停地给他压担子，让他忙碌起来。即使他是你团队中一个最底层的员工，他在内心里也会因为忙碌起来而衷心地感谢你，因为你信任他。不仅如此，繁忙的工作常常会使人感到更快乐一些。在这种情况下，给你的下属更多的工作，让他们有机会发挥自己的才能，这也能治疗种种烦恼、沮丧以及不满，让你的团队环境更“好”起来。

人可能天生就需要忙碌一些。我们一天到晚忙于工作，自然是辛苦一些，但会发现，工作给我们带来了更多的喜悦和快乐，是工作使我们变得更充实，使我们的人生更有意义。不管是忙于工作，还是忙于其他感兴趣的事情，人总要有事情做。因为他有精力，这些精力总得有途径发泄出去，如果没有正经的事情做，他就不会找到人生的意义。

2.使团队有无穷的活力

著名企业家、管理大师艾柯卡曾经说过：“一个经理人能够有效地激励他人，便是很大的成绩，要使一个组织有活力、有生气，激励就是一切。你也许可以干两个人的活，可你成为不了两个人，你必须全力以赴，去激励另一个人，也让他激励手下的人。”

艾柯卡的这段话的确道出了管理工作的本质所在。一个人可以取得一些局部的小的胜利，但要取得最后的全局的胜利，这绝对不是一个人单枪匹马所能完成的。所以，懂得怎样用有效的态度和悦人心意的方法去激励团队中的每一位成员，这是十分重要的。那么，作为一个团队领导，怎样使你团队中的成员具有你所需要的活力呢？下面这些方法能够使你达到激励成员的目的：

第一，充分肯定团队成员的出色工作。如果你的团队成员工作完成得非常出色，而身为管理者的你却从来不去注意，他们很快就会觉得实在没有必要如此卖力地工作，毕竟这项工作完成得一般还是出色与他们的关系并不是十分密切，于是团队成员的工作质量就会慢慢下降。更重要的是，你的团队成员会认为是你将他们的工作成果全部据为己有，你成了一个“摘桃子”者。这时，你的团队成员心里会想，你始终不提我们工作出色，又怎么可能会向上级反映我们的成绩呢？总之，你作为一个团队的管理者，有必要也有义务让你的团队成员知道你是一名有劳必酬的管理者。这是一种最好的激励方法。

第二，让团队成员承担富有挑战性的工作。我们每一个人都喜欢表现自我、超越自我，都希望在原来的基础上取得新的成就，更上一层楼。那么，你的团队成员也一样。对他们来说，从你那里接受挑战性的工作可以使他们非常清楚地意识到自己肩上担子的分量。正是接受挑战性工作本身的这种紧迫感和责任感，促使他们的工作得以成功。工作中的挑战性是非常重要的，它能够激发一个人的工作热情，激励团队成员在今后的工作中更加勤奋努力，从而树立起坚定的自信心。这一点无论对团队中的老成员，还是新来的员工，都是如此。

第三，恢复团队成员的自信心。美国哈佛大学的劳伦斯教授一直将自己的研究工作专注于影响工作业绩的关键条件上。他指出，导致一个人工作业绩好坏的因素主要来自以下方面：工作的满意程度、自信。那么，你的团队成员怎样才能在团队工作中树立起自信心呢？世界著名心理学家艾里克森的解释是，一个人的自信心最终的形成与确定需要两个条件：首先要有一个紧迫的环境；其次要有一个“化险为夷”、度过“危机”的结果。换句话说，一个人自信心的获得是在一次又一次度过危机的过程中实现的。他同时指出，一个人自信心的提高，会使其对自我的把握能力加大，这种自我把握能力是一个人对自己准确评估与预见的能力，它会在人的内心产生一种能动的力量，促使个人向更好的方向发展。

第四，在工作中多褒少贬。一个出色的、精明的团队管理者，不会在一些小事上对自己的团队成员“横挑鼻子竖挑眼”，打击他们的自信心，而是采取一种宽容豁达的态度，让团队成员在犯了错误、做了错事之后尽快地改正自己的错误，给予他们时间去争取下一步的胜利。

第五，不要非难你的团队成员。在团队管理工作中，对于团队成员的失败，假如你熟视无睹，就有可能使团队成员缺少警惕性，很可能还会重蹈覆辙。为了你的团队成员不被同一块石头绊倒两次甚至多次，你一定要深究失败的原因，促使他们自己进行深刻的反省，但是不能去非难他们。因为“非难”带有明显的攻击意味，而攻击团队成员的失败，在结果上只能使他们产生一种逆反心理，使得批评的效果大打折扣。正确地运用批评的方法也是一种激励手段，团队中的成员也不会因此而怀恨在心。

第六，让你的团队成员有归属感。从管理者和团队的角度来看，一个有着主人翁意识的成员，一定是深爱着自己的工作、自己的团队，对组织有着巨大的献身精神的人。而从成员本身的角度来看，主人翁意识意味着他们有权对自己的工作以及与之有关的其他事情做主。

3.在良性竞争中实现激励

竞争引导进步，竞争带来活力，但竞争带来的产物并不全是这些，竞争会带来压力、挫败、恐惧等负面情绪，尤其是当竞争不公时，它的弊端更是致命的。无序、恶性的竞争状态绝不会带来活力、绩效，它激起的是怨恨、仇视、报复等不良心理。作为现代的大学生应该在学校里了解竞争，了解良性竞争。

4.建立一个高效的激励系统

一个高效的激励系统会为管理人员省下大量的时间。你再也用不着为员工低效率的工作而担心，也用不着费神向他们解释何谓主人翁精神。因为每个人心中都有一面明镜，成绩是铁的事实，耕耘必有收获。一个有效的激励系统的建立大致分为以下步骤：

（1）制定高的工作绩效标准。平庸的人所定的标准是很难产生卓越的成就的，低标准往往会滋生出自我满足的不良倾向；高标准也并不意味着高不可攀，主要是要让所有的员工明白自己目前的工作还有上升的空间。

（2）建立起准确、可行的工作绩效评价系统。工作绩效的评价必须遵循工作规范与工作成果的评价标准。标准的制定一定要符合实际，依据工作目标，对员工进行考核，同时这种标准一定是针对团队而非特意为某个人订立的。当工作策略有变化时，注意要重新检查、核对绩效评价标准。而且，只要有必要，就必须一一再做检查、核对。

（3）训练对工作绩效的评价技巧以及与各级管理者上情下达的沟通艺术。绩效评价的效果是如何直接与员工的薪金、报酬挂钩的，这是个非常敏感的问题，所以你必须注意这方面的艺术与技巧。管理者的最终目标在于激励，而非激怒，所以绩效评价也应该是往积极的方向努力。对于优秀的工作绩效，除了对员工进行赞美、褒奖之外，更关键的是让他明白组织对他的重视与珍惜，从而使他产生一种神圣的使命感。对于不良的工作绩效，必须给予批评，但应该是善意的、建设性的，是就工作而言的，而非人身攻击的。

（4）制定一个范围较宽的提高工作绩效的指标，这会使激励系统更具有可行性。这些指标将会使所有的人立刻意识到存在的不足与改进的方向，学会自我绩效的管理。

（5）将奖励与工作绩效紧密相连。管理者要使员工们深切体会到二者关系的密切。对员工绩效的评价最终都应在奖励上找到对应的坐标，哪怕奖励是微不足道的，也要始终坚持。因为这样做，会使员工们认识到确实有一些目标值得自己去努力一番。

五、团队的特征

（一）优秀的组织领导

组织领导一般应具有以下素养：

1.品德高

一个优秀的人才拥有良好的品德，可以让组织成员众望所归，可以成为组织的精神领袖，可以带领大家克服困难，迎来一个又一个成功。

2.能力强

要想保证组织团队的同心同德，让大家心平气和地工作在一个有效的平台上，这个企业或者组织优选出来的团队负责人，一定要具备某一专长，也就是要有突出的能力，突出的能力必然带来突出的业绩。只有在能力、业绩上，而不是在学历上超越属下，大家才能心服口服，才能避免出现内讧或者内耗，让下属安心地工作。这个负责人也许是技术型的，也可能是管理型的，甚至有可能是从基层发展起来的实干型的。

3.多领导，少管理

作为一个团队领导，如果仅仅依靠组织授予的职权去管理下属，这是治标不治本的。组织授权是团队建设与管理的基础，但通过“领导”的方式，也就是通过个人内在涵养的提升，展现自己的严于律己、率先垂范等人格魅力，才能摈弃由组织授权而采取“高压管理”带来的缺乏人性化的弊端。

（二）共同的事业愿景

共同的事业愿景是指团队成员所共同持有的意象和景象，是企业所追寻的目标。建立共同的事业愿景是凝聚团队成员最有力的措施。

为了达成企业的愿景或者使命，团队成员都要有各自的组织分工，要明晰自己承担的责任。只有明确了各自的职责，大家齐心协力，才能更好地达成组织的长远规划。

（三）清晰的团队目标

清晰的团队目标包括的要素有：制定组织的经营目标；组织成员个人的利益

目标。

（四）互补的成员类型

互补的成员类型包括以下两点：

1.团队成员的个性互补

团队成员的个性互补就像这个世界有男有女，方为和谐一样。一个组织的成员个性类型，一定是互补型的。性格都较强，会让团队成为“争吵”的平台；性格都较弱，则会让团队成为“绵羊”，而缺乏活力或者柔性。因此，团队成员的性格类型应该是强、弱互补的。

2.能力互补

战国时期平原君赵胜为何能够顺利解除“邯郸之围”？这跟其所养的拥有各类能力的“门客”有关。

（五）合理的激励考核

合理的激励考核包括以下方面：

1.建立合理而有挑战性的薪酬考核体系

在具备竞争力的前提下，按贡献大小予以合理分配，只有建立一套公平、公正、公开的薪酬体系，大家才能在同一套制度下，施展才华，建功立业。

2.团队组织建立阶段，要多奖励，少惩治

奖励是激扬人性，惩治是压抑个性，因此为了避免大家离心离德，甚至分崩离析，就必须多采取正面激励。

六、团队的矛盾管理

团队工作不同于一般的工作主要在于它是一个管理矛盾的过程。回顾一下团队工作过程中的矛盾，管理者必须理解、接受，并尽可能地平衡这些矛盾。

（一）容纳个人的不同与达到集体的一致和目标

第一个矛盾是需要包容个体的不同与达到集体的一致和目标。团队为了从多样性中获益，它必须具有允许不同声音——观点、风格、优先权——表达的过程。这些不同的声音实际上带来了开放，这就不可避免地产生冲突，甚至有团队成员间的竞争。过多的冲突和竞争会导致一个“胜负”的问题，而不是找到合作解决问题的方法。解决这个矛盾就是要集合个体的不同，激励他们追求团队的共同目标。有效的团队允许个体的自由和不同，但是所有团队成员必须遵守适当的下级目标或团队日程安排。

（二）鼓励团队成员间的支持和对抗

第二个矛盾是鼓励团队成员间的支持和对抗。如果要使团队成员的多样性得到承认，不同的观点被鼓励，团队就需要发展一种成员之间互相激励和支持的文化。在这种文化环境下，团队成员间有一种内聚性。他们对其他人的想法真正感兴趣，他们想听到并且区分谈论的内容。他们愿意接受其他具有专长、信息或经验的与当前的任务或决策相关人员的领导与影响。但是，如果团队成员间太注重互相支持，他们会停止互相对抗。在内聚力非常强的团队中，当出现不同意见时，保护和谐与友好关系的强硬的规范会发展成为“整体思想”。成员将会抑制他们个人的想法和感受，不会再互相批评对方的决策和行动，这时需要付出相当大的个人成本。团队决策时将不会出现不同意见，因为没有一个人想制造冲突。如果持续出现这种情况，团队成员很可能产生压抑的挫折感，他们将只是“走自己的路”，而不是真正解决问题。有效的团队要想办法允许冲突，而又不至于因此受损。

（三）兼顾业绩、学习和发展

第三个矛盾是兼顾当前的业绩、学习和发展。管理者不得不在“正确的决策”和未来的经验积累的支出之间选择。犯错误应该认为是付出的学习成本，而不是作为惩罚的原因，这将鼓励发展和革新。

（四）在管理者权威和团队成员的判断力与自治之间取得平衡

第四个矛盾是在管理者权威和团队成员的判断力与自治之间取得微妙的平衡。管理者不能推脱团队业绩最终的责任，授权并不意味着放弃控制。给团队成员更多的自治，让他们遵守共同的日程就显得十分重要。有效的团队是灵活的，它们可以在管理者权威和最适合的团队解决方案之间取得平衡。实际上，在功能完善的团队中，成员之间互相高度信任，管理者在做出某些决定时不必讨论也不必解释。相反，在无效的团队中，缺乏信任感，管理者做出任何决定，团队成员都会提出疑问。

（五）维护关系三角

第五个矛盾是如何维护关系三角。对管理者来说，由于他们具有正式的权威，因此他们理解这一点非常重要。团队管理者的作用是管理关系三角，即管理者、个体、团队，三者处于等边三角形的三个顶点。管理者必须关心三方面的关系：他们和每一个团队成员个体的关系；他们和作为整体的团队的关系；每一个团队成员个体和团队整体的关系。任何一方面的关系都受其他两方面关系的影响。当管理者不能很好地管理这个关系三角使其平衡时，团队成员间的不信任和不良影响将呈螺旋式向下蔓延。

（六）团队管理的挑战

第六个矛盾是团队管理的挑战。由于团队的复杂性，很多团队常常不能充分发挥其潜能。有效的团队不是自然形成的，管理者必须提前把团队成员团结在一起。很多管理者逐渐明白如果他们在管理团队过程中与团队成员分担责任和权威——从管理团队边界到管理团队本身，团队会更有效。如果所有团队成员齐心协力，将取得有效的团队业绩。授权是管理者面对竞争现实可以依赖的工具。一位优秀的团队管理者发现：“我最终认识到我的责任包括把优秀的人员集合起来，创造良好的环境，然后制订出解决问题的方案。”当然，在事情进展过程中，这个责任说起来容易，做起来难。

任务八　如何进行创业企业员工管理

一、创业企业的基本特点

（一）经济实力弱

创业企业处在刚刚发展的阶段，大部分的资金往往都投入生产，且短期内获得的利润较少，所以企业的整体经济实力较弱，这就决定了创业企业往往很难通过为员工提供高水平的薪酬和福利来激励员工。

（二）发展潜力大

虽然创业企业在短时间内很难在同行业中取得较强的竞争地位，但是它具有较强的发展潜力，能够在未来较长的时期内实现较高的战略目标。因此，创业企业较大的发展潜力也可以成为激励员工的一个重要因素，前提是员工认为自己能够从企业未来的成功中获得自己的收益。

（三）组织管理不健全

创业企业往往还没有形成正式稳定的组织结构和完善的管理制度，企业的创建者多是技术人员或企业主，奉行技术导向或市场导向，把全部精力集中在生产、研发或者开拓市场上，没有精力抓管理或其他工作，对企业内部活动的控制，也是主要依靠创业者的亲自监督或亲自动手，老板与员工之间的意见交流极为频繁，而且多采用非正式的方式，导致团队中人际协作不完善、凝聚力较弱等。

二、创业企业员工管理的重要性

员工是企业发展的根本保证。企业在发展和不断改革的过程中，是否有一个良好的员工队伍是企业能否提高管理效率的关键。如果一个企业有的仅仅是优秀的产品、技术或创新方法，而没有优秀的员工来实施，那么要实现企业的可持续发展是不可能的。在当今的经济发展与企业竞争中，人才的培养、开发和利用已不仅成为经济增长的决定性因素，而且直接构成企业核心竞争力的关键所在。

在创业阶段，企业对人才的需求更为迫切，员工的能力与素质是企业度过初创期这一艰难阶段并使企业步入成长期的关键因素。在创业成功的企业中，员工通常具有这样的特征：员工有共同的创业理想和目标；员工之间能力优势互补，能够为决策提供支持，员工彼此熟悉、配合默契；员工内部有具有长远眼光和领导能力的核心人物。在创业过程中，员工队伍的组建、协调、管理是创业者的重要任务。在创业阶段，对人才的需求与大公司相比，要求更高、能力更强、责任感更强、积极性更高、沟通能力更强。因此，对创业企业员工的管理直接影响着企业的发展。

三、创业企业员工管理存在的主要问题

创业企业的管理者常会由于企业资金不足而忽视对员工的管理，员工管理意识淡薄，在员工管理的各个环节，如员工的招聘、薪酬、培训等方面皆存在不少问题。

首先，在员工的招聘管理上，招聘把关不严。招聘作为员工全程管理的第一站，是员工进入企业的“过滤器”，“过滤”效果的好坏直接影响后续阶段管理的难度。但在员工招聘过程中，易出现以下问题：第一，招聘门槛过低，对求职者的资质、工作能力考察不够细致，录用标准偏低，或者滥用试用期，通常员工在试用期内工资偏低，企业在试用期结束之后不与其签订正式劳动合同，再不断地去招聘，以此节省资金成本。殊不知这大大增加了招聘成本，要经常为同一个职位重复招人，不利于员工的成长，难以形成企业凝聚力。第二，招聘时倾向于录用那些经验丰富的求职者，而常忽视对求职者忠诚度、价值观的测评与考察。招聘时除了看求职者的工作关联技能外，对求职者的个人品质、价值观、与企业价值观的差异等因素关注不够。第三，创业企业为了能尽快招聘到高质量的人才，常常会在与求职者的沟通中夸大企业的业绩

和发展前景，并给求职者过高的承诺，如薪水、住房、培训等。而一旦企业的发展没有达到预期的结果，必然无法承兑当初的诺言，埋下失信的隐患，导致员工忠诚度降低，从而出现人员流失的情况。

其次，在员工的薪酬管理上，没有形成一个健全的制度。创业企业的员工薪酬管理相对来说比较混乱、制度不全，没有统一的薪酬标准。同时，薪酬缺乏市场竞争力，创业企业由于资金比较紧张，员工的薪酬标准普遍偏低。薪酬福利是员工满足基本生活需要的物质保障，如果连员工的温饱都不能解决，基本福利都不能保障，就难以让员工相信企业有美好的前景，从而愿意为企业尽心尽力工作，更谈不上让员工与企业共患难、同成长了。纵观我国的创业企业，之所以人员流动频繁、人才流失严重，与企业在工资、福利制度方面存在的问题不无关系。

最后，在员工的培训管理上，缺乏培训机制。由于创业企业的注意力都集中在业务增长上，忽视了对人才的培养和人才的成长，长此以往，必然导致许多创业企业在进入高速成长期后，员工的素质难以适应企业新的发展。在对人才的培养上，忽视员工的职业发展规划，难以营造较好的人力资源使用环境。就创业企业而言，人力资源管理人员能力有限，资金紧缺，因此不太重视这一投入不菲而见效周期长的员工职业发展规划管理。事实上，员工职业发展作为内在报酬，和外在报酬一样不可或缺，同样属于全面报酬体系的重要组成部分，并且已经成为职场选择的考察重点。相当一部分人换工作并非单纯因为薪水低，而是因为企业没有关注他们个人的职业发展。可见，创业企业更要重视员工的职业发展规划，以感情赢得信任，留住员工的心。

四、创业企业员工管理的几点对策

（一）加强企业的人才队伍建设

人才是企业源源不断的发展动力，企业能否引进优秀人才、培养开发人才、留住有用人才，不仅关系到企业在激烈的市场竞争中能否站稳脚跟，更关系到企业是否具备强劲的发展后劲。创业企业要关注员工队伍的建设，做好员工的规划、招聘、培训和职业生涯规划的工作。

1. 做好人力资源规划

多数中小企业由于受人力、财力、技术等多方面因素的限制，在创业之初往往没有制定企业战略规划，而人力资源规划是人力资源管理的关键环节，是为企业整体战略服务的，因此企业管理者应认真考虑企业的发展目标，制定企业战略规划，以此为依据来制订与之相匹配的人力资源规划方案。人力资源规划分为长期计划、中期计划和短期计划。一般来说，5年以上是长期计划，2~5年是中期计划，当年计划是短期计划。处在创业初期的中小企业人力资源规划应该侧重于中期计划和短期计划。做好人力资源规划，就要明确企业的业务范围、业务规模的定位，确定企业需要设立的机构或部门，要配备人员的数量和质量要求，招聘的途径、方法及相关的费用预算，员工的激励方案、工作分配、利益分配等一系列问题。通过人力资源规划有计划地进行各方面的准备工作，从企业发展全局来把握这些问题。

2. 做好员工的招聘工作

招聘是企业员工管理的第一个环节，招聘的质量直接影响到企业人力资源的质量。招聘要预先制订招聘计划，有目的地进行人才的吸纳。创业初期中小企业应该注意尽量避免家族人员介入公司管理，员工最好由社会招聘而来。这样员工大多具有专业知识和岗位技能，可以很快满足企业需要并能在最短的时间内发挥作用。然而，对创业企业而言，受创业阶段资源有限、经营时间短的限制，企业的社会知名度低，对求职人员的吸引力比较低，招聘渠道也很有限，影响招聘信息的传播，尤其是企业所需要的高级人才的招聘信息。对于一般员工，网络招聘、校园招聘都是很适合的招聘渠道，关键是要将企业的独特性和发展优势展现出来吸引求职人员；对于重要岗位，如高新技术企业中的技术领头人、研发人员，则需要采用更有针对性的招聘方式。在面试环节，人力资源部门应严格执行招聘程序，要根据岗位说明书的要求，对应聘人员进行细致全面的考察和了解，如人品、工作能力、经验、发展潜力以及个人的价值观，尽可能保证员工的工作能力与工作岗位相匹配，能力过高或过低都不可，寻找合适的人才是上策。总之，对创业企业的招聘工作要切实准确地把好关，确保招进来的人员都是适合企业发展需要的合格人员，既要杜绝“低标录用”造成所招人员不符合岗位要求，也要防止“一味求高”，若所招人员的能力过高，与岗位不匹配，也会直接导致新进员工的流失，因此选择合适的员工是创业企业走向成功的起点。通常情况下，所招聘的人员要符合以下条件：认同企业价值观念，关注企业长远发展；有一定业务技能或知识，对自己所要承担的岗位有比较清晰的认识；有自信心、责任心，有个人发展目标。

3.重视员工的培训

要保证员工与企业同步成长，保证每个岗位都有能胜任的人员，就要求企业管理者建立良好的人才培养机制。创业之初的中小企业要根据自己的发展目标制订短期、中期和长期的人才计划，要充分预计企业发展的每个阶段可能需要的人才数量和质量要求，及早进行人才储备。选定合适人选后，要在各岗位进行锻炼，真正使员工做到熟悉岗位要求和技能，并有针对性地培养他们处理各项事务的能力，这样到了企业需要人才的时候，就不会出现人到用时方恨少的情况了。

创业之初的中小企业要重视培训的作用，培训是企业提高员工素质和业务技能的一种有效途径，具有很好的激励效应，能够调动员工的工作热情和积极性，能够增强员工对企业的认同感，提高员工对企业的忠诚度，从而建立一支稳定的、积极向上的团队。处于创业阶段的企业往往没有健全的培训体系，而且企业也不愿花大量的成本用于员工培训。在这种情况下，就比较适合采用教练式的培训方法。该方法就是企业中有经验的主管人员在日常工作中对新员工进行培训、指导、激励，使新员工通过日常工作实践，潜移默化地接受公司的文化、工作方法。教练式培训方法的好处在于培训效果直接、效率高、成本低，但也会因为培训者自身的理解差异，造成工作随意性比较大的问题。随着企业规模的壮大，建立完善的培训体系还是非常有必要的。培训包括技术培训、业务培训、企业价值理念培训和职业道德培训等。要制订科学合理的培训方案，计划的制订要遵循长期、持续的原则，还要针对不同需要进行专题培训，特别要注重员工企业价值理念和职业道德培训。我们不仅要培养有技能、有经验的员工，更要培养具有远大目标、有与企业共同发展和共同进步意识的人才，这样的人才队伍才会在企业的发展过程中发挥强大的作用。

4.做好员工的职业发展规划

创业企业一般都没有建立有效的用人机制和通畅的员工晋升渠道，而凭经营者的意志和主观判断或个人喜好去任用和提拔员工，“任人唯亲”是常有的事。这样的用人机制会打击员工的工作积极性，冲淡员工的热情，阻碍企业顺利健康地发展。重视员工特别是关键员工的职业发展规划，使员工对企业的战略及企业愿景有较好的认识，能有效地调动员工的积极性和创造性，并能坚定其与企业同成长共进退的信心与决心，帮助企业顺利度过困难重重的初创期，稳步迈向发展之路。企业管理者应根据员工的表现，对员工的职业发展规划进行引导与恰当的安排，以帮助员工实现职业生涯的科学发展。员工职业发展规划安排的合理，不仅有利于员工队伍的稳定，更有利于企业人力资源的开发和配置。

创业企业可从三个方面做好员工的职业发展规划管理工作：第一，建立战略性人才储备机制。通过对员工的成绩、能力和行为的综合分析，为各个岗位特别是关键性岗位提供人才储备。其中，公司的内部资源是人才库很重要的组成部分，所以帮助员工规划职业生涯与企业人才储备库的建立有密切关系。第二，在公司职位有空缺时，优先考虑内部晋升。制定正规的晋升政策和晋升程序，让员工知道企业的职位空缺情况、晋升标准和晋升决策，一旦企业出现空缺职位，出现新的晋升机会，这些消息会被传达到每一个员工，这样合格的员工就可以通过内聘得以晋升。晋升成为一种与工作绩效紧密相连的奖励。第三，采用轮岗换岗等其他职业发展方式。打破企业内部的人才流动壁垒，当员工对现有的工作不满意，或者觉得现有岗位不能充分发挥其个人才能时，可根据员工自身的特长和公司的需求，通过轮岗换岗等方式来帮助员工更好地找准自己的定位。

（二）构建员工的多元激励体系

从创业企业的基本特点出发，可以从多个角度和层次构建员工的激励机制，既要满足不同类型员工的需求，又能使激励措施之间互补和相互支持，从而发挥最大功效。

1.构建企业的共同愿景

共同愿景是组织中全体成员的共同前景，指引着企业前进的方向。创业企业短时期内的发展处于落后地位，应着眼于未来，因此构建企业未来的愿景十分重要。首先，创业企业要立足于现状，分析企业所拥有的资源，制订切实可行的、具有战略高度的发展规划，并用其来指导企业的生产和运营。其次，创业企业要通过一定的方式将愿景准确地表述出来，使所有的员工对其有全面、深刻的认识和体会，使其深入人心。最后，创业企业要采取积极的措施和行为，使员工增强对组织未来发展的信心，进而愿意牺牲自身短期的利益，促进共同愿景的实现。总的来说，一个美好且可行的共同愿景能够为创业企业带来强大的凝聚力和感召力，增强员工的组织承诺度，使其为了企业未来目标的实现而“不待扬鞭自奋蹄”，从而达到显著的激励效果。

2.完善薪酬管理制度

薪酬制度是企业对员工进行物质激励的一项主要内容，关系到员工积极性的发挥和企业生产效率的提高。虽然现在员工的需求越来越呈现多样化和个性化，但是薪酬待遇在员工选择企业时仍然起着举足轻重的作用。从创业企业的特点可以看出，限于企业发展的不确定性、资源的有限性，企业开出的薪酬不具备竞争力，很难为员工提供水平很高的薪酬和福利待遇，这样就很难吸引人才、留住人才，甚至还可能导致员工对企业的不满，使企业管理困难重重，运转缺乏效率。因此，对创业企业而言，薪酬制度的确立尤为关键，要建立起对员工具有激励作用的薪酬管理模式。

第一，明确岗位体系。岗位体系的确立对于薪酬管理尤为重要。通过岗位体系能够比较清晰地了解企业中各个岗位的重要性程度和相对价值的大小。企业没有岗位体系或岗位体系不规范将会给薪酬管理体系的建立带来极大的困难。因此，企业首先要确定岗位体系，实现人与岗的对应。创业之初的中小企业可根据实际情况，有能力的企业开展工作分析和岗位评价来确定岗位体系，实力不足的企业可参考同行业相似度较高的、成熟的企业岗位体系，结合自己的实际来修订和完善，以确定自己的岗位体系。

第二，薪酬要能反映出个人能力的差异。通过对能力、工作内容、业绩、个人表现等方面进行综合评估，了解员工的个人绩效。将企业的薪酬体系与绩效考核挂钩，才能对员工起到更有效的激励作用。可以考虑从以下方面做起：企业在短期内为员工提供相对较低的薪酬水平，以确保有足够的资金来维持和发展生产；同时可以实行奖金制度，和员工的绩效挂钩，加强对员工的激励，但是奖金的额度要根据企业的实际经营状况进行控制，并及时进行调整。最关键的是，在薪酬管理方面要能够让员工和企业共担风险，共同分享企业未来的成功，如实行股票期权制度等。虽然员工短期内的薪酬水平相对不高，但是如果努力工作帮助企业实现战略目标，就能在较长的时期内获得较高的收入。

第三，控制谈判工资制员工的比例。对初创期的中小企业来说，由于薪酬体系还不完善，但为了吸引人才，可能很大一部分员工都采取谈判工资制，企业的薪酬还没形成一个体系。然而，随着企业规模的逐渐扩大，员工人数的增多，这种以谈判工资制为主的做法对员工薪酬的公平性是一个挑战，必须把尽可能多的员工的薪酬纳入企业统一的薪酬管理体系，逐渐降低谈判工资制员工的比例，以提高管理效率，降低管理成本。当然，引进特殊人才的待遇方案可另行规定。

除此之外，创业企业在进行薪酬设计时还有几点要特别注意：薪酬水平尽量不要低于当地同行业的平均水平，能略高最好；与薪酬相关的各项内容，如工资调整、奖金的发放等需要按照程序公平、公正、公开地进行；薪资要按时支付，尽量不拖欠或少拖欠；在具体的薪酬设计中，根据员工的不同需求，设计满足不同员工的薪酬方案。

综上所述，创业阶段的企业人力资源管理活动必须从该阶段的特点出发，设计和采用适合创业企业发展的人力资源管理方法和手段。

（三）营造以人为本、员工参与的企业文化氛围

创业企业的领导者需要把企业正确的经营、管理理念传达给企业员工，使他们认同并自觉发扬企业文化，这样才能使企业员工为实现目标而上下行为一致，传递正确的价值观念，保证企业上升态势不间断。企业文化的内容应有利于员工的工作，有利于员工能力的发挥和提高，并能促进企业生产率的提高。有了良好的企业文化，如何使其在企业中起到应有的作用，这就应该从企业文化的传播和实现上做起。管理者应

该注意到每一个人的作用，使人人都能够理解企业文化，从整体上实现其价值。

员工参与制度是知识经济时代对传统企业文化的一种发展，它充分肯定、尊重和发挥了员工的创造性。员工参与制度是企业文化建设的重要组成部分，而良好的企业文化又大大激励了员工参与管理的热情。企业要想提升市场生存能力，必须重视员工的参与，构建一个适宜的员工参与体系，充分发挥员工的热情和才能。

首先，可以推行人本管理模式。人本管理就是以人为本的管理。企业可创新员工的参与渠道，加强员工与管理者的有效沟通。管理者要通过与员工的情感交流，激发员工的积极性，消除消极情绪；员工根据企业的发展目标，实现自主管理，提高企业认同感；企业通过自身文化建设，增强企业凝聚力。另外，企业在员工结婚、生育、乔迁新居、取得成绩等关键时点给予必要的关怀和鼓励，可增强员工的归属感。

其次，营造员工参与氛围。创业企业通常规模较小，人员配置少，所以不能忽视每一个人对企业的影响力，要营造融洽的工作氛围，让每位员工在组织中得到应有的尊重，拥有良好的人际关系。第一，创业企业的领导和管理者要和员工进行充分的接触和沟通，多关心员工的工作和生活情况，不要只抓生产、抓质量、抓业务而忽视了员工的情感变化，应帮助其解决一些难题，增加员工对企业的好感和信任，使员工感觉到自己在组织中受到尊重和重视，从而使自己的行为和组织的目标趋于一致，更好地发挥工作积极性和创造性。管理者应广泛听取和了解员工建议，并予以科学合理的取舍，对于能够给管理活动带来改进的员工建议应该大胆采用。第二，员工参与管理还要求管理者切实授权，使员工参与到与他们工作紧密联系的管理工作中，增强自己对企业的责任感和工作动力，适当的分权能够更好地激发员工的自主性和创造性，提高工作效率。创业企业组织结构往往比较精简，员工数量不多，企业可以考虑赋予某些员工一定的权力，激励他们为企业更多地奉献，特别是那些业务能力强、在将来有可能成为企业骨干的员工，拥有一定的权力不仅可以激发其更好地完成工作，也是培养他们领导能力和管理能力的一个重要途径，保证企业在不断发展壮大的过程中对所需的后备管理人才的满足。然而，对分权的尺度要进行科学的把握，一方面要确保员工围绕着企业战略目标的实施行使权力，不能脱离企业的发展规划；另一方面，在赋予权力时要谨慎、公正，避免引起其他员工的不公平感和失落感，从而影响整个企业的凝聚力。

情境案例5-7

老板的困惑

创业企业在发展中必须从战略的高度认识企业人力资源管理的意义，要营造良好的企业文化氛围，建立健全员工参与体系，配套完善的人才队伍建设，通过制度间的良性互动形成合力，共同推动企业战略目标的实现。

任务九　如何制定创业企业品牌营销策略

当今社会是一个开放的社会，是一个经济全球化的社会，市场竞争越来越激烈，产品同质化现象也日益严重。在这种社会背景下，创业企业的生存和发展面临巨大的挑战和压力。但与此同时，现代经济和科学技术的快速发展也给创业企业的发展带来了一定的机遇。比如，多种多样的媒体传播方式和渠道可以快速提高创业企业的知名度，使创业企业跻身到全国甚至世界的企业之林中参与竞争，并获得长足发展。然而，不管创业企业所面临的是挑战还是机遇，都向创业企业提出了一个共同的要求，即树立品牌意识，重视品牌营销。

品牌营销是指企业针对消费者的品牌需求，通过产品品牌的创建、运用和维护，创造品牌价值，最终实现品牌效益的营销战略和过程。品牌的实质是一种重要的无形资产，能使企业产品增值，能给企业带来长期效益和竞争力。随着人们生活水平的提高和购买力的增强，很多人在购物时，价格已不再是他们的首要考虑因素，他们往往更强调一种感觉、一种精神、一种向往，而这正是品牌所能够赋予的。创业企业在成立之初就应该高度重视品牌价值，设计好品牌营销战略，培养和提高消费者对企业及其产品品牌的忠诚度。

一、认识品牌的重要性，树立品牌意识

（一）品牌的重要性

1.品牌可以成为企业的核心竞争力

品牌是产品差异化的内外部表现，是消费者对产品质量和服务进行识别的重要途径。消费者通过对产品的使用，围绕产品质量、服务形成对其品牌的认识，从而形成存储记忆，成为其未来消费选择的重要依据。随着市场经济的发展，产品差别也将逐步缩小，品牌在消费者消费选择中的作用越来越大，已经形成由产品竞争向品牌竞争的趋势。品牌已经成为企业的无形资产，通过拥有品牌这笔无形资产，企业可以达到利润最大化，获取高额“附加值”。虽然企业品牌是以质量取胜，但是其通常附有文化、情感内涵，所以品牌给产品增加了附加值，形成了产品的差异化。

2.品牌可以培养消费者的忠诚度

企业不仅可以通过营销手段销售产品，还可以通过创立品牌培养客户对产品的好感，从而提高消费者的忠诚度。实践证明，一定群体的消费者会对一定品牌的产品具有特殊的偏好，即品牌信任，品牌信任可以决定客户的消费选择。因此，创业企业通过把握客户对企业品牌的喜好程度，建立良好的企业品牌形象，提升客户对企业品牌的信任感和偏好，最终培养出客户对该品牌的忠诚度。

3.打造强势品牌是占有和保持市场份额的重要手段

创业企业树立具有良好声誉的独立品牌形象，在消费者心中形成该产品区别于其他产品的重要内容，提高产品的差异化，有助于企业占有和保持更大的市场份额并实现利润最大化，获取高额“附加值”。绝大多数创业企业的目标不是短期获利，而是在以后发展壮大，销售稳定，占有一定的市场地位。在这种情况下，品牌建设是创业企业发展的自身需要。竞争是残酷的，很多挣扎在市场底层的企业，通常都是在企业发展中遇到品牌发展问题时才明白，原来企业从创立之初就应该做品牌。创业企业在发展初期，就应该具备品牌意识、品牌经营理念，并设定远期品牌目标。只有这样，企业才会获得更好的机会发展壮大。即使在企业面临困难时，也需要不断创新，坚持正确的品牌运作方式，为品牌注入全新的内涵和活力，因此对中国众多的创业企业来说，品牌建设不容忽视。

（二）树立强烈的品牌意识

创业企业处于刚刚创建和起步的阶段，一般规模较小，实战管理经验较少，品牌意识也较为淡漠，很多创业者的经营观念大多停留在产品观念上，忽视品牌的创建和品牌营销。很多创业者认为做品牌是个漫长的过程，应该在企业强大之后再做，创业之初应首抓产品和促销，尽快获得效益，甚至有的创业者会过分依赖他人的品牌，而不是创建自身企业和产品的品牌价值，因此无法获得长期的竞争力和丰厚的利润。这种创业方式在当今这个消费者高度重视品牌的社会中是不会获得长足发展的。创业企业最重要的立足和发展之路就是进行品牌营销，这就要求企业的经营者必须树立强烈的品牌意识，要充分认识到，品牌不仅是用以识别某个企业产品或服务并使之与竞争对手的产品或服务区别开来的商品名称及标志，更是能给拥有者产生增值和长期竞争力的一种无形的资产。因此，拥有良好的品牌就是拥有市场，就是拥有现在和未来，就可以获得巨大的品牌效益。

树立强烈的品牌意识要从思想层面、组织层面和操作层面来全面落实。首先，在思想层面上，创业企业的经营者必须树立较强的品牌意识，认真对待企业的品牌营销战略，引导企业所有员工形成强烈的品牌观念。其次，在组织层面上，创业企业的经营者需要将品牌营销战略渗透到各个部门的建设中，为企业建立自有品牌做必要的准备，如设立相应的机构并配备相关的人员。为此，创业企业在组织机构设置中要从有利于创立品牌的角度出发，如在市场调研、技术开发、人力资源等方面增加力量，并赋予质量管理机构和售后服务机构更大的权力，以保证企业品牌营销战略的顺利实施。最后，在操作层面上，要引导企业员工认识到品牌创建的重要性并要求员工真切地参与到建设品牌的活动中，从而最终形成全面的品牌营销战略。

二、创业企业进行品牌营销的具体战略

（一）做好市场调研，选择有利的细分市场

创业企业与发展成熟的企业相比，一般都会存在资金有限、资源匮乏、管理水平相对较低等问题，因此必须将有限的资源运用在关键的地方，才能充分显现资源运用效率，提高企业的获利能力和竞争能力。所以，创业企业在品牌建立之初不能盲目地面向大众市场，应首先进行充分的市场调研和科学的市场细分，降低企业品牌营销的风险系数，提高企业建立品牌的成功率。

市场调研是创业企业建立品牌、进行品牌营销不可忽略的重要程序。进行充分的市场调研活动可以全面了解市场状况和消费者需求，从而可以有针对性地对企业及其产品进行品牌设计。在市场调研的基础上还要进行科学的市场细分，从中选择与企业产品特性最契合的细分市场作为目标市场来经营。虽然这种细分市场规模相对较小，但是竞争对手也相对较少，特别是尚未出现强势品牌或者竞争尚未达到白热化程度，且市场容量可以满足企业正常经营的需要。这样，创业企业从品牌营销的基础开始就避开了强手如林、竞争激烈的大众化市场，从而在一个或几个细分市场中赢得相对的竞争优势。

（二）做好准确的品牌定位

品牌定位是指把品牌自身的优势特征与目标消费者的心理需求相统一的过程，同

时通过在目标消费者心目中确立与众不同的差异化竞争优势和位置，从而锁定目标消费者。精准的品牌定位是企业品牌经营和发展的保障，如果企业缺乏正确的品牌定位意识，找不准企业的市场目标，就无法长久地拥有竞争优势，最终无法获得持久的经营与发展。

随着消费者需求越来越趋于个性化，品牌必须具有独特的差异性优势和鲜明的个性才能与竞争品牌有质的区别，因此创业企业可以对品牌定位实行差异化的策略，这种策略可以将企业不断地向稳定快速发展的方向推进。差异化的品牌定位策略包括三个主要步骤：首先要进行行业环境分析，即从分析市场上的竞争者开始，弄清它们在消费者心中的大概位置以及它们的优势和劣势。其次要寻找区隔概念，即在分析行业环境之后，要寻找一个概念，使自己与竞争对手区别开来。比如，王老吉在众多的功能饮料中定位于“预防上火”，使自己与竞争者区别开来。最后要寻找支持点，让消费者认为产品的区隔概念是真实可信的。再以王老吉为例，它能预防上火的区隔概念的支持点是它已经有上百年做凉茶的历史。品牌定位的最高境界应该是品牌的利益点和支持点巧妙地结合在一起，并以单一信息传播的方式传递给消费者。利益点在某些方面满足了消费者未被满足的需求，而支持点则告诉消费者，该产品为消费者提供的利益点是可信的，从而打消消费者对品牌的疑虑，促进产品销售，提升品牌竞争力。

（三）实施科学的品牌传播与推广

品牌定位确定之后就要进行全方位、多角度的品牌传播与推广，使品牌定位植入消费者的大脑，尽快产生品牌效益。品牌传播与推广没有一成不变的模式，创业企业应该结合自身情况制定相应的传播与推广策略，但是必须遵循以下原则：

1.短期效益与长期效益相结合的原则

创业企业通过品牌推广，希望快速实现品牌价值，这是一种短期效益，但创业企业一定要将品牌的长远利益考虑在这种短期的推广进程中，一定要考虑到企业品牌忠诚度的建立和品牌形象的维护，不断在每个环节中积累品牌价值。品牌的建立和提升是一项长期的系统工程，需要长久的、持续的投入与维护，才能不断提升企业的品牌形象，获得长期效益。

2.科学选择传播媒体的原则

科学选择传播媒体能够收到事半功倍的效果，要正确选择传播媒体必须综合考虑以下因素：产品特性与品牌定位；产品销售区域；目标消费者的媒体习性；媒体的影响力；品牌传播与推广的费用预算等。选择合适的媒体并制定正确的沟通策略是品牌传播与推广的重要原则。

3.采用一个目标、集中推广的原则

大多数创业企业在资源方面是有限的，要想形成竞争优势，创业企业就需要采用各种传播形式集中企业的资源，进行合理规划与聚焦，在某一区域市场集中推广，而不是到处散花，切忌将有限的资源“撒胡椒面”似的盲目乱投。

4.多种手段综合运用、强调文化因素的原则

品牌传播与推广要科学布局，运用广告、公关赞助、市场生动化、关系营销、网络营销和销售促进等多种手段。单一的广告宣传往往只能提高品牌知名度，难以形成品牌美誉度，更难积淀出品牌文化。在品牌传播与推广的过程中应该强调文化因素。

重要的是，品牌推广要拉近品牌与客户的距离，在短期内最大化地获得客户的好感和认同，文化因素可以很好地衔接品牌和客户之间的关系。创业企业充分利用文化因素，会对销售产生很强的推动力。

5.品牌视觉表现与定位宣传统一的原则

品牌在市场上的视觉统一就是要让消费者在任何地方接触到产品时，其视觉感受都非常统一。这个过程非常琐碎，因为它涉及产品与消费者接触的各个环节，包括媒体中的主打广告、商场里的POP、产品外包装的广告、各种宣传页等，都应该统一。创业企业在进行品牌推广时尤其要注重这方面的细节，充分发挥有限的资源作用。品牌的定位宣传统一就是在市场中传播和推广品牌时必须用统一的声音，为企业产品和品牌树立一个稳定的形象，不能今天说你的产品是预防上火的，明天又说你的产品是补钙的，这样就会在消费者的头脑中造成混乱。

（四）加强产品质量管理

质量是品牌的生命，是品牌的灵魂。没有质量，品牌就如“无源之水”，失去了根本立足点。品牌之所以受到消费者的推崇，主要源于消费者对品牌的优秀品质的信任。优秀的产品品质是创业企业创立品牌并得以持久生存的根本所在，优异的质量则能促进品牌的成长，并带来较高的市场份额。真正能保留下来的品牌必须要以优质的产品作为保证，否则产品的生命力不会长久。因此，创业企业在品牌营销的过程中必须以优异的产品质量为保证，做好产品质量管理。

品牌的基础是产品质量，企业没有高质量的产品，就不会有高信誉度的品牌，也就不会有高效率的营销。高品质的产品保证了企业品牌的塑造和企业形象的树立，它可以使消费者满意，可以通过消费领域的传导和流通范围的展开迅速扩大影响，赢得越来越多的消费者的青睐，同时逐渐树立起品牌的信誉，形成消费者的品牌偏好和品牌忠诚。

优质品牌更需要完备的服务来配套。创业企业快速树立品牌的方式体现在产品的服务方式上。在产品市场竞争日趋激烈的环境下，创业企业不仅依靠产品的品质来赢得消费者，更需要用优良的服务来稳定消费者。服务已逐渐成为市场竞争的焦点。创业企业只有在保证产品品质的同时，提高服务水平，才可以减少或避免消费者的购买风险，为消费者带来超值的满足感。服务是创立品牌的有力武器，也是品牌组成中不可缺少的重要组成部分。创业企业只有在服务的过程中，时时刻刻为消费者着想，急消费者之所急，想消费者所未想，提供周到、细致、完美的服务，才能不断提高消费者的信任度与追随度，赢得消费者的心，使自己的品牌扎根于消费者的脑海中。

三、创业企业品牌营销的侧重点

成功的品牌营销策略将造就成功的企业和产品品牌，相对于只侧重于产品营销的企业，重视品牌营销的企业则可以获得更高的成功率、更快的增长以及超乎想象的附加价值。因此，创业企业在实施品牌营销的过程中，必须结合企业自身规模小、实力差的特点，在品牌营销中另辟蹊径，达到以小搏大的差异化竞争的目的。创业企业的品牌营销需要注重的侧重点有：

（一）创业企业品牌的个性化

随着市场经济的发展，同质化的商品越来越多，若某一品牌的商品获得市场认可，其他企业在短时间内会竞相模仿。在众多品牌的商品中，能够使消费者记住并且接受的总是有限的，而不被接受或不被消费者记忆的商品是不可能被消费者所了解的，只有被消费者了解且符合他们喜好的品牌才能被接受。产品要保持竞争力，就要满足顾客的价值认同，展现出品牌的个性化特点。苹果手机就是一个很成功的案例，其以个性化的外形以及操作系统设计在众多品牌手机中脱颖而出，成功抢占了诺基亚、摩托罗拉等老品牌手机市场。

（二）创业企业的品牌管理

创业企业在建立自己的品牌之后，品牌还需要长期的巩固和发展，这就要求创业企业对品牌实施有效的管理。品牌管理主要是指企业对品牌进行的有组织的、有计划的协调和控制活动，它贯穿整个企业的运营过程。品牌管理的目的是通过这种方式提升企业的核心价值和增加企业的品牌资产附加值。企业对品牌管理的具体内容主要有：设定企业品牌管理的清晰目标、品牌组织团队及团队精神的建设以及企业文化的建设、企业各种利益和资源的共享等。

（三）创业企业品牌的销售策略

企业通过创立自己的品牌、集中品牌的优势吸引潜在消费者消费其产品的过程被称为品牌销售策略。由于创业企业规模较小、资金实力较弱，在市场销售中通过品牌营销实现竞争的目的难度较大，往往是先获得区域性优势，再推而广之，进而获得更多的消费者的认可。创业企业结合自身的特点，在品牌营销过程中应从以下方面来重点突破：

1.抱团营销策略

单个创业企业资金实力弱，抵御风险能力较低，若多个企业集中在一起，通过抱团的形式，形成利益共同体，并以契约的形式对利益分配、资源组合进行约定，可以大大提高创业企业抵御风险的能力，达到共同成长进步的目的。

2.寻找空白地带，创立优势品牌

创业企业起步较晚，在面对众多被大型企业占据先机的领域，正面的竞争只能加大自身经营难度，并很难树立自身品牌形象。在这种情况下，创业企业需要寻找大型企业尚未涉足或处于弱势地位的空白地带，创立自身品牌优势。创业企业政策的制定和调整相对灵活，当发现大型企业分销渠道尚未涉及的潜在市场时，应果断出击，占领优势地位。

3.借助大型企业销售网络，宣传自身品牌

所谓借助大型企业优势，树立自身品牌形象，就是利用大型企业已经建立起来的完整的销售渠道、网络来宣传自身品牌，从而树立创业企业品牌形象的做法。

4.借助现代科技手段，实行网络品牌销售

随着科技的进步，网络化时代的到来拉近了人们的距离，也使得信息沟通更为快捷便利，拉近了消费者与企业之间的距离。网络营销具有销售成本低、品牌传播便捷、投入少、见效快等特点。对资金实力不足的创业企业而言，是一种值得选择的品牌销售渠道。由于创业企业的产品性价比较高，知名度却相对较低，通过网络

实现与消费者的对接，可以在更短的时间内获得市场的认可，比传统的销售方式更具优势。

近年来，直播带货成为一种新兴的营销业态，不少县长、明星、企业家等纷纷化身主播在互联网上“带货”，在促进就业、扩大内需、提振经济等方面发挥着积极作用。未来直播带货很可能会在商业运作中长期扮演重要角色，因此创业企业可以利用直播带货、短视频平台等新型营销形式，带动企业发展壮大。

一个没有世界名牌的国家，不能称之为发达国家，一个缺少世界名牌的市场，也不是一个完善的市场。一个企业创出品牌，其代表的不仅是一个产品、一个企业、一个行业，更代表了一个区域甚至国家的经济水平和形象。品牌不仅是企业财富的象征，更是国家实力的象征。品牌营销的成败，直接影响名牌的诞生与否。创业企业的经营者要审时度势，及时抓住机遇，实施和推进企业的品牌营销战略；要深刻认识实施品牌战略是争夺市场份额、求得企业生存与发展的根本手段之一，更是企业为国家、为民族做出应有贡献的一大途径；要树立起强烈的品牌开发战略意识，以高度的责任心和紧迫感实施和推进企业的品牌营销战略，最终使企业得到长足发展，从而振兴民族经济。

四、“互联网+”环境下的个性化营销

如今的营销环境基本上可以用“移动化、碎片化、场景化”三个词来总结。消费者已经不再局限在每周、每月的固定时间里、在固定的购物场所中进行消费，而是转变为随心所欲的全天候、多渠道的消费。消费者可以在任何时间、任何地点，通过任何方式购买其所喜欢的商品。正因为如此，在科技改变世界的今天产生了新的营销模式——个性化营销。何为个性化营销？个性化营销的主要内容包括用户定制自己感兴趣的信息内容、选择自己喜欢的网页设计形式、根据自己的需要设置信息的接收方式和接收时间等。个性化服务在改善顾客关系、培养顾客忠诚度以及增加网上销售方面具有明显的效果。据研究，为了获得某些个性化服务，在个人信息可以得到保护的情况下，用户才愿意提供有限的个人信息，这正是开展个性化营销的前提保证。

面对“移动化、碎片化、场景化”的营销环境和“个性化、社交化、娱乐化”的消费主体，企业如何做？又该怎样应对？这就是个性化营销带给我们“互联网+”时代下的创新型创业模式。在这样的创业环境下，首先我们要清楚什么是互联网营销，如何利用“互联网+”的创业模式改变传统创业模式。互联网营销的本质就是用最小的投入准确链接目标顾客，用完美的创意实现强大的口碑以影响目标群体。根据这一说法，创业者在面对“移动化、碎片化、场景化”的营销环境和“个性化、社交化、娱乐化”的消费主体的同时，必须用最小的投入准确链接目标顾客，用完美的创意实现强大的口碑以影响目标群体。因此，创业者要更加注重互联网对于个性化营销所具有的优势。

创业案例分享 5-1

“饿了么”网络订餐平台的诞生

总体来说，面对“移动化、碎片化、场景化”的营销环境和“个性化、社交化、娱乐化”的消费主体进行个性化营销时，如何在短时间内进行产品的营销推广活动，并且利用互联网的快速迭代的营销模式进行新形势下的互联网创业和营销，这是“互联网+”时代下的创业环境给创业者带来的思考。

任务十　如何进行创业项目管理

一、创业项目管理概述

创业项目管理是指创业的工作过程或工作周期，包括从产生创业投资意向开始，至项目建成后的全生命周期的日常经营管理的全过程。创业项目管理是一种非常复杂且具有创造性的经营活动，需要创业相关行业的专门知识、项目管理知识、企业经营管理知识和企业家才能的发挥，是一种特殊的、综合性的活动。创业项目管理具有投资回报高，但经营风险大、行业竞争激烈、市场生命周期短暂等特征。成功经营的关键主要取决于前期开发阶段的科学规划定位和建成投产后的生产管理、经营管理、公司管理、市场战略管理。

就业创业政策
5-4

《大学生乡村创业帮扶计划工作指引》

二、创业项目管理过程

目前，组织或者个人在从事创业项目活动时，一般都把项目分成若干个阶段，以便更好地进行管理。一般用项目生命周期来定义一个项目的开始与结束。依据项目管理中的生命周期理论，可以将创业项目生命周期结合项目管理方法构建起创业项目管理过程模型，以利于对其进行有效的管理。

本书创建的创业项目管理过程模型分为以下步骤（如图5-1所示）：

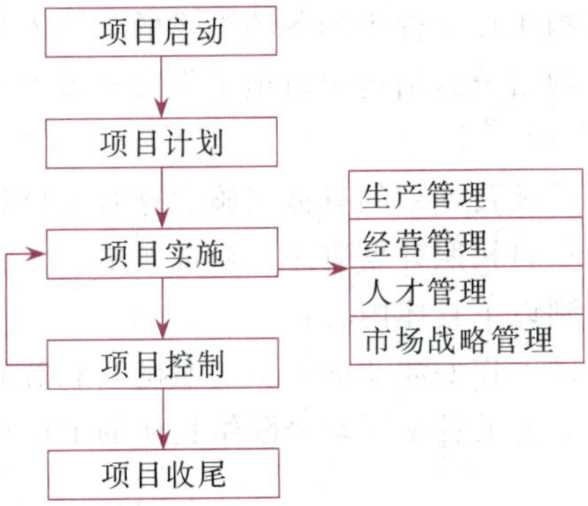

图5-1　创业项目管理过程模型

（一）创业项目启动阶段

该阶段主要任务是确定创业项目是否可行，包括项目构思与识别、调查研究以明确需求和目标、进行可行性分析、明确合作关系、确定风险等级等。该阶段主要成果是项目建议书或可行性报告。

1.分析当地市场机会，提出创业项目的初步设想

创业者调查当地创业相关产业的市场经营状况，探讨创业项目投资可行性，寻找多个可供选择的投资机会，在头脑中快速判断其创业项目的投资可行性。

2.将创业项目设想细化，判断可行与不可行

创业者选择实现其创业项目设想的经营用地，探讨市场、技术的可行性，与潜在

的客户、投资商、供应商、零售商、经销商、商业银行、合作伙伴、专业人士等接触，做出创业项目的初步经营方案设计，探讨创业项目经营的可行性。

3.进行创业项目可行性研究，确定可行与不可行

创业者对创业项目进行正式的市场研究，估算创业产品的市场吸纳率，根据创业项目产品预估的生产成本和销售价格进行可行性研究，将有关创业项目的经营计划报送政府有关部门，从法律、技术和经济等方面综合判断创业项目经营的可行性。

（二）创业项目计划阶段

此阶段的主要任务是对可行性项目做好开工前的人、财、物及一切软硬件准备，主要包括确定项目组主要成员、界定项目最终产品的范围、研究制订实施方案和计划、确定项目资源和环境、进行项目经费和现金流量的预算、安排项目日程等。该阶段的主要成果是项目概要报告或项目计划书。

创业项目计划是对项目各个方面的具体工作的一种计划安排，是根据项目的各种不同目标而制定的专业工作或者任务，是项目实施的蓝本，规定了项目如何做、由谁做等内容。创业项目计划要回答以下基本问题：

（1）项目做什么？项目经理与团队应当完成哪些工作？

（2）在哪里做？确定地点、场合。

（3）如何做？利用项目完成的各项工作清单确定如何去实施。

（4）何时做？确定各项工作需要多长时间，以及具体在何时开始、何时结束。

（5）确定每项工作需要哪些资源等。

（6）谁去做？确定承担工作结构中的各项工作的具体人员。

（7）花费多少？确定项目分解结构中每项工作需要多少经费及项目总花费。

（三）创业项目实施阶段

该阶段主要任务是完成项目计划的具体实施。这时项目管理的重点是跟踪执行过程和进行过程控制，确保项目按照计划有序、协调实施。

项目实施过程中要做到以下具体内容：

- 分解项目。确定具体工作所涉及的人员，明确其职责分工等。
- 工作授权。将项目分解的各项活动分配给具体的工作小组或个人。
- 制定活动日程。

在整个创业项目实施过程中，生产管理、经营管理、人才管理、市场战略管理是保证项目实施的关键。

1.生产管理

生产管理的根本任务就是在用户需要的时间内提供所需数量的合格产品或满意服务。管理者要保证产品的质量和数量，为用户提供保质保量的产品，因此在生产管理中质量管理和进度管理就成为必不可少的内容。

质量管理：作为管理者，应熟知行业内的质量管理标准。为保证生产人员的安全及产品的质量，管理者应根据创业项目本身需要制定一套严格的生产质量管理措施和制度。

进度管理：进度管理一般按照生产计划来执行，定期检查生产进度，并督促完成

生产计划以保证生产的进度。

2.经营管理

由于创业项目类型不同，企业的日常经营业务也有差异。但是不管哪种类型的企业，以下工作是必不可少的：

成本管理：作为管理者，需要非常清楚地了解生产成本或进货成本，慎重地采购原材料和选择服务，从而降低成本并提高利润。

价格管理：为产品或服务制定合理的价格，使创业项目的产品或服务既能产生利润又具有相当的竞争力。

营销管理：生产产品最重要的目的是在项目运营阶段能尽可能地把产品输出。在营销管理中，对销售策略及市场敏感度的把握是否恰当是创业成功与否的一个重要基石。

3.人才管理

创业项目的最终实施需要靠人来进行。做好企业人员计划，组织团队顺利地实现项目的目标，必须很好地选拔人员和安排人员。在人才管理中，要确定以下几个方面：创业项目的人员组成是什么？创业项目中有哪些岗位设置？岗位职责分别是什么？岗位员工所需的素质或技能是什么？如何进行员工招聘？如何安置员工？创业项目的管理制度和各个岗位的工作流程是什么？

员工的构建：对大多数创业项目而言，雇员不多，组织结构比较简单，一般可以由企业主、企业合伙人、员工、企业顾问组成。

岗位的设置：一个企业除了要有经理负责管理，会计、出纳负责财务，还要有人负责采购、销售、产品设计与开发、生产等工作。如果创业项目是微型的，人员不多，岗位数量可能比人员数量多，即一人兼多职。

岗位职责：通过对创业项目要实现的目标所做的工作进行分析，来确定每一个工作岗位的任务和职责，以及完成工作所需的知识、技能、能力和其他要求。

员工招聘：在确定了创业项目的人员配备和岗位职责后，就要启动招聘程序。招聘具体包括招聘人员的来源和方法的选择、招聘时间的选择、招聘预算等。在招聘过程中，人员的甄选是一个复杂的过程，有必要编制各种职位评价表，如招聘销售职位的面试评价表（见表5-3）。

4.市场战略管理

（1）寻找市场空白、做好目标客户定位。创业项目要确保所经营项目具备抢占市场份额的先机。如果准备不充分，将直接影响到建成后的生产和销售。创业项目通过前期的市场调研，对当前市场有个初步了解，而在后期推广时要注意以下问题：

第一，创业项目的产品在投放市场时怎样选择目标客户群，即什么样的人会买这个产品。目标客户群主要有经销商、零售商、终端客户。创业项目市场定位、目标消费阶层的选择，都离不开所在地区的经济环境、社会文化特征、生活习惯等。

第二，创业项目所在地区的社会阶层、家庭人口状况等。

第三，创业项目的产品归属哪类功能、档次、配套服务。弄清这几个方面，才能准确把握创业项目的市场定位。

表 5-3　　　　**招聘销售职位的面试评价表**

应聘者姓名：	
评价指标	得分
沟通技巧（15分）	
人际关系能力（15分）	
团队合作能力（15分）	
承受压力、挫折能力（15分）	
解决问题能力（15分）	
相关工作经验（15分）	
学历（5分）	
职业礼仪（5分）	
合计	
评价：	
面试官签字：	

（2）寻求竞争优势，塑造创业项目品牌。怎样才能在激烈的创业市场上形成竞争优势呢？创业项目的品牌策划在这里起着关键的作用。创业项目的品牌策划按经营的时间段可分为两部分：前期为招商引资阶段，主要的宣传对象为本地城区的风险投资者和创业投资机构；后期为开张试营业阶段，主要的宣传对象为创业项目的终端消费者和零售商。

（3）搞好售后服务管理，实行分阶段招商策略。通过前期招商阶段的宣传推广，创业项目已经在社会上产生一定的认知度，打下一定的品牌基础，但如何使更多的目标消费群熟悉本品牌、制造市场轰动效应、吸引人流、营造商机，是保持创业项目长期持续发展的根本，也是开发公司的利益所在。长期维护市场份额，有赖于良好的售后服务管理。通过售后服务管理，为创业项目的商户和最终消费者提供市场资讯、电子商务、物流配送、仓库储存、市场推广、生活后勤等"一站式综合服务"。综合配套能力是维护创业企业可持续经营的根本。

在后期推广和售后服务管理方面，创业项目应采取统一品牌、统一商标、统一形象、统一布局、统一宣传推广的方式，给商户和供应商等提供良好的营商平台。创业项目不但要做好管理，维护好经营形象，还要使其在市场上能长期占据主导地位，发挥更大的凝聚力与号召力。

（四）创业项目控制阶段

创业项目控制主要是对项目的进展进行监督，若发现实际情况偏离了基准，就要找出原因并纠正实施过程。创业项目控制的目的是使项目按照预定的轨迹运行和实现。

项目控制的内容：

- 同计划相比，已完成的工作状况。
- 实际完成的工作任务的复杂程度和比例。
- 已完成的工作任务的质量。
- 同计划相比，实际的成本开支。
- 项目的当事人、执行人对项目执行的态度。
- 项目成员之间的配合和协作程度。

在实际的项目管理中，项目经理最常使用的项目控制方法是项目控制文件和项目控制会议。

创业案例分享 5-2

80后餐厅的创业故事

1.项目控制文件

合同：合同中签订的是在项目实施过程中各项工作应遵守的标准，是项目实施管理、跟踪、控制的首要依据。

工作范围细则：确定了项目实施中每一项活动的具体内容，是工作变动的基准。

职责划分细则：指明了项目实施过程中各部门或个人应负责的工作。

创业案例分享 5-3

一个小吃传奇——没号凉皮

2.项目控制会议

项目控制会议的主要内容是检查、评估上一阶段的主要工作，分析问题，寻找对策，并介绍下一阶段的主要任务和目标。

（五）创业项目收尾阶段

创业项目收尾是一项阶段性工作。当项目的所有目标工作均已完成或者虽未完成，但由于某种原因而必须终止时，项目就进入了收尾阶段。其主要目的是确认本次创业项目实施的结果，实现项目的各方利益，总结创业项目中的经验教训，以期改善未来项目的工作绩效。

育德润心 5-2

“退伍不褪色”聚焦应急培训

项目训练

根据自己的创业想法制作创业计划书。

创业计划书

（备注：可以把你的产品图片作为封面，正文统一用小四号宋体）

作品名称：

成　　员：

专　　业：

联系电话：

电子邮件：

提交日期：

目 录

一、企业概况

主要经营范围：

____

____

企业类型：

□生产制造　□零售　□批发　□服务　□农业

□新兴产业　□传统产业　□其他

二、创业者个人情况

以往的相关经验（包括时间）：

____

____

教育背景，所学习的相关课程（包括时间）：

____

____

三、市场评估

目标顾客描述：（提示：说明哪些人群可能购买你的产品或服务？请详细描述这些人群的情况，如年龄、职业、收入状况、行为习惯等。）

____

____

市场的容量或本企业预计的市场占有率：（提示：请说明你是如何进行市场研究的，市场研究的结果是什么？）

____

____

市场容量的变化趋势：

____

____

竞争对手的主要优势：

1.

2.

3.

4.

⋮

竞争对手的主要劣势：

1.

2.

3.

4.

⋮

本企业相对于竞争对手的主要优势：

1.

2.

3.

4.

⋮

本企业相对于竞争对手的主要劣势：

1.

2.

3.

4.

⋮

四、市场营销计划

1. 产品

产品或服务	主要特征

2. 价格

产品或服务	成本价	销售价	竞争对手的价格
折扣销售			
赊账销售			

3.地点

(1)选址细节：

地址	面积	租金或建筑成本

(2)选择该地址的主要原因：

____

____

(3)销售方式(选择一项并打√)：

将产品或服务提供给：□最终消费者 □零售商 □批发商

(4)选择该销售方式的原因：

____

____

4.促销

人员推广		成本预测	
广告		成本预测	
公共关系		成本预测	
营业推广		成本预测	

五、企业组织结构

企业将登记注册成(选择一项并打√)：

□个体工商户 □有限责任公司 □个人独资企业 □合伙企业 □其他

拟议的公司名称：

____

企业的人员(请附企业组织结构图和员工工作描述书)：

企业人员	职务	月薪
企业主或经理		
员工		

企业将获得的营业执照、经营许可证和特许经营许可证：

序号	类型	预测费用
1		
2		
⋮		

企业的法律责任（保险、员工的薪酬、纳税）：

序号	类型	预测费用
1		
2		
⋮		

合伙（合作）人与合伙（合作）协议：

协议条款	合伙人			
出资方式				
出资数额与期限				
利润分配和亏损分摊				
经营分工、权限和责任				
合伙人个人负债的责任				
协议变更和终止				
其他条款				

六、固定资产

1. 工具和设备

根据预测销售量，假设达到100%的生产能力，需要购买以下设备：

名称	数量	单价	总费用	供应商名称	地址	电话或传真

2. 交通工具

根据交通和营销的需要，拟购置以下交通工具：

名称	数量	单价	总费用	供应商名称	地址	电话或传真

3. 办公家具和设备

名称	数量	单价	总费用	供应商名称	地址	电话或传真

4.固定资产和折旧概要

项目	价值	年折旧
工具和设备		
交通工具		
办公家具和设备		
店铺		
厂房		
土地		
合计		

七、流动资金（月）

1.原材料和包装

名称	数量	单价	总费用	供应商名称	地址	电话或传真

2.其他经营费用（不包括折旧费和贷款利息）

项目	费用	备注
业主工资		
员工工资		
租金		
营销费用		
公用事业费		
维修费		
保险费		
登记注册费		
其他		
合计		

八、销售收入预测

销售情况		1月	2月	3月	4月	5月	6月	7月	8月	9月	10月	11月	12月	合计
(1)	销售数量													
	平均单价													
	月销售收入													
(2)	销售数量													
	平均单价													
	月销售收入													
(3)	销售数量													
	平均单价													
	月销售收入													
(4)	销售数量													
	平均单价													
	月销售收入													
(5)	销售数量													
	平均单价													
	月销售收入													
(6)	销售数量													
	平均单价													
	月销售收入													
(7)	销售数量													
	平均单价													
	月销售收入													
合计	销售总量													
	销售总收入													

九、销售和成本计划

项目		1月	2月	3月	4月	5月	6月	7月	8月	9月	10月	11月	12月	合计
销售	含流转税销售收入													
	流转税（增值税等）													
	销售收入													
成本	业主工资													
	员工工资													
	租金													
	营销费用													
	公共事业费													
	维修费													
	折旧费													
	贷款利息													
	保险费													
	登记注册费													
	原材料（列出项目）													
	(1)													
	(2)													
	(3)													
	(4)													
	(5)													
	(6)													
	总成本													
利润														
税费	企业所得税													
	个人所得税													
	其他税													
净收入（税后）														

十、现金流量计划

项目		1月	2月	3月	4月	5月	6月	7月	8月	9月	10月	11月	12月	合计
现金流入	月初现金													
	现金销售收入													
	赊销收入													
	贷款													
	其他现金流入													
	可支配现金（A）													
现金流出	现金采购（明细）													
	赊购支出													
	企业主工资													
	员工工资													
	租金													
	营销费用													
	公共事业费													
	维修费													
	贷款利息													
	偿还贷款本金													
	保险费													
	登记注册费													
	设备													
	其他（折旧）													
	税金													
	现金总支出（B）													
月底现金（A-B）														

项目六
“互联网+”下的大学生创新创业

项目任务书

<table>
<tr><th colspan="2">任务</th><th>知识点</th><th>项目训练</th></tr>
<tr><td>任务一</td><td>创新与创业</td><td>一、创新概述
二、创业概述
三、创新与创业的关系
四、大学生创新创业教育的背景
五、大学生创新创业教育的内容</td><td rowspan="3">一、你的管理团队拥有什么类型的业务经验
二、在你的管理团队中，成员有成功者吗
三、每位成员的动机是什么
四、你的公司或产品如何进入行业
五、在你所处的行业中，成功的关键因素是什么
六、你如何判定行业的全部销售额和增长率
七、对你公司的利润影响最大的行业变化是什么
八、和其他公司相比，你的公司有什么不同
九、为什么你的公司具有很高的成长潜力
十、你的项目为什么能成功</td></tr>
<tr><td>任务二</td><td>创业生涯发展</td><td>一、创业生涯路径选择
二、创业与考研、出国以及就业之间的关系
三、创业生涯规划的步骤与方法
四、了解关于创业的外部世界
五、大学生创业环境SWOT分析
六、创业生涯决策</td></tr>
<tr><td>任务三</td><td>“互联网+”创新创业大赛</td><td>一、创新创业大赛的沿革
二、大赛是提升大学生创新创业能力的有效途径
三、以大赛促成绩、以成绩促创新创业</td></tr>
</table>

任务一　创新与创业

一、创新概述

（一）创新的概念

习近平总书记强调，创新始终是推动一个国家、一个民族向前发展的重要力量。我国是一个发展中大国，正在大力推进经济发展方式转变和经济结构调整，必须把创新驱动发展战略实施好。实施创新驱动发展战略，就是要推动以科技创新为核心的全面创新，坚持需求导向和产业化方向，坚持企业在创新中的主体地位，发挥市场在资源配置中的决定性作用和社会主义制度优势，增强科技进步对经济增长的贡献度，形成新的增长动力源泉，推动经济持续健康发展。

创新是以新思维、新发明和新描述为特征的一种概念化过程。其起源于拉丁语，有三层含义，即更新、创造新的东西和改变。创新是人类特有的认识能力和实践能力，是人类主观能动性的高级表现，是推动民族进步和社会发展的不竭动力。一个民族要想走在时代前列，就一刻也不能没有创新思维，一刻也不能停止各种创新。创新在经济、技术、社会学以及建筑学等领域的研究中举足轻重。

从中国传统古籍中查阅，《南史·后妃传上·宋世祖殷淑仪》中有：“据《春秋》，仲子非鲁惠公元嫡，尚得考别宫。今贵妃盖天秩之崇班，理应创新。”此处创新指的是创立或创造新的。

从哲学内涵阐述，创新是人的实践行为，是人类对于发现的再创造，是对物质世界矛盾的利用再创造。人类通过对物质世界的再创造，制造新的矛盾关系，形成新的物质形态。

从社会学角度阐述，创新是指人们为了发展需要，运用已知的信息和条件，突破常规，发现或产生某种新颖、独特的有价值的新事物、新思想的活动。

从经济学角度阐述，创新的概念起源于美籍经济学家熊彼特在1912年出版的《经济发展理论》一书中。熊彼特在书中提出：创新是指把一种新的生产要素和生产条件的“新结合”引入生产体系。它包括五种情况：引入一种新产品、引入一种新的生产方法、开辟一个新的市场、获得原材料或半成品的一种新的供应来源、产生一种新的组织形式。熊彼特的创新概念包含的范围很广，如涉及技术性变化的创新及非技术性变化的组织创新。1985年，被誉为“现代管理之父”的彼得·德鲁克（Peter F. Drucker）发展了创新理论。他提出，任何使现有资源的财富创造潜力发生改变的行为，都可以称之为创新。

我国自20世纪80年代以来开展了技术创新方面的研究，傅家骥先生对技术创新的定义是：企业家抓住市场的潜在盈利机会，以获取商业利益为目标，重新组织生产条件和要素，建立起效能更强、效率更高和费用更低的生产经营方法，从而推出新的产品、新的生产（工艺）方法、开辟新的市场，获得新的原材料或半成品供给来源或建立新的企业组织，它包括科技、组织、商业和金融等一系列活动的综合过程。此定义是从企业的角度给出的。彭玉冰、白国红也从企业的角度为技术创新下了定义：“企业技术创新是企业家对生产要素、生产条件、生产组织进行重新组合，以建立效能更好、效率更高的新生产体系，获得更大利润的过程。”

（二）创新的基本要素

创新要具备一定的条件和要求，创新与人们的思维、联想和情绪密切相关。创新意味着对以前的否定，对未知的好奇，对落后的淘汰；创新必须发挥人的聪明才智；创新必须在一定的情绪中完成，要有浓厚的兴趣，甚至达到痴迷的程度，并且勇于探索，才有希望获得创新。

创新应该具备的基本要素有：

1.好奇与兴趣

黑格尔说过：“要是没有热情，世界上任何伟大事业都不会成功。”所有个人行为的动力，都要通过他的头脑，转变为他的愿望，才能使之付诸行动。引导和培养好奇心理，这是唤起创新意识的起点和基础。

孔子说：“知之者不如好之者，好之者不如乐之者。”兴趣是最好的老师，兴趣是感情的体现，是创新的内在因素。事实上，只有感兴趣才能自觉地、主动地、竭尽全力地去观察它、思考它、探究它，才能最大限度地发挥主观能动性，才会产生新的联想，或进行知识的移植，做出新的比较，产出新的成果。也就是说，强烈的兴趣是“敢于冒险、敢于闯天下、敢于参与竞争的支撑，是创新思维的营养”。

2.质疑与否定

早在我国明代就有教育家提出“前辈谓学贵有疑，小疑则小进，大疑则大进”“学从疑生，疑解则学成”。20世纪中期布鲁纳认为发现质疑有利于激活智慧潜能，有利于培养内在动机和知识兴趣。

批判和否定是创新的条件。不破不立，但是破字当头并不等于立在其中，因此要对在怀疑、批判和否定的过程中发现的问题进行解题，进行分析、探索、寻求和论证。这个解决问题的过程也就是提出新思想、创立新理论的过程。

3.激情与探索

激情作为一种激烈、奋进的情绪，是人们从事发明创造不可缺少的精神动力，特别是科学发现和理论创新，更不能没有进入无我无物境界的激情。没有对真理的执着探索、对知识顽强追求的热忱，人们就不可能揭示大自然的美和奥秘。

（三）创新的类型

创新分类的参考指标很多，不同分类指标得出不同的分类。

1.根据创新的表现形式进行分类

（1）知识创新。这是指通过科学研究，包括基础研究和应用研究，获得新的基础科学和技术科学知识的过程。知识创新的目的是追求新发现、探索新规律、创立新学说、创造新方法、积累新知识。知识创新是技术创新的基础，是新技术和新发明的源泉，是促进科技进步和经济增长的革命性力量。知识创新为人类认识世界、改造世界提供新理论和新方法，为人类文明进步和社会发展提供不竭动力。

（2）技术创新。这是指生产技术的创新，包括开发新技术，或者将已有的技术进行应用创新。科学是技术之源，技术是产业之源，技术创新建立在科学道理的发现基础之上，而产业创新主要建立在技术创新基础之上。

（3）产品创新。这是指改善或创造产品，进一步满足顾客需求或开辟新的市场。产品创新可分为全新产品创新和改进产品创新。全新产品创新是指产品用途及原理有显著的变化。改进产品创新是指在技术原理没有重大变化的情况下，基于市场需要对现有产品所做的功能上的扩展和技术上的改进。

（4）服务创新。这是指使潜在用户感受到不同于从前的崭新内容，是指新的设想、新的技术手段转变成新的或者改进的服务方式。

（5）制度创新。这是指在人们现有的生产和生活环境条件下，通过创设新的、更能有效激励人们行为的制度体系来实现社会的持续发展和变革的创新。所有创新活动都有赖于制度创新的积淀和持续激励，通过制度创新得以固化，并以制度化的方式持续发挥自己的作用，这是制度创新的积极意义所在。

（6）管理创新。这是指企业把新的管理要素（如新的管理方法、新的管理手段、新的管理模式等）或要素组合引入企业管理系统以更有效地实现组织目标的活动。

2.根据创新的组织方式进行分类

（1）独立创新。这是指在无其他企业技术引导的条件下，企业在获取技术和市场创新机会后，依靠自身力量独立研究开发，攻克技术难关，获得新的技术成果，并完成技术成果的商业化过程。

（2）合作创新。这是指企业、研究机构、大学之间的联合创新行为，新构思形成、新产品开发以及商业化等任何一个阶段的合作都可以视为合作创新。

（3）引进创新。这是指从事创新的组织从其他组织引进先进的技术、生产设备、管理方法等，在此基础上创新，通过逆向工程等手段，对引进的技术和产品的消化、吸收、再创新的过程。

3.根据创新的强度进行分类

（1）渐进性创新。这是指渐进的、连续的小创新。这些创新常出自直接从事生产的工程师、工人以及用户之手。

（2）突破性创新。这是指使产品、工艺、服务或者具有前所未有的性能特征，或者具有相似的特征但是成本缩减性能有巨大的提高，或者创造出一种新的产品。

（3）革命性创新。这是指会产生具有深远意义的变革，影响经济部门，伴随着新兴产业出现的创新。

此外，根据创新的领域进行分类，有教育创新、金融创新、工业创新、农业创新、国防创新、社会创新、文化创新等。根据创新的行为主体进行分类，有政府创新、企业创新、团体创新、大学创新、科研机构创新、个人创新等。根据创新的层次进行分类，有首创型创新、改进型创新、应用型创新。根据创新的效果进行分类，有有价值的创新，如电脑发明等；无价值的创新，如没有市场需求的新产品等；负效应创新，如污染环境的新产品等。

二、创业概述

（一）创业的内涵

“创业”一词由“创”和“业”组成。《现代汉语词典》中对创业有以下解释：所谓“创”一般是指创建、创新、创意；“业”是指学业、专业、就业、事业、家业、企业等。

对创业的定义和理解存在不同的角度和范畴，有狭义和广义之分。

广义的创业定义为“创造新的事业的过程”，即“创建一番事业”。古语有“创业难，守业更难”的说法。这里讲的创业不只是财富的创造。创业既包括营利性组织，也包括非营利性组织；既包括官方设置的部门和机构，也不排斥非政府组织；既包括组织，也包含个人；既包括大型的事业，也包括小规模的个人或家庭事业。

从广义的角度去看个人的创业，可以理解为是一个人根据自己的性格、兴趣、所学专业、能力等选择适合自己的职业，并为这个职业的成功准备各种条件，直至实现自己人生目标的过程和结果。也可以说，一个人为了实现自己的人生目标，从事社会发展所需要的工作，为社会发展做出贡献的经常性活动。

狭义的创业是指“创建一个新企业的过程”，创业者个人或者创业团队白手起家转变择业观念，以资源所有者的身份，利用知识、能力和社会资本，通过自筹资金、技术入股、寻求合作等方式创立新的社会经济单元，不做现有就业岗位的填充者，而是为自己、为社会更多人创造就业机会。

（二）创业动因

创业动因是指引导和维持个体从事创业活动，并使活动朝向某些目标的内部动力。它是鼓励和引导个体为实现创业成功而行动的内在力量。

创业动因可分为内在动因和外在动因。

1.内在动因

内在动因可以从哲学范畴、经济学范畴、人类学范畴、社会学范畴等方面具体阐述.

从哲学范畴来看，创业能在较短的时间内调动自己的能动性，加快人生活力的彰显，创业的过程惊险刺激，人们在创业过程中对人生、对社会拥有更高的体验度，切实体会“发现问题—解决问题”的单纯模式，其过程可见、可触碰，进而引起追求。

从经济学范畴来看，创业过程中产生的剩余劳动岗位，符合经济学的人才供给逻辑，是劳动力市场稳定的可持续的根基。较为市场化与快速的财富积攒，可帮助创业者更快地站立于市场经济金字塔的顶端。

从人类学范畴来看，创业是人类追求更高、更远、更强、更刺激的内驱力所导致的，结合“自然选择，优胜劣汰”的自然辩证观点，创业能将个体在种群中的优势进一步放大，汲取更多的物质资源与社会资源，能给自身的生存与发展创造更优良的环境。

从社会学范畴来看，创业是构建当代基本社会框架必不可少的部分，是人类文明进一步发展的必然过程，通过这个过程，可以进一步挖掘人类社会发展的基本规律，创业之中的得失可作为后人在发现自我、提升自我过程中的宝贵经验。

2.外在动因

（1）大众创业迎来利好政策。近几年，国家不断完善支持自主创业、自谋职业的政策，使更多的劳动者成为创业者。特别是“大众创业、万众创新”战略的出台，各级政府都把鼓励和引导创业摆在重要位置，积极创造良好的环境，加大政策扶持和引导力度，为自主创业构建绿色通道。

（2）过程与结果二者较为紧密的辩证价值取向。创业过程中的艰辛与努力，使创业者更有信心相信“付出就有收获”的正向价值取向，并且结果可以以更加可视化的成果呈现。

（3）“企业家崇拜”正在鼓励更多人创业。近年来，随着私企影响力日增和政府鼓励创业，中国社会对成功企业家的兴趣日趋浓厚。对商人的尊重和崇拜鼓励了更多人创业。

（4）求职者的发展可能较为缓慢。求职者在组织中的发展既取决于组织，也取决于个人，相对来讲，限制与束缚也更多。因此认为求职者发展较为缓慢的人可能选择直接创业或者辞职创业。

创业案例分享 6-1

创业“微光咨询”，帮上千人实现就业

（5）当今社会求职难度增大。目前，我国的大学生就业形势相当严峻，表现为需求不足，大学毕业生的工资待遇降低。在这种情况下，为了从事一份自己满意的事业，一部分大学生也开始了创业。

（6）生存的需要。由于公司的薪资不高，难以维持家庭的生活开销或为了提高家庭生活质量，创业者经过分析后发现，要想改变命运或现状，必须走自己创业之路，让自己的能力得以尽情发挥，才能获取较大的经济回报。

（三）创业的类型

1.基于创业初始条件的分类

芝加哥大学教授阿玛尔·毕海德（Amar V. Bhide）将原创性的创业概括为冒

险型的创业、与风险投资融合的创业、大公司的内部创业、革命性的创业四种（见表6-1）。

表6-1 不同创业类型的对比（基于创业初始条件的分类）

因素	冒险型的创业	与风险投资融合的创业	大公司的内部创业	革命性的创业
创业的有利因素	创业的机会成本低、技术进步等因素使得创业机会增多	有竞争力的管理团队、清晰的创业计划	拥有大量的资金、创新绩效直接影响晋升、市场调研能力强、对研发的大量投资	无与伦比的创业计划、财富与创业精神集于一身
创业的不利因素	缺乏信用、难以从外部筹措资金、缺乏技术管理和创业经验	不确定性、追求短期快速回报、市场机会有限、资源的限制	企业的空盒子系统不鼓励创新精神、缺乏对不确定性机会的识别和把握能力	大量的资金需求、大量的前期投资
获取资源	固定成本低、竞争不是很激烈	个人信誉、股票及个人所得的激励措施	良好的信誉和承诺、资源提供者的转移成本低	富有野心的创业计划
吸引顾客的途径	上门销售和服务、了解顾客的真正需求、全力满足顾客的需要	目标市场清晰	信誉、广告宣传、关于质量服务等多方面的承诺	集中全力吸引少数大的顾客
成功的基本因素	企业家及其团队的智慧、面对面的销售技巧	企业家团队的创业计划和专业化管理能力	组织能力、跨部门的协调及团队精神	创业者的超强能力、确保成功的创业计划
创业的特点	关注不确定性程度高但投资需求少的市场机会	关注不确定性程度低、市场前景广阔且发展快速的市场及产品或技术	关注有丰厚利润的市场机会	在技术生产经营方面实现巨大创新，向顾客提供超额价值的产品或服务

2.基于价值创造的分类

关于创业的类型，有一种较有代表性的观点。克里斯汀（B. Christian）等人依照创业对市场和个人的影响程度，把创业分为四种基本类型，即复制型创业、模仿型创业、安家型创业和冒险型创业。

（1）复制型创业。这种创业模式是在现有经营模式基础上的简单复制。例如，某人原先担任某家电公司部门主管，后来他自行离职，创建了一家与原家电公司相似的新家电公司，且新组建公司的经营风格也基本与离职前的那家公司相同。现实中这种复制型创业的例子特别多，且前期生产经营经验的积累使得新组建公司成功的可能性更高。但这种类型的创业模式，创新贡献较低，也缺乏创业精神的内涵，并不是创业管理研究的主流。

（2）模仿型创业。虽然模仿型创业也很少给顾客带来新创造的价值，创新的成分并不算太高，但是对创业者本身命运的改变还是较大的。例如，某煤矿公司的经理辞职后，模仿别人新组建一家网络公司。相对来说，这种创业具有较大的不确定性，学习过程较长，经营失败的可能性也比较大。不过，那些具备创新精神的创业者，只要能够得到专门化的系统培训，注意把握市场进入契机，创业成功的可能性也比较大。

（3）安家型创业。这种形式的创业对创业者个人命运的改变并不大，其所从事的仍旧是原先熟悉的工作，但它的确不断地在为市场创造新的价值，为消费者带来实惠。例如，企业内部的研发小组在开发完成一项新产品后，继续在该公司开发另一种新产品项目。安家型创业所强调的是个人创业精神的最大程度实现，并不对原有组织结构进行重新设计和调整。

（4）冒险型创业。这种创业模式有可能改变个人的命运，从事一项全新的产品经营，个人前途的不确定性很大，并且由于是创造新价值的活动，失败的可能性也很大。尽管如此，这种创业的预期报酬较高，因此对那些充满创新精神的人来说极富诱惑力。但是，它需要创业者较强的个人能力、适当的创业时机、合理的创业方案、科学的创业管理，只有具备了这些条件创业者才有可能获得成功。

3.基于创业效果的分类

戴维森（P. Davidsson）基于创业效果在组织层面和社会层面的产出对创业进行了分类：

（1）组织层面和社会层面都是负的创业行为属于失败创业，如破产了的污染企业。

（2）组织层面为负而社会层面为正的创业行为属于催化剂式创业，如万燕VCD的创业，虽然失败，但是催化出了中国一个巨大的新兴产业。

（3）组织层面为正而社会层面为负的创业行为属于重新分配式创业，如国内钢铁行业的低水平的重复建设。

（4）组织层面和社会层面都为正的创业行为属于成功创业，如星巴克开创了一个全新的休闲方式，戴尔带来了一种全新的经营模式等，取得了企业、消费者和社会层面的多赢效果。

社会应该赞赏成功的创业，而重新分配式的创业不可避免，同时催化剂式的创业更需要鼓励。

4.基于创业主体的分类

根据创业活动的主体差异，创业活动可分为个体创业和公司创业。

个体创业主要是指与原有组织实体不相关的个体或团队的创业行为，而公司创业主要是指由已有组织发起的对组织的创造、更新与创新活动。虽然在创业本质上，公司创业和个体创业有许多共同点，但是由于起初的资源禀赋不同、组织形态不同、战略目标不同等，在创业的风险承担、成果收获、创业环境、创业成长等方面也有很大的差异，二者的主要差异点见表6-2。

表 6-2　　个体创业与公司创业的差异点

个体创业	公司创业
创业者承担风险	公司承担风险，而不是与个体相关的生涯风险
创业者拥有商业概念	公司拥有商业概念，特别是与商业概念有关的知识产权
创业者拥有全部或大部分事业	创业者或许拥有公司的权益，也可能只是很小部分
从理论上讲，创业者的潜在回报是无限的	在公司内，创业者所能获得的潜在回报是有限的
个体的一次失误可能意味着生涯失败	公司具有更多的容错空间，能够吸纳失败
受外部环境波动的影响较大	受外部环境波动的影响较小
创业者具有相对独立性	公司内部的创业者更多受团队的牵扯
在过程、试验和方向的改变上具有灵活性	公司内部的规则、程序和官僚体系会阻碍创业者的策略调整
决策迅速	决策周期长
低保障	高保障
缺乏安全网	有一系列的安全网
在创业主意上，可以沟通的人少	在创业主意上，可以沟通的人多
至少在初期阶段，存在有限的规模经济和范围经济	能够很快地达到规模经济和范围经济
严重的资源局限性	在各种资源的占有上都有优势

三、创新与创业的关系

熊彼特对创新的学理性解释是，创新是构建一种新的生产函数，所投入的资本、劳动、技术是自变量，而产出是因变量。创业也是构建一种新的生产函数，除资本、劳动、技术三个变量之外，又多了一个建立新企业或企业内部新的独立部门的组织变量。由此看来，创业是创新的特殊形态。换言之，不少创新是需要通过创业的方式实现的，特别是技术创业的本质是对新技术的商业化应用，核心是技术创新。

创新是创业的手段和本质。在现代经济中，创业企业必须进行有效的自主创新，只有不断地进行生产技术革新和再创造，才能使所创立的企业生存并与时俱进，发展并保持持久的活力，从而达到技术创新成果的商品化和产业化，获得自主品牌，进而实现技术创新的利润和价值。创业是创新的载体和实现方式之一。

创新是对人的发展的总体把握，创业着重于对人的价值的具体体现。仅仅具备创新精神是远远不够的，它只是为创业成功提供了可能性和必要的准备，如果脱离了创业实践，缺乏一定的创业能力，创新精神也就成了无源之水、无本之木。创新精神所具有的意义，只有作用于创业实践活动中才能有所体现，才有可能最终实现创业的成功。

因此，创新与创业有着密切的联系，二者是相辅相成的。现实中，要十分清晰地将某项活动界定为创新而不是创业，这是不太容易的；反之亦然。因为创新和创业本来就是一个整体。相应的，创业教育中必然包含创新教育，创新教育中也必然包含创业教育。

四、大学生创新创业教育的背景

1991年，东京创业创新教育国际会议从广义上把“创业创新教育”界定为：培养最具有开创性个性的人，包括首创精神、冒险精神、创业能力、独立工作能力以及技术、社交和管理技能的培养。

早在1990年，我国就开展了基础教育阶段实施就业创业教育的项目研究。而创业教育的实施始于20世纪末。1998年，清华大学举办首届清华大学创业计划大赛，成为第一所将大学生创业计划竞赛引入亚洲的高校。1999年，共青团中央联合中国科协、教育部和全国学联等共同开展了“挑战杯”大学生创业竞赛。2002年，高校创业教育在我国正式启动，教育部确定中国人民大学、清华大学、北京航空航天大学、黑龙江大学、上海交通大学、南京财经大学、武汉大学、西安交通大学、西北工业大学9所高校为创业教育试点院校，给予政策和经费支持，引导试点院校积极探索我国大学生创业教育的基本方法和发展模式。近年来，各试点院校通过不同方式对创业教育进行了深入探索。例如，北京大学大力实施“北京大学创新创业扶持计划”，扶持计划依托北京大学的教育资源、研究资源、校友资源，以创业教育、创业研究、创业孵化、创投基金“四位一体”服务创业为理念，以大学的综合资源优势，扶持帮助青年创业，促进科技成果转化。上海交通大学成立创业学院，依托创业学院开展“创新创业大讲堂”“创业沙龙”“学生创业计划大赛”“海峡两岸创新创业”等特色活动。中南大学成立中南大学创新创业指导中心，开办“中国大学生创业网”，开展“大学生创业实训”“SIYB培训”等活动。

2007年，教育部、财政部开始实施国家“大学生创新性实验计划”，2011年在原来的基础上，又扩展成为“大学生创新创业训练计划”，着重培养大学生的创新创业意识和实践动手能力。2010年4月，中国高等教育学会创新创业教育分会正式成立，作为全国性学术团体接受教育部的业务指导和监督管理，进行创新创业教育的理论研究、政策研究和协作活动，促进我国高校创新创业教育事业的发展。教育部2010年印发的《国家中长期教育改革和发展规划纲要（2010—2020年）》《教育部关于大力推进高等学校创新创业教育和大学生自主创业工作的意见》和2012年印发的《普通本科学校创业教育教学基本要求（试行）》中都明确指出，要大力推进高等学校创新创业教育。

随着我国经济发展进入新常态，党中央、国务院做出了加快实施创新驱动发展战略、建设创新型国家的重大决策。人才是创新的核心要素，创新驱动实质上是人才驱动，迫切需要深化教育教学改革，加快培养富有创新精神的人才队伍。从中央到教育系统，全面、深入开展创新创业教育改革已成为共识。《教育部关于大力推进高等学校创新创业教育和大学生自主创业工作的意见》（教办〔2010〕3号）中指出，在高等学校开展创新创业教育，积极鼓励高校学生自主创业，是教育系统深入学习实践科学发展观，服务于创新型国家建设的重大战略举措，是深化高等教育教学改革，培养学生创新精神和实践能力的重要途径，是落实以创业带动就业，促进高校毕业生充分就业的重要措施。《国务院办公厅关于深化高等学校创新创业教育改革的实施意见》（国办发〔2015〕36号）中指出，深化创新创业教育改革的总目标是：2015年起全面深化高校创新创业教育改革；2017年取得重要进展，形成科学先进、广泛认同、具有中国特色的创新创业教育理念，形成一批可复制可推广的制度成果，普及创新创业教育，实现新一轮大学生创业引领计划预期目标；到2020年建立健全融课堂教学、自主学习、结合实践、指导帮扶、文化引领为一体的高校创新创业教育体系，人才培养质量显著提升，学生的创新精神、创业意识和创新创业能力明显增强，投身创业实践的学生显著增加。

五、大学生创新创业教育的内容

创新创业教育是以培养具有创业基本素质和开创型个性的人才为目标，其不仅仅是以培育在校学生的创业意识、创业精神、创新创业能力为主的教育，而是要面向全社会，针对那些打算创业、已经创业、成功创业的创业群体，分阶段分层次进行创新思维培养和创业能力锻炼的教育。教育涵盖的内容如下：

1.意识培养

启蒙大学生的创新意识和创业精神，使大学生了解创新型人才的素质要求，了解创业的概念、要素与特征等，使大学生掌握开展创业活动所需要的基本知识。

2.能力提升

解析并培养大学生的批判性思维、洞察力、决策力、组织协调能力与领导力等各项创新创业素质，使大学生具备必要的创业能力。

3.环境认知

引导大学生认知当今企业及行业环境、了解创业机会、把握创业风险、掌握商业模式开发的过程、设计策略及技巧等。

4.实践模拟

通过撰写创业计划书、开展模拟实践活动等，鼓励大学生体验创业准备的各个环节，包括创业市场评估、创业融资、创办企业流程与风险管理等。

任务二　创业生涯发展

创造是人类区别于动物的基本特点和标志之一。随着现代社会科学技术与经济的快速发展，对科技人才创造力的培养与开发提出了更高的要求。开发人的创造力，培养大批出类拔萃、思维敏捷、勇于创造的人才，已经成为一个国家经济社会发展的战略性问题。创业生涯规划可使大学生充分认识自己、客观分析环境、科学树立目标、正确选择职业、适当运用方法、有效采取措施，从而克服创业生涯发展中的困阻，避免人生陷阱，获得事业的成功。创业生涯规划培养、开发创造力的重要意义和最终目的在于使大学生创造力的发展从自发走向自觉，从而充分发掘创造潜力，实现创业成功。

一、创业生涯路径选择

即将步入社会的大学生，面临多种选择，是考研升学、出国留学、工作就业，还是从事创业，这些选择会影响其职业生涯历程。打算创业的大学生，需要在对创业的主客观条件进行测定、分析、总结研究的基础上，确定最佳的创业目标，并为实现这一目标做出行之有效的安排，为自己制订创业计划，筹划未来，明确创业发展方向。

（一）创业对于职业生涯发展的价值和意义

当前，我国经济社会发展进程中自主创新需要提倡大学生创业。一方面，社会与高校针对这一现实需要，有意识地对大学生进行创业意识、创业能力、创业知识的培养，并与创业实践相结合，这符合培养人的全面发展的教育思想，与实施素质教育的要求是相一致的；另一方面，国家重视创业行为，重视对创业进行教育推广与鼓励，发展小企业的经验表明，有效组织实施大学生创业活动，既可以直接促进经济发展，又对优化社会劳动力结构具有重要作用。大学生创业是新时期面临的一个不可阻挡的趋势。通过指导大学生创业推行以人为本的教育理念，以人的科学发展为主导，强调人的全面自由发展，能够帮助大学生成人、成才，实现人生价值，获得社会效益，对个人与社会发展都具有重要意义。

1.创业能够帮助大学生树立坚定的创业信念

首先，树立创业成功的自信。人相信有什么样的结果，就有可能有什么样的作为，如果一个连自己都不相信能成功创业的人，是不可能去争取和追求创业的。其次，培养在逆境中创业的永不言败的创业精神。虽然身处逆境，但是能全力抗争，不断追求，这样才能造就壮丽的创业人生。

2.创业可以帮助大学生拥有积极的创业心态

积极的创业心态有助于大学生发现潜能、激发潜能、拓展潜能和实现潜能，进而帮助大学生获得事业上的成就和巨大财富。积极的创业心态包括巨大的创业热情、克服创业障碍的勇气和毅力、克服困难的智慧和能力、创造条件变不可能为可能。

3.创业可以使大学生具备顽强的创业意志

创业意志是指个体能百折不挠地把创业行动坚持到底以达到目的的心理品质。它使大学生形成的优秀品质有独立性、勇气、毅力、责任感、适应性、道德感、讲信用、乐观、缜密性及接受失败挫折的心理素质等。引导大学生树立科学的世界观、人生观和价值观，培养乐观向上、勇于创新、乐于奉献的精神，形成健康的身心素质，特别是心理上能够正确对待挫折、困难。通过对大学生创业品质的综合培养，使大学生成为独立、坚韧、乐观、讲信用、有社会责任感、心理健康的社会人，有助于整体提高大学生的思想道德素质，完善大学生自身综合素质。

4.创业能够塑造大学生鲜明的创业个性

但凡创业成功者，一般都有鲜明独特的个性品质：一是敢于冒风险。创业的价值就在于创造出自己独特的东西，敢于冒风险，敢于走前人和别人没走过的路。敢冒风险是理智基础上的大胆决断，是自信前提下的果敢超越，是新目标面前的不断追求。

二是对创业情有独钟。对目标如痴如醉，全身心融入创业行动之中。三是独立自主。独立自主解决困难和问题，不受各种外来因素的干扰。通过创业个性的塑造帮助大学生摆脱被动性、模仿性、依赖性，形成主动性、创新性、自主性的品质，以及独立思考、敢于怀疑、勇于探索、求真务实的特质。只有具有鲜明创业个性的人，才能主动学习和探索、思考创新的行为，才能成长为开创型人才。

5.创业能够提升大学生的创业能力

创业能力的形成和发展是通过后天的培养和实践活动锻炼得来的。创业能力可以包含很多内容，如观察能力、想象力、注意力、记忆力、创造力、文字写作能力、口语表达能力、人际交往能力、管理能力、专业能力和综合性能力。创业能力的高低直接关系到创业是否能够成功。创业能力的获得一定要通过实践活动的锻炼，要充分利用创业实践活动综合培养大学生的各个方面的能力。

6.创业可以提升大学生的创业知识结构

创业知识包括专业知识、经营管理知识、市场经济理论知识、综合性知识等。随着我国市场经济的稳步发展、知识经济的快速推进，经济体制改革不断深化，改革开放初期那种仅靠胆识、勇气、运气就可以创业的时代已经过去了。具有良好的创业意识、创业精神、创业能力的创业者还需要吸收更多的创业知识。在创业中可以学习到系统的创业知识，可以为创业者的成功增加砝码，也可以为大学生更好地实现自己的职业理想添砖加瓦。

7.创业能够帮助大学生实现人生的价值

社会需要创新，人生需要实现价值。创造精神是创业精神的基础，创新精神是创业精神的核心，创优精神是创业精神的归宿。要想实现人生价值，成为一名成功的创业者，一定要有坚定的决心，有迎接挑战的勇气，有不断创新的进取心，对国家、对社会、对他人、对自己拥有使命感和责任感，并自觉履行这种责任。创业能够帮助大学生形成自信、自强、自主、自立的创业精神，更加有利于大学生坚定创业理念，完善个人精神追求。既要鼓励大学生敢于去偏远地区、冷门行业创业，也要支持大学生敢于自主创业，学会自我发展，培养大学生具有创业的胆量、勇气和开拓精神，以实现人生价值。

（二）创业是大学生毕业去向的选择之一

自主创业作为毕业生的出路之一，在当前已经成为部分毕业生的一项选择。党和国家正在为大学生创业积极提供良好的环境。党的十九大报告明确提出，要坚持就业优先战略和积极就业政策，实现更高质量和更充分就业。大规模开展职业技能培训，注重解决结构性就业矛盾，鼓励创业带动就业。提供全方位公共就业服务，促进高校毕业生等青年群体多渠道就业创业。破除妨碍劳动力、人才社会性流动的体制机制弊端，使人人都有通过辛勤劳动实现自身发展的机会。完善政府、工会、企业共同参与的协商协调机制，构建和谐劳动关系。坚持按劳分配原则，完善按要素分配的体制机制，促进收入分配更合理、更有序。鼓励勤劳守法致富，扩大中等收入群体，增加低收入者的收入，调节过高收入，取缔非法收入。坚持在经济增长的同时实现居民收入同步增长，在劳动生产率提高的同时实现劳动报酬同步提高。拓宽居民劳动收入和财产性收入渠道。履行好政府再分配调节职能，加快推进基本公共服务均等化，缩小收入分配差距。政府的重视会在一定程度上使创业活动更多地被社会所接受。相信随着国家对毕业生创业的引导、扶持力度的加大，各高校对创业教育的重视，在社会各界强有力的推动下，有更多的大学毕业生加入自主创业的行列。

近年来，国家提倡大学生“双创”，使得高校学生在毕业后自主创业或从事自由职业的意愿不断提高，在2021届毕业生中超过了1/4。但这只是意向，到毕业生落实毕业去向时，真正自主创业的要少得多。数据显示，有在毕业后自主创业或从事自由职业打算的专科生为38.6%、本科生为19.2%、研究生为8.2%。学历层次越高自主创业的意愿反而越低。从自主创业计划从事内容的类型来看，机会型创业占56.5%，生存型创业占43.5%。其中，机会型创业的比例专科生为49.3%、本科生为72.2%、研究生为76.6%，学历层次越高，机会型创业的比例越高。从创业是否是知识的应用和转化来看，知识型创业占57.3%，非知识型创业为42.7%。其中，知识型创业的比例专科生为51.8%、本科生为67.9%、研究生高达82.9%，学历层次越高，知识型创业的比例越高。以这两个维度进行交叉分类，机会-知识型创业的比例高达47.1%，远高于其他创业类型。

高校毕业生掌握了先进的知识，能更敏锐地洞察市场机会，必将成为我国创新与创业的主力军。

二、创业与考研、出国以及就业之间的关系

大学生经过几年的学习，毕业后所要面对的就是创业、考研、留学、就业以及待业的选择。而对这些方面做出的某一个选择和一个人的职业生涯规划直接相关。综观国内大学生创业，从专科生、本科生到研究生，起步无早晚，可以说每个阶段都有创业者脱颖而出，但高素质、宽眼界、大胸怀对创业的成功无疑会起到举足轻重的作用。特别是当前知识经济的快速发展，更需要数量众多的有创业能力的人才涌现出来，为社会的发展提供更有力的推动。因此，对大学生而言，未来发展路径的选择是一个重要的人生选择，不同的选择存在不同的利弊，也会不同程度影响到未来职业的发展。结合自身的情况进行选择，对大学生的职业生涯发展是极为必要的。

（一）在校生选择创业可以充分利用高校的创业平台与资源

大学生创业教育提供职业生涯教育、团队训练、岗位见习、演讲、学术、实践、社团、第二课堂、创业实践基地等活动，深入社会实践基地了解企业运作，有机整合第一课堂课程教学和第二课堂创业实践活动，唤醒、挖掘大学生的创业潜能，鼓励大学生开拓创新，增强创造性思维的培养，着力培养大学生的创新精神与能力以及人文素质。例如，南通大学在实践层面上做了有益探索：一是鼓励和引导大学生广泛开展科学技术研究与创造发明活动。出台了《南通大学学生课外科技作品申报立项和奖励暂行办法》，为优秀项目配备专门的指导老师进行全程辅导，积极组织学生参加各项竞赛活动。二是加快建设大学生创业园区，优化大学生创业环境，营造大学生创业氛围，围绕大学生的就业、创业指导工作，专门成立了“南通大学青年成才发展基金”，为大学生创业投资提供风险担保。三是联合南通市青年创业服务中心，邀请部分专利权人或创业专家来校对大学生创业进行指导，并组织一部分创业项目召开发布会。电子信息学院学生李博闻创办了“南通优位信息技术公司”，是学校第一个通过

技术吸纳风险投资的创业公司；理学院成立了江苏省高校中的第一个“可再生资源回收中心”；文学院成立了“小孔成像视频工作室”；计算机科学与技术学院成立了“南通天润网络有限公司”；建筑工程学院成立了“电脑回收公司”；体育学院开办了“南通铁木装饰工程有限公司”；教育科学学院成立了“南通新狐网络公司”。这些在校大学生充分利用学校的创业教育资源，为成功创业奠定了良好的基础，也带动了学校创业教育的发展。

（二）选择考研升学可以为创业积累更多的知识、能力与人脉资源

为未来做出创业生涯规划时，必须有长远的眼光和清醒的头脑，明确自己想要什么，以后往哪个方向发展，为此狠下功夫，争取所需的优势和资源。读研升学不但对日后的就业有帮助，对创业同样有助益。在研究生阶段积累的社会资源更紧密、更强有力、更有针对性，因为导师和同学这些实力派或潜力股，都是志同道合的圈内人，日后在业内发展自然能互相帮助。而相关的项目资源更是拓展人脉和资本的好机会，这种机会和关系都是本科阶段难以得到的。研究生阶段的主要任务是读文献、做实验、做项目、写论文，这些工作能拓展对专业知识的深刻理解，并有助于训练学术思维能力和动手动脑解决问题的能力，比起本科阶段在能力培养上的“广种薄收”，研究生阶段的学习和训练更有针对性、更有深度，日后无论是创业，还是继续做学问，这些思维方式和动手能力都是大有助益的。

（三）选择国外留学可以更好地激发创业意识，提升创业素养

通过更多地接触世界最先进的技术和教育形式，参加国内外的学术会议和学术访问，在原来学习的基础上得到更好的发展，通过学习掌握最先进的技术，为将来的工作打好基础，尤其是毕业后回国发展，这一优势更为明显。国外留学将要面对不同文化、不同种族的人，必须学会与这些不同文化背景的人打交道，并同时形成新的生活方式和思想观念，这是人生的一次飞跃，会觉得世界在眼前变小了，心中的世界变大了。个人的胸怀、素养与气质也就发生了质的变化。与人交往的素养、环境适应能力的培养对大学生创业有着极其重要的影响。

（四）选择先就业再创业可以更多地积累社会经验与创业资本

许多创业成功者认为：有创业想法的大学生，并不一定在学校就要着手创业，而应首先对自身进行评估，如果抗风险能力和专业能力等方面都能够达到创业的要求，直接创业是没有问题的。但是，如果在能力方面有欠缺，特别是在目前创业环境不成熟、各方面条件并不具备的情况下，选择就业则是当务之急。应该利用毕业后一段时间的培训过程，在社会上工作几年，积累一些待人接物的经验，然后再去创业。比如，到企业经过两三年的磨炼、学习，丰富社会知识和各个方面的操作经验，这样日后创业才更有成功的可能。可以说，从企业走出来的创业者眼光会更开阔，经营目标会更明确，能少走许多弯路。

总之，大学生是选择创业、考研、留学还是就业，只有对自己进行全面分析，了解自己的职业目标与优势，做出切合实际的职业生涯规划之后，才会比较清楚。在做出决定和选择之前，一定要分析清楚自身的条件和现实情况，权衡利弊，扬长避短，进行明确的职业发展规划，然后选择最适合自己的道路。

三、创业生涯规划的步骤与方法

人生在世，谁都想开创一份属于自己的事业。然而，创业的成功并非人人都能如愿以偿，问题何在呢？如何做才能使创业更有可能获得成功呢？这是每个想创业的大学生非常关心的问题。创业生涯规划可以为成功提供较有保障的技术与方法。目标明确，未雨绸缪，创业生涯规划可以使大学生充分认识自己、客观分析环境、科学树立目标、正确选择职业，运用适当的方法、有效的措施克服创业生涯发展中的困阻，避免人生陷阱，获得创业成功。

（一）以创业为目标导向的自我认知

面对复杂的创业形势，想创业的大学生有必要按照职业生涯规划理论加强自身的认识与了解，找出自己感兴趣的领域，确定自己创业的优势所在，明确切入创业的起点及提供辅助支持、后续支援的方式，其中最重要的是明确自我人生目标，即给自我人生定位。自我定位、规划创业人生，就是明确“我能干什么”“社会可以提供给我什么样的创业机会”“我选择干什么”“在创业中我怎么干”等问题，使理想可操作化，为开始创业提供明确方向。

1.明确自身优势

良好的开端是成功的一半，做自己擅长并喜欢的事情自然就事半功倍。创业之初，首先要对自己有清晰的认识，明确自己的喜好，明确自己能力的大小，给自己打打分，看看自己的优势和劣势，这就需要进行自我分析。通过对自己的分析，旨在深入了解自身，根据过去的经验选择、推断未来可能的创业方向与机会，从而彻底解决“我能干什么”的问题。简单地说，就是要明确“我所学的专业是什么”“我能做好的事情是什么”“我喜欢的事情是什么”，对自己的认识分析一定要全面、客观、深刻，绝不回避缺点和短处。尽量将自己所学习的知识以及自身的特长运用到创业中，增强创业的信心。只有从自身实际出发，顺应社会潮流，有的放矢，才能马到成功。要知道个体是不同的、有差异的，创业者就是要找出自己与众不同的地方并发扬光大。完成自己的创业定位，就是给自己亮出一个独特的招牌，让自己的创业才华更好地展示出来。

2.思考针对创业学到了什么

在校期间，从专业学习中获取了哪些创新性的收益，参加过什么社会创业实践活动，提高和升华了哪些方面的创业知识。专业也许在未来工作中并不起多大作用，但在一定程度上决定了创业的方向，因此拥有扎实的专业课程知识是进行创业生涯规划的前提条件之一。不可否认知识在人生历程中的重要作用，特别是在知识经济日益受到重视的今天，从事科技创新性的创业更离不开对知识的创造性运用。

（二）发现自己的不足

1.分析进行创业所存在的性格弱点

人无法避免与生俱来的弱点，必须正视，并尽量减少创业中对自己的负面影响。比如，一个独立性较强的人会很难在创业中与他人默契合作，而一个优柔寡断的人难以担当创业中组织管理者的重任。卡耐基曾经说过，人性的弱点并不可怕，关键要有正确的认识，认真对待，尽量寻找弥补、克服的方法，使自我趋于完善。因此，要注意深入分析，与他人仔细探讨，尤其是与自己相熟的人（如父母、同学、朋友等）交谈，看看别人眼中的你是什么样子，与你的预想是否一致，找出其中的偏差。这将有助于自我提高，在创业中扬长避短，推进创业的成功。

2.找到创业经验与经历中所欠缺的方面

由于自我经历的不同、环境的局限，每个人都无法避免一些创业经验的欠缺，特别是创业的许多方面都需要较为丰富的经验条件。创业需要大学生具备较丰富的创业意识、创业能力和创业精神，以满足知识经济时代对创业者创新精神、创新能力、管理技能等方面的需求。有欠缺并不可怕，怕的是自己还没有认识到或认识到了却不懂装懂。正确的态度是认真对待，善于发现，并努力克服和改善。

四、了解关于创业的外部世界

社会的快速变迁、经济竞争的不断加剧，使创业面临复杂多变的环境。在社会变革中，大学生创业者应及早做好创业规划，认清自己，并在开发自身创业潜能上不断探索和发现，正确掌握人生方向，创造成功的人生。了解关于创业的外部环境，主要是评估环境因素对自己创业生涯发展的影响，每一个人都处在一定的环境之中，离开这一环境便无法生存与成长。所以，在制订个人的创业生涯规划时，要分析环境条件的特点、环境的发展变化情况、自己在这个环境中的地位、环境对创业提出的要求以及环境对创业有利的条件和不利的因素等。只有充分了解了这些环境因素，才能做到在复杂的环境中趋利避害，使创业生涯规划具有实际意义。

（一）了解创业

创业是创业者通过发现和识别商业机会，成立创业组织，利用各种资源，提供产品和服务，以创造价值的过程。创业具有较高的风险，但也有较高的回报。随着市场经济的高速发展和知识经济社会的到来，越来越多的大学生投入到创业浪潮中，并取得了不少的成功经验，大学生创业也因此成为社会热点话题。了解创业成为大学生创业起步的需要。

创业是就业的另一种模式，不同的是创业者不是被动地等待他人给自己“饭碗（就业机会）”，而是主动地为自己或他人创造“饭碗”。目前，我国提倡和鼓励大学生自主创业，并为此出台了一系列包括工商、税务等方面的优惠政策。之所以提倡大学生创业，除了创业不失为缓解目前就业压力的一条解决途径之外，更重要的是可以培养大学生具有一种敢于开拓的创业精神。

创新是一个民族的灵魂，是一个国家兴旺发达的不竭动力。青年一代，尤其是大学生，是中国最具有活力的群体，如果失去了创造的冲动和欲望，而仅仅安于现状和守成，那么中华民族最终将失去发展的不竭动力。创业意识和创新精神绝不仅是希望创业的大学生所应考虑的事情，即使是在其他岗位就业的大学生也不该失去创新之“心”。

雅虎创办人之一杨致远指出，创业者成功的非常少，不管是在中国还是在美国，创业能做到一个小成功，大概只是十分之一，中成功是百分之一，大成功则是千分之一、万分之一。美国有统计表明，要成为企业家，失败率是90%，只有10%的企业家能在市场上生存5年或者更长时间。

既然创业成功的前景看起来如此暗淡，为什么还有众多的人选择了创业呢？首先，谋求生存乃至自我价值的实现是创业最主要的原动力；其次，创造更多的社会价值与个人价值是多数创业者的追求，开创自己的事业最有希望实现致富目标，很少有人靠为别人打工而创造更多的价值；再次，创业使创业者能够自己控制自己的工作，自己决定何时何地怎样工作；最后，即使创业失败，但其所带来的经验会使创业者学会如何应对失败，而这正是企业家所需的品质之一。

创业是一个复杂、艰辛的历程，要求大学生在校时就应该主动培养自己的创业素质，掌握一定的创业技能，进而享受创业和创新所带来的无穷乐趣。

（二）大学生创业的宏观环境分析

创业的宏观环境包括政治法律与政策环境、经济环境、社会文化环境、科技与教育环境、地区和行业环境。即将创业的大学生，应该善于把握社会发展的脉搏。这就需要做社会大环境的分析：当前社会、政治、经济发展趋势；社会热点、职业门类分布及需求状况；所学专业在社会上的需求形势；自己所选择的创业方向在目前与未来的社会中的地位情况；社会发展对自身创业的影响；自己所选择的创业项目在未来行业发展中的变化情况，以及在本行业中的地位、市场占有率及发展趋势等。对社会发展趋势的认识，有助于大学生把握创业的社会需求，使创业选择紧跟时代步伐。

1.创业的政治法律与政策环境

政治法律与政策环境指的是一个国家或地区规定的相关法律与政策，可分为大政策环境与小政策环境。前者是针对所有的创业者，后者是针对某些特定的人群。以大学生创业者为例，大政策环境包括民营企业的地位转变；大力扶持高新技术企业；高等院校服务于各行各业的技术成果转让、技术培训、技术咨询、技术服务、技术承包所取得的服务收入暂免征收企业所得税；税收优惠政策向西部倾斜等。小政策环境包括国家和各级政府为鼓励支持大学生自主创业相继出台的一系列有利于大学生自主创业的政策，包括教育部、国务院办公厅、财政部、人力资源和社会保障部、国家市场监督管理总局等针对大学生自主创业出台的相关政策与措施。

2.创业的经济环境

经济环境指的是一个国家或地区的整体经济状况，包括经济发展水平、社会经济结构、经济体制、宏观经济政策、物价水平、劳动力情况等。比如，为科学协调发展我国经济，当前我国的经济结构正处于调整时期，大力扶持高新技术企业被列为我国政府新时期的主要任务之一，国家已经相继出台了扶持措施。

3.创业的社会文化环境

社会文化环境指的是一个国家或地区的民族特征，如人口状况、社会阶层、生活方式、风俗习惯、宗教信仰、伦理道德、文化传统等的总和。大学生在创业时，要对自己产品的消费对象进行清楚的定位，应当密切关注人群特征以及发展动向，不失时机地辨明和利用由此带来的市场机会。

4.创业的科技与教育环境

科技与教育环境指的是一个国家或地区的科技发展水平、国民受教育程度、人力资源的开发程度以及教育方式等。比如，我国高校中广告设计专业的学生，他们即使在计划经济年代也绝大部分选择了自主创业，这是因为他们的学习模式是边学边做，理论课时只占其教学计划的20%，而实践课时却占教学计划的80%，学生走出校门时已是一个有创意的职业人了。当前，不少省市设立的科技创业园区、经济开发区都为大学生创业提供了不少优惠条件。

5.创业的地区和行业环境

对创业者来说，地区和行业环境的影响更为直接、更为具体。比如，地方政府的相关政策、社区政策，以及当地居民、环保组织、其他利益集团的态度等。创业者在创业时对地区环境的评价应主要考虑以下因素：对该地区的熟悉程度；在该地区有多大的影响力；拟创立的企业在该地区会产生怎样的影响；哪些有影响的地区成员会支持或反对你创办的企业；使用什么样的人际关系技能来培养关键的地区关系；采取什么样的实际步骤来加强地区成员的支持，使创业机会最大化；采取什么样的实际步骤来减少地区成员的反对，使创业问题最小化。任何一个新创企业都必然归类为某个行业或某几个行业，因此行业分析对新创企业十分重要。一般来说，新创企业的行业环境分析主要关注两个问题：一是行业内的竞争程度和变化趋势；二是行业所处的生命周期。美国学者迈克尔·波特的五种力量模型反映了新创企业的环境因素。他认为现有的市场竞争者、潜在的进入者、供应商、消费者和替代商品的生产者决定了一个企业的竞争力，构成了行业环境因素，对新创企业的生存和发展起着至关重要的作用。

（三）大学生创业的微观环境分析

微观环境指的是组织内部各种创业要素和资源的总称，如人员、资金、设施、技术、产品、生产、管理、运行等方面的情况。微观环境是创业者的家园，是创业活动的根基，是实现个人创业抱负的舞台。西方关于职业发展有句名言：你选择了一个组织，就是选择了一种生活。特别是现代组织越来越强调组织文化的建设，员工适应生存能力越来越高，因而新创企业应对创业组织的各个方面进行详细了解，要从创业团队、资金及其来源、产品竞争力、技术开发水平、生产工艺、市场组织能力等方面找出自身的优势和劣势。在知己知彼的基础上，将优势与外部机遇有机结合起来，才能使创业成功。

1.注意创业微观环境的激活

这是创业者需要开发的第一资源。大量研究表明，强烈的创业欲望是成功创业的条件。只要创业者具有强劲的内驱动力，他就会一次次寻找商机，充满激情，从而充分激活创业的微观环境。创业愿望是被唤起的初衷，隐藏于创业者内心深处，是他最初的、难以忘怀的心愿；创业愿望是被激发的渴望，是创业者一直想做，但因为种种原因，始终未能如愿的事业；创业愿望是被挖掘出的价值，在创业中具有至高无上的地位，比其他事业更有价值；创业愿望是理性的选择，是根据创业者的现实情况而整合过的初衷、渴望和价值，是创业者理智的选择，在此基础上针对微观环境做出相应的创业对策。作为一个创业者，首先要思考拥有哪些创业资源，其次要考虑微观资源如何运作才能得到激活，要跳出传统的思维定式去思考。在很多情况下，是创业者的无形资源决定着有形资源的开发和利用，即创业者的创业愿望的强烈程度、创业动机与目的的不同以及成功创业的标准和水平决定着创业者自身的哪些方面可以成为创业的微观资源。能否将创业者身上微观的“一根草”变成创业的“法宝”，完全取决于创业者如何将自己的微观资源优势开发和利用为创业资源。

2.注重创业资源环境的开发与维护

在创业微观环境中，任何一个企业都离不开对人力、财力、物力及信息的管理，因此成功的创业需要科学的管理。创业管理主要包括对人力的管理和对财力的管理两个方面。人力资源管理作为近30年来出现的一个崭新的和重要的管理学领域，远远超出了传统人事管理的范畴，其内容极为丰富。人力资源管理是指运用现代化的科学方法，对与一定物力相结合的人力进行合理的培训、组织和调配，使人力、物力经常保持最佳比例，同时对人的思想、心理和行为进行恰当的引导、控制和协调，充分发挥人的主观能动性，使人尽其才、事得其人、人事相宜，以实现组织目标。对财力和物力的管理主要集中于：一是筹资活动的管理，侧重于资金的来源渠道、所需数额、项目构成及成本的管理；二是投资活动的管理，侧重于资金的投向、规模、构成的管理；三是经营活动的管理，是对投资项目经营中占用资金的管理，包括现金管理、存货管理及应收账款的管理；四是分配活动的管理，是对企业盈利后资金分配的管理，即如何在所有者中进行资金分配。微观环境的有效开发有利于激活新创企业内部活力与创造力，推动创业活动走向成功。

五、大学生创业环境SWOT分析

大学生创业的优势很明显：对事物有较强的领悟力，自主学习知识能力强，接受新鲜事物快，思维普遍活跃，运用IT技术能力强，自信心较足，对认准的事物有激情去做。但大学生在创业方面也存在一些劣势：缺乏社会经验和职业经历，尤其缺乏人际关系和商业资源，缺少真正有商业前景的项目，融资借贷困难重重，创业设想大而无当，市场预测普遍过于乐观，心理承受能力差，遇到挫折容易放弃。例如，有的学生在前期听到创业艰难，没有尝试就轻易放弃。在弄清了自身的优势、劣势后，要与外部的机遇与威胁一起进行综合性分析，典型的、最常见的分析方法是SWOT分析法。该方法将企业外部环境的机会与威胁、内部条件的优势与劣势分为纵横两个维度，加以对照分析，既可以一目了然，又可以从内部环境条件的相互联系中做出更深入的分析评价和有效的创业战略选择。

六、创业生涯决策

对于职业生涯规划，美国著名发展顾问、人力资源专家鲍勃博士认为，在20世纪人们通常只有一个积极生命阶段，而在21世纪，人们将拥有三个积极生命阶段。接受教育和寻求事业发展是第一个积极生命阶段；在所从事的职业领域奋发有为是第二个积极生命阶段；过去所谓的“退休”时期变成了第三个积极生命阶段。如何充分利用第二个积极生命阶段成为有创业愿望的大学生进行创业生涯规划的内在动力之一。只有通过科学的创业生涯规划，才更有可能使一个人的创业目标得以实现，使一个人的事业获得成功，使一个平凡之人发展成为出色的人才。每位选择创业的大学生都应该有效运用创业生涯规划来增加自己创业成功的可能性。

（一）明确创业选择方向

通过自我分析与环境分析，创业者要明确自己该选择什么样的创业方向，即解决“选择了什么”的问题，这是个人创业生涯规划的核心。创业方向直接决定着一个人的创业发展，创业方向的选择应按照职业生涯规划的基本原则，结合自身实际来确定：一是择己所爱的原则。创业者必须对自己选择的创业项目是热爱的，从内心由衷地认识到“干一行，爱一行”。只有热爱它，才能全身心投入创业，做出一番成绩。二是择己所长的原则。创业者只有选择自己擅长的创业领域，才能发挥自我优势。三是择社会所需的原则。创业者所选的创业项目只有被社会所需要，才能有自我发展的保障。四是择己所利的原则。创业者应本着“利己、利他、利社会”的原则，只有选择自己适合的、有发展前景的创业方向，才能更好地保证创业成功。

创业生涯目标的确定是个人创业理想的具体化和可操作化，是确立可预想到的、有一定实现可能的最长远目标。创业目标的选择并无定式可言，关键是要依据自身实际，适合自身与社会的发展。值得注意的是，伴随现代科技与社会进步，个人要随时注意调整创业目标，不断创新创业项目，尽量使自己的创业选择与社会需求相适应，只有紧跟时代发展的步伐，适应社会需求，才能不被淘汰出局。

（二）规划创业未来

1.提升创业素质，顺应环境需要

所谓创业素质，是指人们在创业中生存和发展的各种内在基础条件的总和。大学生对待自己的创业素质培养，要有科学的态度、完善的规划，要认识到提高素质是一个漫长的过程，也是一个艰苦的过程，不可能一蹴而就，必须在学习中实践，在实践中完善。应对政治、经济、文化、习俗等不断变化的社会环境的挑战，仅书本中学到的知识远远不够，在实践中增长的才干也未必能保持终身的优势。因此创业者必须树立终身受教育的观点，不断更新知识结构，不断尝试各种创业、守业的方式，不断完善自身素质。创业者要在洞察和分析时代环境中创造机遇，并在进与退、得与失、成与败之中进行选择和整合，以便在新的需求即将出现的时候，或者市场的游戏规则即将改变的时候，抓住时机率先进入，以此获得先机及丰厚的回报。

2.把握创业“地利”，善用地域环境

无论是处于好的地域环境，还是处于差的地域环境，都可以利用地域特点和有利之处进行创业。在一些发达城市，创业氛围浓厚，对创业的支持包容度大，许多大学生创业者就是利用了这种“地利”，充分发挥自己的才干获得了成功。但是，地域环境差的地方也有“地利”，也是最需要建功立业的地方，穷乡僻壤有时也会变成创业的肥沃土壤。地域环境的“地利”有的比较明显，有的则比较隐蔽。对于明显的“地利”，要敢于利用、善于利用；对于不明显的“地利”，也要去挖掘、去使用。比如，对当地的自然资源、人力资源、历史沿革、风俗传统等都要明了于心。具体怎么利用，要依据自己的创业目标而定。

3.善于创业经营，构筑物质环境

在现代社会创业必须以经营为手段，最大限度地利用现有的物质资源，进行有效的管理与利用，只有这样创业才能得以健康发展。要充分利用国家政策法规获得物质资源。要善于经营自己的“知本资源”，懂得“知本”作价和股权比例等具体问题的操作程序，了解其中的游戏规则，以知识优势和技术成果去获取经营产权。要善于利用金融体系，随着高科技创业的兴起，境外风险投资商开始在国内投资，国内风险投资基金公司也开始为大学生创业注入资本，民间投资、风险投资将会更为放开，创业

创业案例分享 6-2

借助电商平台帮助乡亲脱贫的创业大学生

的资本环境会更加完善。

4.调整创业规划，适应发展需求

面对发展迅速的信息社会，仅仅制订一个长远的创业规划显得不太实际，因而有必要根据自身实际及社会发展趋势，把理想的创业目标分解成若干可操作的小目标。一般说来，以5~10年的时间作为一个规划段落较为适宜，这样才能更好地适应时代的需要，灵活调整规划，太长或太短的规划都不利于创业发展。

育德润心 6-1

为青年筑就创新创业成才梦的大赛

任务三 “互联网+”创新创业大赛

一、创新创业大赛的沿革

育德润心 6-2

力挺养老服务业 支持政策蓄势待发

创新创业教育，即“双创”教育，是符合时代发展要求的教育方式和内容。21世纪是竞争的时代，社会经济竞争的背后是人才的竞争，能否培养合格的人才是竞争的核心。我国作为当今世界最具发展潜力和活力的发展中国家，要想实现中华民族伟大复兴，并立足于世界民族之林，就必须要注重培养创新创业型人才，使我国具备可持续发展的竞争力。国际、国内的发展趋势要求我们加强“双创”教育，崇尚竞争和追求成功的大学生群体是我国“双创”教育的主要对象。大学生特有的知识优势通过适当的“双创”教育能够激发出最大潜力的发展空间。我国大学生“双创”教育在此背景下得以提倡和发展。例如，自中国国际“互联网+”大学生创新创业大赛举办以来，全国高校已普遍开设创新创业教育课程，累计开课3万余门。各高校聘请行业优秀人才担任“双创”教师，专职教师近3.5万人，兼职导师13.9万余人。

一般认为，1997年清华大学的“创业计划大赛”是我国高校实施创业教育的开端。由此，创业教育在我国正式拉开了序幕，全国很多大学开始尝试和探索大学生创新创业教育模式；1999年，教育部出台的《面向21世纪教育振兴行动计划》中就明确提出，加强对教师和学生的创业教育，鼓励他们自主创办高新技术企业；由共青团中央牵头的“挑战杯”创业计划大赛也在1999年正式拉开序幕；2002年，教育部确定了清华大学、上海交通大学等9所高校为创业教育试点院校，并且给予了政策和资金支持；2005年，大学生KAB创业教育（中国）项目开始实施。在这些政策措施的引导下，我国“双创”教育事业取得了可喜的成绩。2014年9月，李克强总理在夏季达沃斯论坛上提出的“大众创业、万众创新”，是在新一代的就业与创业中提出的新目标。李克强提出，要在960万平方千米土地上掀起“大众创业”“草根创业”的新浪潮，形成“万众创新”“人人创新”的新势态。在“互联网+”的时代背景下，大学生的创业与就业面临更多的选择。从微观层面来看，创新创业教育使大学生具备了立足社会、实现价值的能力。因此，“互联网+”创新创业教育是现代大学生创业和就业的新方法和新方式，通过“互联网+”创新创业大赛可以更好地激发大学生对新科技、新能力的提升。

2015年，中国“互联网+”大学生创新创业大赛（2020年起更名为中国国际“互联网+”大学生创新创业大赛）启动，第一届大赛在吉林大学举办。截至2021年的第七届大赛，全球共有121个国家和地区、4 347所院校、228万余个项目、956万余人次报名。七届大赛累计603万个团队的2 533名大学生参赛，实现了基础教育、职业教育和高等教育的贯通。前六届大赛400多个金奖项目带动就业达50多万人。

二、大赛是提升大学生创新创业能力的有效途径

自2015年《政府工作报告》中首次提出“互联网+”行动计划后，国家相继又出台《关于积极推进“互联网+”行动的指导意见》《国务院办公厅关于深化高等学校创新创业教育改革的实施意见》等政策，提出要加快推动互联网与各领域深入融合和创新发展，要全面深化高校创新创业教育改革的目标要求。“互联网+”创新创业大赛的模式是在“大众创新、万众创业”新模式下的一种新的人才培养模式。自2015年起，即按照教育部的相关文件，以大力发展大学生的创新、创业能力作为主要人才培养目标。“以项目带动教学、以大赛促成项目”已经成为一种崭新的教学模式。2018年9月，国务院下发《关于推动创新创业高质量发展打造“双创”升级版的意见》。2018年12月20日，“双创”当选为2018年度经济类十大流行语。

就业创业政策6-1

《关于积极推进“互联网+”行动的指导意见》

三、以大赛促成绩、以成绩促创新创业

以大赛为契机，促进大学生提升完成项目的能力。当今市场对大学生的应用能力提出了更高的要求，而大学生应用能力的提高需要在平时的学习中不断锻炼。由于受到教学体制、教学思想、教学内容和教学模式等的限制，大学生在平时学习中没有足够的锻炼机会，因此参加大赛成为大学生提升自己综合能力的一条重要途径。

育德润心6-3

家是最小国，国是千万家

提高大学生参加大赛的积极性，营造重视培养竞赛训练综合能力氛围。大学生在刚开始接触大赛的时候，由于他们对大赛不是很了解，尤其是对大赛的认知比较模糊使学生的实践能力相对较弱，加之现在的大学生基本属于90后和00后，受到家庭的保护和学校教育定位的限制，因此大学生的实践动手能力不强，再加上现在的企业很少给在校大学生提供实践操作的训练机会，这样的教育模式对提高大学生应用能力的培养是非常不利的，在一定程度上会影响大学生的积极性。而鼓励大学生积极参加各类国家和省（市）级的创新创业大赛，对提高大学生的实践动手能力和应用能力是十分有利的。

育德润心6-4

把红色基因融入“二次创业”征程

以大赛为导向，深化应用能力教学理念。应用能力的目的是提升大学生的实践操作、理性思考与专业知识等方面的有效结合，实现“学中有做，做中有学”，提高大学生发现问题、解决问题的能力，更好地面对未来的挑战。大赛是检验学生对平时所学知识的综合运用能力。综合运用能力的基础就是要熟练掌握各个学科的专业知识和实践技能，这对各个学科的专业学习及未来的就业有着重要的作用。

项目训练

结合创业大赛方案回答思考以下问题：

一、你的管理团队拥有什么类型的业务经验

____

____

二、在你的管理团队中，成员有成功者吗

三、每位成员的动机是什么

四、你的公司或产品如何进入行业

五、在你所处的行业中，成功的关键因素是什么

六、你如何判定行业的全部销售额和增长率

七、对你公司的利润影响最大的行业变化是什么

八、和其他公司相比，你的公司有什么不同

九、为什么你的公司具有很高的成长潜力

十、你的项目为什么能成功

下篇

资料篇

项目七
中英文简历范例

项目资料书

资料	
资料一	简历封面设计范例
资料二	中文简历范例
资料三	英文简历范例

资料一　简历封面设计范例

封面制作的精髓：一句话，简约却不简单。

范例一：

范例二：

求职材料

知识在线7-1

求职简历应该如何撰写（视频）

资料二　中文简介范例

范例一：

求　职　信

敬爱的领导：

您好！诚挚地感谢您选择阅读我的求职材料，能为您工作是我的梦想，我坚信这一选择，请惠予考虑。

我来自历史文化名城河北邯郸，求学于南国×城×××大学经济信息系。对一个城市由完全陌生到逐渐熟知的过程，强化了我刚强自信的性格，促使我不断向逆境挑战，不断适应新的环境；也使我有机会领略到各地的风情风貌，品味到迥异文化的隽永，融古老与现代、思考与经历、理性与感性于一体的同时，触摸着时代的脉搏，使我能够在这个多变的世界中找到永恒——专业知识与兴趣特长间的契合点。大学校园开放、民主、活跃的氛围，给了我更多彰显个性的空间，使我的个人素质和综合能力得到了全面发展。

做事先做人，我一直以来谨记着：勿以恶小而为之，勿以善小而不为；把“虚怀若谷”四个字铭记在心，以“博学济世”为目标，对知识进行锲而不舍的探求；善待每一件事、每一个人，笃信“扎实”二字，尝试着学习做人。

做人为本，做事为标。要把“人”字写好，还要以“做事”为依托。大一时，作为新生中唯一有两篇文章被刊登在校刊特辑上的学生，我有幸成为校刊编辑部的一员。从此，编辑部工作成为我大学生活的重要内容，并为我提供了新的发展契机。在这个集体中，我交到了志同道合的朋友，得到了充分表达思想与尝试实践的机会，虽然一路上有曲折、艰难，却也养成了我坚毅积极、执着敬业的做事态度。

在系领导、老师及同学的推荐下，我担任了信息经济学会会长，组织多项学术讲座、论文比赛，并联合其他院系邀请教授、研究生举行研讨会，推动了我系科研氛围的形成，并提高了个人科研能力，因此获得连任。

学会做事是提高个人能力、磨砺意志的最佳办法。做人做事需要包括知识、技能等在内的多种素质，也需要知识作为平台。在掌握好专业课程的基础上，我结合自己的兴趣爱好，努力向相关学科延伸，曾荣获校奖学金，专业课程80%优良。在关注专业与媒体交叉领域的同时，我还自学了新闻学专业的所有本科课程。我能熟练使用Windows操作系统以及PB、HTML、C等编程语言，能灵活运用Adobe Photoshop、Dreamweaver、Frontpage、Flash、Fireworks、Cool 3D等软件，具备策划、组织、编辑、设计网站的能力，以及快速掌握一般性应用软件的能力。我对知识有无尽的渴求，对工作和学习有无限的热情和灵感。

大学四年，是学校、老师、父母、同学给予了我在新征程上腾飞的翅膀，使我在具备专业知识结构、个人特长、实践经历的同时，初步具备了良好的团队精神和组织策划能力。

“天行健，君子以自强不息。”站在又一个新的起点上，志存高远，信念依旧，我将做不懈的努力。希望能得到您的赐复，共创美好明天！

此致

敬礼

×××

20××年1月

续表

<table>
<tr><th colspan="3">个人资料</th></tr>
<tr><td>姓名：
性别：
血型：
民族：
学历：
毕业学校：
专业：</td><td>出生年月：
住址：
电话：
身高：
电子邮箱：
通信地址：
系别：</td><td>求职意向：
各类企事业单位、经济管理部门、经济信息咨询机构从事信息系统开发和应用以及经济信息管理工作。结合个人兴趣、特长与实践经验，能胜任企划、网站编辑与设计、广告、出版、媒体研究与管理等与互联网、各种媒体、计算机相关的工作。</td></tr>
<tr><th colspan="3">在校情况介绍</th></tr>
<tr><td colspan="3">语言与技能：
英语通过国家CET-6考级，能够熟练地进行阅读和翻译，具备一定的口语表达能力；具备宽厚的计算机基础知识，熟练使用数码相机、摄像机及便携式电脑；灵活运用Adobe Photoshop、Dreamweaver、Frontpage、Flash、Fireworks、Cool 3D、微软Office等软件；熟悉Windows 2000/XP，了解MS-DOS、Unix操作系统，能用PB、HTML、C等编程语言编程；具备冲浪、网站设计和管理、制作课件、快速掌握应用软件的能力。
主要职务及社会活动：
《××××》校刊的记者、编辑、责任编辑、网络美工，经济信息系信息经济学会会长，××大学经济信息系20××（5）班生活委员，网络管理中心网络技术部、多媒体制作部实习人员，《××日报》“专题报道”栏目实习记者，《××报》“商都生活”栏目美编室见习记者。
自我评价：
性格开朗，为人乐观上进。对未知领域有很强的求知欲。对新生事物接受能力强，具有一定的创新思维能力，尤其是善与人沟通，有很好的人际关系。解决问题的方法灵活变通，头脑冷静，思路清晰。具备一定的处置突发事件的能力和一定的管理组织才能。</td></tr>
</table>

点评：

厚厚的各类证书可以证明应聘者的实力，求职信中介绍的情况也能够让招聘人员对他产生兴趣。但在这里需要指出的一点是，应聘者在求职意向中为增加被选中的可能，罗列了很宽的工作范围，而对有经验的招聘人员而言，则有可能把如此宽的求职意向归为特色不突出。这一点值得大家注意。

范例二：

简　　历

姓名：　　　　　　　　　性别：

学历：　　　　　　　　　出生年月：

电子邮箱：　　　　　　　手机：

教育背景：

2018.9—2022.6	××大学中文系新闻传播专业
2015.9—2018.7	××中学
2012.9—2015.7	××中学

续表

本科专业课程： 新闻传播专业 专业课：新闻采访写作、编辑学、电视艺术学、传播学、广告学、公共关系学、摄影学 基础课：中国当代文学史、中国现代文学史、文学写作、文学概论、现代汉语，古代汉语、中国古代文学史 选修课：新闻摄影、美学概论、中国印刷、电影艺术欣赏、争议作品研究、中国民俗学、中国宗教、佛教寺庙文化、统计学、基础自然科学 辅修专业课程 专业课：网络新闻概论、网络新闻的采集与制作、网络传播原理、媒介经营与管理、电子商务、网络营销与广告、网络信息资源管理 基础课：传媒经济、传播心理学、互联网传播技术、传播学理论研究、传播学研究方法、媒介传播史、公共关系学、广告学研究 选修课：传播研究的设计与分析、传播统计学、网页设计与制作、多媒体制作与传播、网络传播法规与政策 实习经历： 2020.12 《北京青年报》社会新闻采编中心实习记者 2021.9 中国世纪媒体集团“××”栏目撰稿人 2021.10 《中国工商报》新闻部实习记者，简讯栏目编辑 发表作品： 1. 2. 收录文章： 1. 2. 实习作品： 1. 2. 兴趣爱好： ◆读书、旅游、欣赏电影、游泳 ◆在互联网上遨游，在网上发表作品

点评：

作为一份典型的应届毕业生的求职简历，应聘者特别突出了其教育背景，包括详细的本科专业课程，其目的在于说明自己坚实的专业基础；而且锦上添花的是，应聘者通过简洁的实习经历和丰富多彩的作品介绍充分展示出其才华与魅力。这样一个才华横溢而又精力充沛的年轻人，谁能不求之若渴呢？尽管在简历中该应聘者没有明确自己的求职意向，但招聘人员一定已对其有了一个很好的定位。

范例三：

求　职　信

尊敬的领导：

您好！首先我怀着诚挚的心意祝您工作顺利，健康愉快。

我叫××，女，2000年出生，共青团员，系××大学财经学院货币银行学专业2019级毕业生，于2022年6月毕业。本人在校表现一直较为优秀，多次获得各项奖学金及获评三好学生、优秀团员称号，思想积极，学习努力，在校成绩优良，综合测评列本专业第七名。本人做事责任心强，积极乐观向上，性格开朗不失沉稳，有较强的团队协作精神。

在大学期间，虽然参加的社会活动并不是很多，但是我始终抓紧时间努力汲取知识，增强自己的实力，坚信“业精于勤，荒于嬉”的道理。

我在校英语课成绩全优，通过全国大学英语四、六级考试，以及TOFEL考试，成绩优秀。英语听、说、读、写能力强，曾做过翻译、导游等兼职工作。我对计算机操作有浓厚的兴趣，除了在校所学的必修课Word、Excel、Foxpro外，还自学了PowerPoint、Frontpage等常用工具，会制作简单网页，熟练操作Internet和多媒体技术，通过了全国计算机二级考试（Foxbase数据库），打字速度快。

经过三年的认真学习及对课外知识的广泛涉猎，我不仅系统掌握了国内外主要金融理论和一些会计知识，还全面学习掌握了外汇交易、国际结算、商业银行经营、证券投资等实务知识，并培养了我对金融工作的浓厚兴趣。必修专业课成绩全部优良。

同时，我也没有忘记培养自己多方面的素质和能力：组织参加“一二·九”合唱，参加首届大学生篮球赛开幕式演出，参加“国民保险意识调查”访问和研究工作，参加编写远程教育网络课件脚本，参加“下岗职工再就业资金启动问题”课题小组并获奖，多次在校刊、班刊上刊登文章，积极锻炼身体，参加院运动会获得800米第二名……这些活动使我的素质修养更加全面，培养了我的事业心、责任感，增强了我对事物的领悟能力，养成了我顾全大局、服从集体的良好品质和艰苦奋斗的拼搏精神。

四年的大学生活即将结束，我将带着满腔的热情、所学的知识和良好的心理素质积极地投入社会，投入崭新的工作和学习中去，同时将更努力地完善自己的不足之处。我衷心地希望贵单位给予我面试的机会，更希望我能为贵单位的发展做出自己的贡献。

随信附有我的简历，如有机会与您面谈，将十分感谢。

此致

敬礼

求职人：××

20××年6月

个　人　简　历

姓名：××	性别：女	身高：170cm
出生年月：2000年10月	民族：汉	籍贯：北京市
健康状况及心理素质：良好	政治面貌：群众	毕业院校：××大学财经学院
专业：货币银行学	学历：本科	电子邮件：123456@qq.com

教育背景：

2015年9月—2018年7月　　××中学

2018年9月—2022年6月　　××大学财经学院

续表

获奖以及成绩情况： 综合测评列本专业第七名，学习成绩列本专业第五名。第一学年：校优秀团员，学习优秀三等奖学金，校三好学生。第二学年：院优秀团员，校级优秀干部二等奖，学习优秀三等奖学金…… 外语以及计算机水平： 通过全国大学英语四、六级考试及TOFEL考试，均获得优秀成绩，口语流畅，语音准确，阅读和写作水平较高。 通过全国计算机二级考试（Foxbase数据库），熟练掌握Office系列软件操作，擅长运用Word、PowerPoint、Excel，能熟练处理各种文档，熟练运用Internet，能用Frontpage制作简单网页。 主修课程： 货币银行学、证券投资学、国际金融、商业银行经营与管理、财政学、西方经济学、政治经济学、管理学 其他课程： 金融英语…… 学位论文： 《论银行并购带来的内部收益》　　成绩：优 实习论文： 《在中行本溪分行平山区支行的实习有感》　　成绩：优 实习经历： 2021年1—5月，参加远程教育网络课程脚本中《金融市场》《固定资产的管理》的编写 2021年8月，在中国银行××分行实习，业务水平得到很大提高；曾参加社会兼职，如家教、翻译等 爱好与社会活动： 热爱运动，尤其擅长羽毛球、中长跑、滑冰等项目；中学曾获校800米第一名；大学期间每年代表班级参加院运动会女子800米及其他项目，2020年4月荣获院运动会女子800米第二名；选修健美操、旱冰课并获优秀成绩…… 个性特点： 本人责任心强，做事认真，乐于助人，有一定的统筹安排能力；热情开朗而不失沉稳，对工作有热忱；积极乐观向上，勇于接受挑战，有一定的处理问题能力；吃苦耐劳，有一定的团队协作精神 求职意向： 愿意进入各银行、证券公司、会计师事务所等机构以及企业事业单位从事信贷、财会、审计、涉外、公关等工作

点评：

这是一份很耐读的简历，不仅版式清新，而且语言的感染力很强，使读者对其所述深信不疑，这也是应聘者高明之处。此简历的另一个优点是，应聘者的“个性特点”在全文的各方面内容和用词造句上予以真实的体现，有种跃然纸上的感觉。

范例四：

这样的我

我生于2000年5月1日。这就是说，我出生的那一天恰好是“五一”国际劳动节。我不是宿命论者，但这个数字确实反映了我的某些方面：像劳动者一样，我善于接受最新的观念和知识；像劳动者一样，我勤奋、敬业，把一切交付给我的任务视为对我的信任，并对此怀着极大的感激。

在我21年的生活中，有3/4的时间是以一个学生的身份度过的，但这绝不意味着我因此就是一个不谙世事的莽撞少年或是一枝养在温室里的花朵。恰恰相反，16年的学校生活沉淀下来的不仅仅是知识，更是做人的素质和能力。事实上，正是长期的集体生活炼就了我的包容和谦让，我深知脱离了集体的个人将是微不足道的，同时我也有能力迅速融入每一个新的集体，并为其整体发展做到最好。

作为一个现实社会中的个体，我也遇到过困难、挫折和失败。在与其抗争时，我欣喜地发现自己有着比一般人更为坚韧的意志、顽强的精神和良好的心理素质。我想这良好品质的形成，与我所受到的家庭教育功不可没。作为共产党员，我的父母有着“吃苦耐劳，任劳任怨，一切以集体为重”的品质。他们将这一优良的品质传给了我，并且20余年来一直以这一准则言传身教。与同龄人相比，我也许较少拥有父母的呵护，但我却获得了这种品质，这尤其使我在4年的异地求学生活中受益匪浅。也是得益于这种品质，我对学业游刃有余，“三好学生”“优秀学生”这些荣誉，自小学到中学，多年来一直与我相随。其实追逐荣誉不是我的目的，获取知识才是我的乐趣。我是一个爱好广泛、对知识如饥似渴的人，课堂知识只是构成我全部知识的一部分。广泛的学习开拓了我的视野，促成了我思维的缜密与心理的成熟。进入大学，我看到了一扇通往更广阔知识海洋的大门，同时也不得不面临两种选择：一是为考试和高分而学；二是为充实自己而学。由于大学学业的加重，我不能再像从前那样两者兼得了。高分与知识，我选择了后者，于是获得知识的同时也失去了奖状。从昔日的辉煌中归于平凡，我有些不适应，但我不后悔，毕竟知识的分量才是最重的。

不过请千万不要误会，我可不是百无一用的书呆子。由于有数年的学生干部生涯、多次的社会实践经历，我对自己的组织协调能力、工作办事能力有充分的信心，只是由于多种原因，我一直未能遇到一个真正可以发挥出全部潜力的机会，这也是我多年来一直不能释怀的。有人说，是金子总会发光的，我相信并且期待。当机遇来临之时，我一定会满怀信心地迎上去，握紧它。

此致

敬礼

××

20××年2月

教授推荐信

我校金融系金融专业应届毕业生××同学，品学兼优。外语水平较高，通过全国大学英语考试（CET）取得四级、六级合格证书，并在××银行主办的金融英语考试中获得金融英语证书，具有较强的英语听、说、读、写能力。金融专业各科成绩优良，荣获微软“产品高手”“办公软件专家”称号，并取得全国计算机信息技术考试合格证书；工作认真负责，深受师生好评。今后适宜担任有关银行和非银行企业涉外金融的工作，如国际金融、国际贸易、商业银行、跨国公司、外汇交易、计算机网络等方面的工作。

××大学　××教授

20××年2月14日

续表

姓名		性别		民族		照片
出生年月		身高		体重		
籍贯		身体状况		政治面貌		
学历		培养方式		专业		
毕业院校	××大学					
学位	经济学学士					
特长	英语、计算机、写作、辩论、金融专业技能					
爱好	文艺、电脑、金融科技、阅读、音乐、旅游					
英语水平	通过了大学英语四、六级考试，并取得了较好成绩；通过了××银行主办的金融英语考试，获得了金融英语证书；学习英语10年，打下了深厚的功底，具有相应的听、说、读、写能力					
计算机水平	通过微软认证，荣获微软“产品高手”“办公软件专家”称号；获得了全国计算机信息高新技术考试证书；精通Windows等操作系统；熟练使用Word、Excel、Access、PowerPoint、Outlook等办公自动化软件；能够使用Photoshop、Photoplus等绘图软件进行基础设计					
专业水平	经过4年学习，形成了金融、经济理论知识体系，具有扎实的基础和较高的专业素质；能够准确阅读和翻译经济类英文原著；深入学习了财政政策、货币政策，并能够运用这些理论对现实问题进行分析；精通数学，熟悉会计、税务、统计等知识，具有分析企业（尤其是金融企业）投资理财、经营决策的初步能力					
在校经历	曾任校报记者、系刊编辑，并在校报及学校刊物上发表过文章；连续2年参加校辩论赛，在系队中担任第五辩手					
社会实践	利用寒暑假及课余时间，曾担任××公司营销代表，培养了与客户沟通的技巧；到北京××地考察家政服务企业；赴××机床厂调研国企经营机制转换和国有股上市的课题					
综合评定	该同学在大学期间不断提高自身素质，德、智、体全面发展，在各方面均有突出表现。学习目的明确，态度端正，勤奋努力，善于汲取各种知识；思维敏捷，谦逊有礼，待人热情诚恳，团结同学，乐于助人；关心集体，积极参加各种活动，有团队协作精神；诚实守信，办事认真负责，考虑问题周到；自立能力强；思想进步，严于律己，积极上进，有发展潜力					

知识在线7-2

成就动人简历的十二项原则

点评：

这是一份自我介绍，不仅版式清新，而且语言的感染力很强，全文清晰地说出了应聘者自身的特长，很好地展现了应聘者的优势。

资料三　英文简历范例

个人简历是反映一个申请者自身情况的材料。国外绝大多数的学校都要求申请者提供个人简历，并作为审查批准入学的重要依据之一。

个人简历的英译很多，如“Personnel Vita”“Autobiographical Statement”“Personal

Statement”“Autobiography”“Resume”，其中“Resume”写法稍有不同。个人简历一般应简要写明本人的受教育程度、专业兴趣、工作经历、所取得的成绩及家庭背景。

个人简历写作注意要点，综合各校的要求，特做如下分析：

第一，个人简历的结构可分为三个或四个段落。第一段落简单交代自己的个人情况，如姓名、出生年月、家庭背景等。良好的家庭教育对你的成才当然有利，但美国对此不是很重视，一般可以不写。第二段落可以围绕你的求学经历来展开，但不要用流水账式的写法使叙述过于生硬刻板。第三段落以你的大学生活为主，你为何选此学科，可以与前面的叙述相呼应。第四段落要说明你个人的能力、性格。

第二，内容要侧重于你留学的动机、目前所取得的成绩、你终生的目标。

第三，个人简历要避免过多的形容词，如想象力十分丰富、创造力超群等，宜举例子来说明。

第四，个人简历以200～300字为宜，不宜写得太长。

范例一：

RESUME

Personal Information:

Family Name:	Given Name:	Date of Birth:	Birth Place:
Gender:	Marital Status:	Telephone:	E-mail:

Work Experience:

Nov.2019—present CCIED Inc., as director of software development and web publishing .Organized and attended trade shows (Comdex 99).

Summer of 2018 BIT Company as a technician, designed various web sites.Designed and maintained the web site of our division independently from selecting suitable materials, content editing to designing web page by Frontpage, Photoshop and Java as well.

Education:

Sept. 2014—Aug. 2018 Dept.of Automation, ×× University, B.E.

Achievements & Activities:

- President and founder of the costumer committee
- Established the organization as a member of BIT
- President of communications for the marketing association
- Representative in the student association

Computer Abilities:

Skilled in use of MS Frontpage, JavaBeans, HTML, CGI, JavaScript, Perl, Visual InterDev, Distributed Objects, CORBA, C, C++, Office 2019, Rational RequisitePro, Process, Pascal, PL/L and SQL software.

English Skills:

Have a good command of both spoken and written English.Past CET-6, TOEFL: 623, GRE: 2213.

Others:

Aggressive, independent and be able to work under a dynamic environment .Have coordination skills, teamwork spirit.Studious nature and dedication are my greatest strengths.

范例二：

RESUME

×××　　Gender：

Age：　　Mobile Phone：

E-mail Address：

Objective：

Marketing Promotion or Administration Assistant

Work Experience：

Mar.2008—present Consumer Business Organization

Customer relationship Management Dept.

China Hewlett Packard Co.Ltd

Education：

Sept.2017—Jul.2021 ×× University

Major in International Business Diploma

Skills & Ability：

Very strong analysis， creative and communication ability.

Language：

Excellent English in speaking and writing.

Computer：

Excel， Access and other computer tools.

范例三：

CUSTOMER SERVICE REPRESENTATIVE（Sales）

Sandy Lin 8F，TOWER 5，BRIGHT CHINA，BUILDING1，BEIJING

SUMMARY OF QUALIFICATIONS

· Demonstrated ability in the provision of sales support services,includes establishment of the client base， extensive customer servicing， telemarketing， cold calling and sales territory development.

· Consistently met/exceeded sales goals and instituted sales programs； sales increased from $80 000 to $205 million.

· Thorough knowledge of management production； assure timely and accurate presentation of goods； adept at coordinating delivery processes， organization of delivery schedules and monitoring delivery personnel.

· Extensive experience in facilitating operational procedures. Respond to customer complaints； resolve problem elements； interact with credit department to ascertain customer， ount， tatus. Handle pricing of vendors， contract negotiation， purchasing， correspondence， account adjustments and inventory control.

· Excellent communication,interpersonal and organizational skills.

EXPERIENCE

2018—present OXBRIDGE， INC.

Interface with merchandising personnel， at all levels， and provide technical information on company products and services.

续表

Interact with customers, providing advice in the selection of products. Monitor production to ensure realization of customer specifications. Collaborate with contracting merchandisers for contract negotiation on supplies. Conduct extensive materials costing processes. Coordinate delivery schedules and monitor delivery personnel. Organize promotional demonstration activities for home and New York marketing office. Respond to and resolve customer complaints. Manage office operations and produce correspondence. Control stock and conduct purchasing procedures. Assist sales department in establishing client base/sales territories. EDUCATION 2017—present PROPHET JUNIOR COLLEGE ASSOCIATE DEGREE PROGRAM Computer Operations Program: Lotus 1-2-3, Database III, Typing, Word - processing (Multimate), Business Math, Speech Communication, Introduction to Computers and English Composition.

Engage with customers, providing advice for selection of products. [illegible] to create [illegible] of customers satisfaction.

Collaborate with [illegible] [illegible] [illegible] [illegible] [illegible] [illegible]

[illegible]

Coordinate delivery schedules and negotiate [illegible] personnel.

[illegible] [illegible] documentation and [illegible] [illegible]

[illegible] and [illegible] customer [illegible]

[illegible] different [illegible] and [illegible] orders.

Control stock and [illegible] purchasing [illegible]

[illegible] [illegible] [illegible] [illegible] [illegible]

EDUCATION

2017 [illegible] [illegible] [illegible] COLLEGE ASSOCIATE DEGREE [illegible]

[illegible] [illegible] [illegible] [illegible] Database [illegible] [illegible] [illegible]

[illegible] [illegible] [illegible] [illegible] [illegible] [illegible] [illegible] and English

Composition

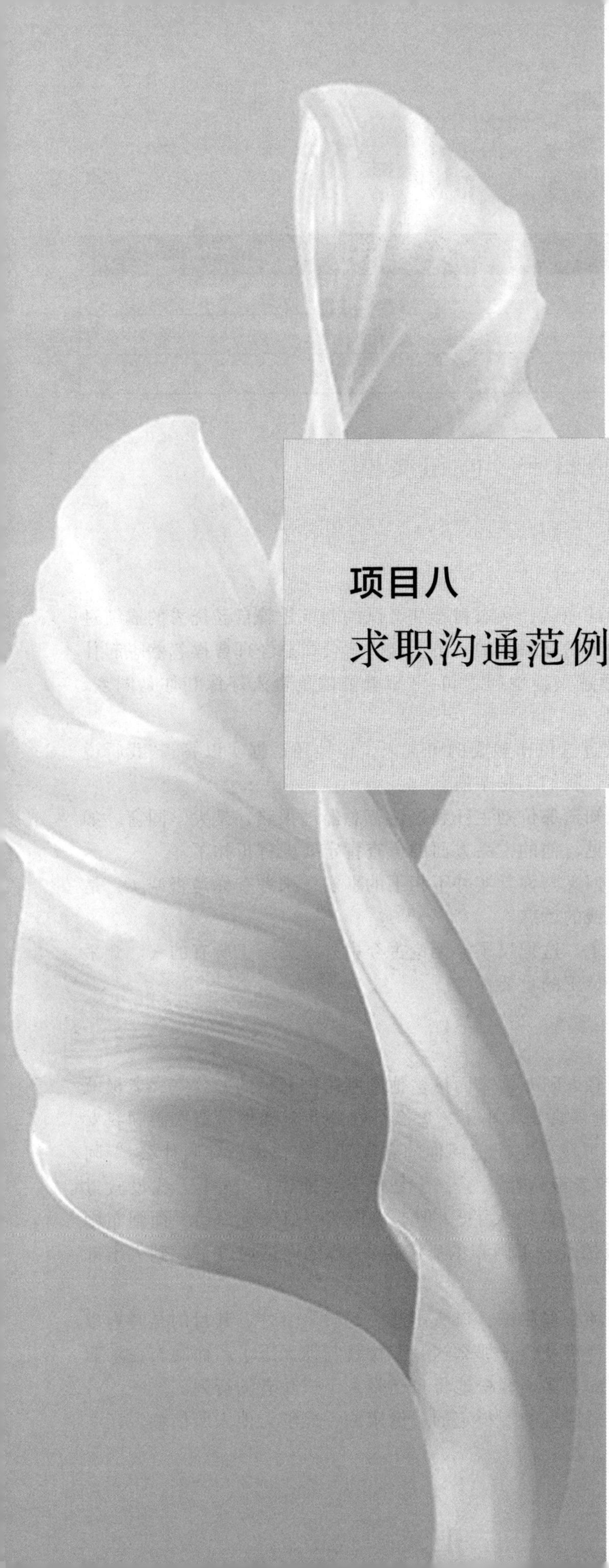

项目八
求职沟通范例

项目资料书

资　料	
资料一	面试案例
资料二	薪资协商和合同范例
资料三	名企的门槛

资料一　面试案例

知识在线8-1

面试技巧和注意事项（视频）

一、曹操：请君入瓮

某公司对求职者进行最后的面试，从农村参加考试的刘备凭着自己优秀的成绩过关斩将，很有可能幸运地成为最后被录取的一员。这时，公司总经理曹操忽然想起什么似的，翻了翻他的材料，颇感兴趣地问了句："市教委的负责人好像和你是同乡，他也姓刘，你和他是亲戚吗？"

刘备曾经听同乡的人说起过这位市教委的负责人，但他还是据实以答："我听说过他，但我不认识这位刘主任，我们不是亲戚。"

刘备被录用了。后来，他知道那位刘主任和这位曹总经理很熟，是大学同窗。如果他当时不据实以答，显而易见，他的人品方面的考查肯定要大打折扣了。

面试官"捏造"一个合理但又与你其实并不相干的事实，来考查你是否诚实，是否能经得起名誉、地位甚至金钱的诱惑。

诚实是衡量人品的一把尺子。这把尺子，无论古今中外，适用于所有的人。几乎所有的老板都把诚实作为评定员工的重要标准。

二、阿布：天上没有掉馅饼

某公司需要招聘员工，年轻人阿布前来面试。他刚刚跨进老板的办公室，老板就惊喜地紧紧握住他的手说："世界真是太小了，怎么会在这儿碰到你！上次游湖我女儿掉进湖中，多亏你救了她，可我当时忘记问你的名字了。你快说，你叫什么？"阿布被弄糊涂了，但他很快想到老板认错人了，于是他坚定地说："先生，我没救过人，至少以前没救过人，您是不是认错人了？"但老板依然一口咬定没错，而阿布则坚持否认。过了一会儿，老板拍了一下阿布的肩膀说："你的面试通过了，到人事部报到吧！"

原来，那是老板导演的一场心理测试：口头制造一起救人事件，其目的是考查求职者是否诚实。如果当时阿布将错就错，那么这一职位就与他无缘了。而阿布在求职面试时成功地展示了自己诚实的美德，轻松地将自己带入了成功者的行列。

一个诚实的人，他的自我是纯真的、稳定的、健康的，能够为他人所信赖。

三、张飞：毛遂自荐

刚刚毕业的张飞已经跑遍了北京所有的人才市场，也面试了几家公司，但两个月过去了，还是没有一点音信。于是，整天漫无目的地游荡街头，陪伴他的只有孤单和无助。有一天，他突然发现了一家广告公司招聘文案人员的广告，要求本科学历和两年以上的工作经验。大专毕业的他迫于生存的压力，也抱上一大摞证书和精心制作的求职材料前去应聘，结果却错过了应聘时间。

从公司出来，张飞沮丧极了。多次求职失败让他对自己能否找到称心的工作产生怀疑。但是突然之间，他却产生了一股莫名的念头，“我要毛遂自荐”。于是，撒开双腿奔回家，查找这家公司的资料，查到了公司总经理的名字和电话。

第二天，张飞很客气地给公司总经理刘备先生打电话说自己是求职者，因错过时间没能赶上面试，但自己有信心可以胜任这份工作，可否给自己一次机会。刘备听后说：“过来试试吧，直接找人事主管。”

但是，当人事主管得知张飞学历不够又没有相关的工作经验时，直接拒绝了他。

张飞抱着最后一线希望争取道：“虽然我没有正式接触过广告媒体，但是我在学校担任过学生会主席，勤工俭学时做过推销员、兼职刊物记者，在实习时也从事过广告公司的文案工作，算不上是一个老手，但也不是一无所知……我相信自己完全能胜任这项工作。”说完他递上精心设计的求职材料：“这是我的材料，麻烦您先看看。”

人事主管接过材料，一言不发地审阅。在等待中，空气似乎也凝固了……

张飞再次鼓起勇气争辩道：“文凭仅仅代表一个人受教育的程度，我相信贵公司要的是能为公司谋利益的人才，而不仅仅是‘一纸文凭’，很多成功的人也并没有本科学历呀。”

结果，张飞争取到了这个职位。

四、貂蝉：一张纸条定成败

一家公司招聘销售员，应聘者很多，经过筛选，30位应聘者进入面试，貂蝉被列入其中，但被排在最后一位，面试开始了，人们按顺序进出，或表情镇定，或满面春风。时间一分一秒地过去了，貂蝉心里开始打鼓：万一等不到我，人选就定下来……

想着想着，貂蝉灵机一动，从随身携带的笔记本上撕下一张白纸，快速写下两行字，恳请公司接待小姐马上将纸条交给考官。纸条上写着：“尊敬的考官：我排在第30位，在对我面试之前，请千万不要做最后的决定。——一个不会让你浪费宝贵时间的人。”

主考官吕布看完纸条后，不动声色地将纸条放进了口袋，面试继续进行。终于轮到貂蝉了，她充满自信地走进了考场，从容地回答了主考官提出的问题。

几天后，貂蝉接到了录用通知。

在面试人数较多，而自己又排在队伍后面时，貂蝉充分发挥自己的创新能力，用一张小纸条提前打动了考官。她的举动给考官留下了深刻的印象，为接下来的面试做了很好的铺垫。

资料二　薪资协商和合同范例

一、薪资协商范例

• 面试人员：你期望月薪的最低标准是多少？

提示：虽然你应该仔细考虑自己的工资需求，但是千万不要告诉面试人员你的最低月薪标准的数额。

求职者：我更希望您能根据我的背景、工作经验和工作的积极性，来决定应付给我多少薪水。

• 面试人员：你认为你的价值是多少？

提示：这个问题的重点在于你对公司的价值，如果面试人员不要求，不要说出具体的数额。

求职者：我认为聘用我将是贵公司一项成功的投资。在仔细了解了贵公司的目标后，我相信我的加入对于贵公司的发展将很有价值。具体地说……

• 面试人员：能否告诉我，你的工资调整记录？

提示：在这个问题上，面试人员只是想知道你是否有过晋级的机会，所以尽量避免提供具体数额，除非他们要求。

求职者：3年来，我一直在某公司工作，曾得到过两次职务提升。公司每年薪资调整的幅度不是太大，但由于我的工作总是十分优秀，每年的薪资调整都接近最高水平。我目前的工资已比第一年高出近40%。

• 面试人员：你上一份工作的收入是多少？

提示：有时候面试人员希望得到一个比较明确的答案。记住，在陈述你的收入时，要把你的整个福利收入也加上。因为公司的福利收入可以使你的年收入增加30%或更多。

求职者：我过去的3年一直在某公司工作。我大学一毕业就到这个公司工作，当时并没有管理经验。在这3年里，我积累了很多有关管理和财务方面的技巧。现在公司给我的薪水是非常富有竞争力的。

• 面试人员：你希望的收入是多少？

提示：这是一个“危险”的问题，尽可能不要在第一次面试时提薪资数额。你或许会因此而丢掉一份工作，或者（更坏的情况是）低估了自己的价值。在说出任何数字之前，尽量了解面试人员所认可的薪资范围。

求职者：我很荣幸您有兴趣把我纳为贵公司管理团体的一员。经过前3次的面试，我想您已经很熟悉我的背景和经历，也了解我之前的业绩。我相信您会根据我的能力决定我的薪水。不知您是否有具体的想法？

• 面试人员：你愿意降低你的标准吗？

提示：如果这确实是你非常希望得到的工作，那么你应该考虑在开始时工资标准会有所降低。应强调你可以把工作做得很好，并设法了解公司调整你薪水的时间。另外，对你能够接受的最低数额应心里有数，但千万不要告诉面试人员。

求职者：由于我对该职位非常感兴趣，我可以考虑接受低一些的薪水，您也需要时间让我证明我的能力。我相信我可以干得十分出色，如果我能证明我的能力，您是否会考虑对我的薪水做一些调整。比如，在3个月后调整薪水标准。

• 面试人员：我想我们不能够接受你要求的薪水数额。

提示：此时，面试人员可能在等你给他一些充分的理由说明你的要求。

求职者：我认为您希望聘用的员工可以促进公司的业务。我会在新工作中付出加倍的努力。我会证明给您看，您对我的投资将会得到最高的回报。

• 面试人员：我们对这个职位不能支付更高的报酬。

提示：很多公司对每个职位都有明确的薪资范围，公司所能提供的最高薪水不会超出这个范围的上限。这样的规定将有助于维持公司的和谐。

求职者：我知道这个职位有固定的薪水范围。您是否能够告诉我它的上限，也许我们能找到双方都可以接受的薪资数额。

• 面试人员：在证明你自己的价值后，你才可以获得更高的工资。

提示：如果该公司提供的薪水可以维持你的生活，那么接受它，然后询问一下什么时间可以给你调整工资。

求职者：我理解您需要我证明自己的价值所在。如果3个月的试用期过后，我已经成功向您展示了我的价值，您是否会考虑对我的工资做适当调整？

• 面试人员：对不起，在薪资问题上，我们不能够讨价还价。

提示：多数公司在薪资上有商量的余地，但倘若你发觉不能再讨论这个问题时，你应该转而讨论除薪水之外的其他福利待遇，对你来说或许更有利。

求职者：我理解，对于薪资数额是有一些限制的。那么我们能不能谈一谈其他福利待遇方面的事情？

• 面试人员：从现在开始的3年内，你的薪资目标是什么？

提示：最好能够了解到同行业的薪资递增幅度，当然能了解到该公司内部的薪资增长幅度更好。你可以说出一个百分比或者浮动范围。

求职者：我很自信自己在这个职位上将是佼佼者，我希望收入符合我的能力，也希望我的职务和责任都有所提高。我期望的收入是每年递增10%～20%。

• 面试人员：你认为我们提供给你的薪水如何？

提示：在回答这个问题之前，首先确定这是正式聘用的工资数额，还是面试人员只想了解你的工资要求。如果是正式聘用的工资数额，你要确定自己是否能够接受。在西方国家，多数雇主希望你能跟他们进一步商量；而在亚洲国家，则相反。如果这个数目大大低于你的期望，可以技巧性地询问其他福利待遇。

求职者：这个数字跟我期望的非常接近，不过我的期望值要稍高些。您是否可以提供一个大致的薪资范围？

二、合同范例

1.劳动合同范本

编号：

劳动合同书

甲方：________________________

乙方：________________________

签订日期：____年__月__日

人力资源和社会保障局监制

甲乙双方经平等自愿、协商一致签订本合同，共同遵守本合同所列条款。

一、劳动合同双方当事人基本情况

第一条 甲方：

法定代表人________________________

地址________________________

第二条 乙方：

居民身份证号码________________性别________________

家庭住址____________________邮政编码____________

二、劳动合同期限

第三条 劳动合同期限：

本合同有效日期为____年____月____日至____年____月____日，期满后本合同自行终止。

三、工作内容和工作地点

第四条 甲方招用乙方在甲方单位担任________岗位工作，乙方的上岗证号码为________。

四、劳动报酬

第五条 乙方月工资标准为____元或按________执行。甲乙双方对工资的其他约定________。

第六条 甲方每月____日前以货币形式支付乙方工资，并出具工资支付凭证。

五、劳动保护、劳动条件和职业危害防护

第七条 甲方根据国家有关法律、法规，建立安全生产制度；乙方应当严格遵守甲方的劳动安全制度，严禁违章作业，防止劳动过程中的事故，减少职业危害。

第八条 甲方负责对乙方进行行业政治思想、职业道德、业务技术、安全、卫生以及有关规章制度的教育和培训。

第九条 乙方应聘要携带规定期内的体检证明，在符合身体健康条件下方可应聘上岗。

第十条 乙方从事电气焊、土建、水电设备安装、燃油燃气锅炉作业等特殊工种作业人员必须带证应聘，持证上岗。

第十一条 乙方必须爱护甲方公共财产，如致使公共财产遭受损失，视情节轻重，给予经济处理；造成重大损失和构成犯罪的，依法报送司法机关追究直接责任人员刑事责任。

第十二条 乙方应遵守职业道德，提高思想觉悟、职业技能、自身素质，提高防火、防盗意识，避免事故的发生；自觉遵守有关各项交通规则，发生交通事故乙方自行承担其相应责任。

续表

第十三条 乙方必须坚守工作岗位，保证特种设备安全运行，未遵守操作规程造成人身伤亡的，由本人承担相应责任及损失。

六、劳动合同的解除、终止和经济补偿

第十四条 甲乙双方在解除或终止本合同时，提前一周以书面形式通知对方，乙方做好离岗前的工作交接后，到甲方劳动人事部门办理相关手续，本合同解除。

第十五条 乙方须遵纪守法，遵守甲方规定的相关规章制度、劳动管理制度，对严重违法乱纪和不遵守规章制度的人员，甲方有权依据本单位相关规定对其严肃处理，如发生违法乱纪行为被依法追究刑事责任的，解除本合同。

第十六条 乙方不能胜任甲方安排的本职工作，经过培训依然不能胜任的，甲方提前三天通知乙方，解除本合同。

七、当事人约定的其他内容

第十七条 乙方在履行劳动合同期间，因个人失职给甲方造成损失的，应当承担赔偿责任。

第十八条 甲乙双方约定本合同增加以下内容：

____

____

八、劳动争议处理及其他

第十九条 双方因履行本合同发生争议，双方协调解决，未达成一致的，向当地法院起诉或向劳动争议仲裁委员会申请仲裁。

第二十条 本合同自双方签字（盖章）之日起生效。

第二十一条 本合同一式两份，甲乙双方各执一份。

甲方： 乙方：

法定代表人： （签字或盖章）

（签字或盖章）

签订日期： 年 月 日 签订日期： 年 月 日

2.劳务派遣劳动合同范本（北京市）

甲方：____________________

乙方：____________________

签订日期：________年____月____日

根据《中华人民共和国劳动法》《中华人民共和国劳动合同法》和有关法律、法规，甲乙双方经平等自愿、协商一致签订本合同,共同遵守本合同所列条款。

一、劳动合同双方当事人基本情况

第一条 甲方

法定代表人（主要负责人）或委托代理人____________________

注册地址____

经营地址____

第二条 乙方

居民身份证号码________性别____户籍类型（非农业、农业）_________

或者其他有效证件名称____________证件号码________________________

在甲方工作起始时间____________年____月____日

家庭住址________________________邮政编码____________

在京居住地址__________邮政编码__________

户口所在地______省（市）______区（县）______街道（乡镇）

续表

二、劳动合同期限

第三条 本合同为固定期限劳动合同。

本合同于______年______月______日生效，其中试用期至______年______月______日止。本合同于______年______月______日终止。

甲方派遣乙方到用工单位的派遣期限自______年______月______日开始。

三、工作内容和工作地点

第四条 甲方派遣乙方工作的用工单位名称：

____。

第五条 乙方同意根据用工单位工作需要，担任____________岗位（工种）工作。

第六条 根据用工单位的岗位（工种）作业特点，乙方的工作区域或工作地点：

____。

第七条 乙方按用工单位的要求应达到______工作标准。

四、工作时间和休息休假

第八条 用工单位安排乙方执行______工时制度。

执行标准工时制度的，乙方每天工作时间不超过8小时，每周工作时间不超过40小时。每周休息日为______。

用工单位安排乙方执行综合计算工时工作制度或者不定时工作制度的，应当事先取得劳动行政部门特殊工时制度的行政许可决定。

第九条 甲方和用工单位对乙方实行的休假制度有________________________。

五、劳动报酬

第十条 甲方每月____日前以货币形式支付乙方工资，月工资为______元。乙方在试用期期间的工资为______元。

甲乙双方对工资的其他约定：____________________________。

第十一条 甲方未能安排乙方工作或者被用工单位退回期间，按照北京市最低工资标准支付乙方报酬。

六、社会保险及其他保险福利待遇

第十二条 甲乙双方按国家和北京市的规定参加社会保险。甲方为乙方办理有关社会保险手续，并承担相应社会保险义务。

第十三条 乙方患病或非因工负伤的医疗待遇按国家、北京市有关规定执行。甲方按______支付乙方病假工资。

第十四条 乙方患职业病或因工负伤的待遇按国家和北京市的有关规定执行。

第十五条 甲方为乙方提供以下福利待遇：

____。

七、劳动保护、劳动条件和职业危害防护

第十六条 甲方应当要求用工单位根据生产岗位的需要，按照国家有关劳动安全、卫生的规定为乙方配备必要的安全防护措施，发放必要的劳动保护用品。

第十七条 甲方应当要求用工单位根据国家的有关法律、法规，建立安全生产制度；乙方应当严格遵守甲方和用人单位的劳动安全制度，严禁违章作业，防止劳动过程中的事故，减少职业危害。

第十八条 甲方应当要求用工单位建立、健全职业病防治责任制，加强对职业病防治的管理，提高职业病防治水平。

八、劳动合同的解除、终止和经济补偿

第十九条 甲乙双方解除、终止、续订劳动合同应当依照《中华人民共和国劳动合同法》和

续表

国家及北京市有关规定执行。 第二十条　甲方应当在解除或者终止本合同时，为乙方出具解除或者终止劳动合同的证明，并在十五日内为乙方办理档案和社会保险关系转移手续。 第二十一条　乙方应当按照双方约定，办理工作交接。应当支付经济补偿的，在办结工作交接时支付。 九、当事人约定的其他内容 第二十二条　甲乙双方约定本合同增加以下内容： ____。 十、劳动争议处理及其他 第二十三条　双方因履行本合同发生争议，当事人可以向甲方劳动争议调解委员会申请调解；调解不成的，可以向劳动争议仲裁委员会申请仲裁。 当事人一方也可以直接向劳动争议仲裁委员会申请仲裁。 第二十四条　本合同的附件如下： ____。 第二十五条　本合同未尽事宜或与今后国家、北京市有关规定相悖的，按有关规定执行。 第二十六条　本合同一式两份，甲乙双方各执一份。 甲方（公章）　　　　　　　　　　乙方 法定代表人　　　　　　　　　　　（签字或盖章） （签字或盖章）　　　　　　　　　签订日期：____年__月__日 签订日期：____年__月__日 使用说明： 一、本合同书可作为用人单位与职工签订劳动合同时使用。 二、用人单位与职工使用本合同书签订劳动合同时，凡需要双方协商约定的内容，协商一致后填写在相应的空格内。签订劳动合同，甲方应加盖公章；法定代表人或主要负责人应本人签字或盖章。 三、经当事人双方协商需要增加的条款，在本合同书中第二十二条中写明。 四、当事人约定的其他内容、劳动合同的变更等内容在本合同内填写不下时，可另附页说明。 五、本合同应使用钢笔或签字笔填写，字迹清楚，文字简练、准确，不得涂改。 六、本合同一式两份，甲乙双方各执一份，应交乙方的不得由甲方代为保管。

资料三　名企的门槛

一、联合利华公司：成为企业领袖

联合利华公司对应届毕业生的要求是“未来能够成为企业领袖的人”。联合利华公司有关负责人说：“推动企业成长的基本力量是那些具有领导才能、创新精神，并且有热情创造出成功品牌的员工。”

二、思科公司：8次面试甄选人才

思科公司招聘新员工有一个严格的面试程序，需要经过5～8次面试。

简历提交上来以后，专门负责招聘的人员进行履历表审核和电话筛选。通过这两关的应聘者一般还要经过5～8次面试。面试由招聘经理召集面试官进行，一般来讲，面试官中有求职者未来的上级、同事。思科公司会将求职者组成团队，这样的虚拟团队有很多。沟通和项目管理工作不能在同一间办公室进行，这就要求团队的成员必须具有很强的沟通能力。找一些同等职位的人来与应聘者面对面沟通，就是为了确保这个人是大家都能接受的一个合作对象。

三、百事公司：注重潜能和品质

与单纯的学历相比，百事公司更注重员工的潜能与品质、团队协作和发展。百事公司在面试应聘者时，特别注重三大方面——专业能力、管理能力（潜能）和个人品质。百事公司强调：一个优秀的员工应具有在原有能力基础上发展的可塑性（潜能）。

四、欧莱雅公司：时尚至上

欧莱雅公司是一家以开放、现代而著称的时尚公司，欧莱雅公司强调应聘者对时尚的热爱，它的人才标准是：富有胆识、想象力和创造力，同时具备实干精神。应聘者参加应聘时不仅在着装上要有时尚的感觉，而且面试中应强调自己在时尚方面的感觉，即积极地观察、感受时尚，有充分的想象力并举一反三。

对于一些需要较强专业知识和技能的岗位，欧莱雅公司会安排一些当场测试。比如，需要应聘者懂得电脑操作的，考官就会安排一些即时测试，看应聘者是否会使用一些软件等；需要应聘者有较高的外语水平的，考官就会安排一些翻译的测试。

五、北电网络公司："软""硬"兼要

北电网络公司在招聘过程中，更注重应聘者两个方面的素质：一是硬性指标，即专业技能；二是软性指标，是指一些越来越被重视的指标，如敬业精神、团队精神、沟通能力、学习能力、创新能力和解决问题能力。

在招聘时，北电网络公司对应聘者的学历和经验都很看重，但是不同的部门、不同的领域其侧重点有所不同。北电网络公司对员工的英语水平要求很高，每一次招聘员工时都会做英文测试，无论是技术部门还是销售部门或市场部门，因为北电网络中国公司要向北美汇报，其总部在加拿大多伦多，公司发的一些指令或政策也全部是英文的。

六、微软公司：注重智慧、勇气与创新

成为微软公司的一员不是一件容易的事情，微软公司的应聘者马不停蹄地面临6轮面试，在此过程中，如果有两个考官说"NO"，那应聘者就被淘汰了。

微软公司对应聘者的要求：一是要对软件有浓厚的兴趣；二是要有丰富的想象力

和敢于冒险的精神。他们宁愿冒失败的风险任用曾经失败的人，也不愿任用一个处处谨慎、毫无建树的人。应聘者去参加面试时不要怕当众出丑。如果让你上身穿高档西装、下身配运动短裤、脚穿旅游鞋坐在人群密集的繁华地带，口若悬河地高声演说，声音要让百米开外的人都听得真真切切，你是否能做到？另外，应聘者还必须聪明，考官也许会给你“3、3、8、8”4个数字，看你能不能在最短的时间内通过加减乘除得出24。

七、IBM公司：注重细节

在IBM公司面试中，最先被拒绝的应聘者可能就是那些穿着以及言谈举止不合时宜的人。比如，穿拖鞋、牛仔裤的人；说话带脏字或者颠三倒四、意思显得不着边际的人。

IBM公司一个基本的原则是，应聘者首先要有进取心，对工作非常热忱，对事务有积极的态度；其次要有团队精神，能和同伴一起合作，而不是为自己的小集体争利益。一般来讲，这样的人在企业才能干得比较踏实、顺利。

八、甲骨文公司：团队式招聘

甲骨文公司是全球第二大软件商。为了招募人才，甲骨文公司经常会有大手笔。比如，甲骨文公司会将哈佛大学某届管理班的全部学员悉数招进。

为了自主开发软件，甲骨文公司拥有一支强大的研发队伍，人数超过2 000人。与众不同的是，这支研发队伍分成40个小组，每个小组都是以团队方式招聘进来的。

九、英特尔公司：创新第一

英特尔公司在人们的印象中是一个不断推陈出新、升级换代的品牌，其创新精神也充分地体现在招聘过程中。英特尔公司在各高校招聘会上招收应届毕业生时，愿意招聘各科成绩虽不是最优秀的却富有创意的学生。

另外，英特尔公司有一个特殊的招聘渠道，就是让员工推荐人才。这种做法的好处是：在职员工对英特尔公司很熟悉，对自己的朋友也有一定的了解，他会有一个基本的把握——那个人是否适合英特尔公司，在英特尔公司是否能取得成功。

十、惠普公司：情景模拟

惠普公司面试有时采用情景模拟的方式。比如，一个销售部门招人，惠普公司希望这个人是比较活跃的、积极主动的、比较有进取心的，而不是很内向的。为了进行这方面的测试，惠普公司就会给应聘者们一个题目，让他们进行小组讨论，在这个讨论过程中观察每个人的表现，作为一个参考。

十一、宜家公司：信任与诚实

在宜家公司的招聘过程中，诚实是最被看重的品质。一旦发现应聘者有欺骗行为，将会立即取消其应聘资格。

宜家公司最不能容忍的就是不诚实。不管应聘者多有经验、多有能力，道不同不相为谋。显然，诚实是宜家公司最紧要的“道”。与此相应的是，宜家公司对人对事的无条件信任，“你有什么能力，达到什么程度，说什么我都信”。在面试时，宜家公司不会去当面考核应聘者，也不会用英语四级、六级或托福、GRE的成绩来衡量应聘者。因为真相很快就会揭晓——你是不是真正具备宜家公司要求的工作能力，在实践中很快就会见分晓。

十二、宝洁公司：请君入瓮

请君入瓮是面试中的常用计策。宝洁公司最大的“瓮”就是问：“能说说你的缺点吗？”看似不经意的一句话，却暗藏杀机。杀机在于，面试时人人说优点，无人说缺点，因此你的缺点就是公司要你与否的关键，你自己说出口的缺点也将成为公司现在不用你，或者将来解聘你的借口。

十三、SGM：以人为本

上海通用汽车有限公司（SGM）是上海汽车工业（集团）总公司和美国通用汽车公司合资建立的轿车生产企业，其目标是成为国内领先、国际上具有竞争力的汽车公司。一流的企业需要一流的员工队伍。因此，如何建设一支高素质的员工队伍，是中美合作双方都十分关心的首要问题。同时，SGM的发展远景和目标定位也决定了其对员工素质的高要求：不仅要具备优良的技能和管理能力，而且还要具备出众的自我激励能力、自我学习能力、适应能力、沟通能力和团队合作精神。

十四、网易公司：合适的人

网易公司总裁丁磊曾为华中科技大学的毕业生做过一次热情洋溢的招聘演讲。他在这次演讲中阐述了网易公司的选人标准：“网易（公司）需要‘合适的人’，而不是‘合格的人’。一个‘合适的人’的标准首先是诚实守信。网易（公司）在西安招聘时，一名研究生通过了我们的面试，就在我们打算和他签订协议的时候，该研究生称学校还没有把就业协议书发下来，无法签订协议。然而，事后我们从他的同学那里了解到，学校已经发放了毕业生就业协议书，而该研究生谎称协议书没有发下来，无非是想多选择几家公司。由于他的这种不诚实行为，我们最终没有聘用他。其次，一个‘合适的人’应该是一个勤奋、敬业、有责任心的人，不热爱互联网行业的人将不被网易（公司）考虑。最后，一个‘合适的人’还应该具有良好的学习能力和专业能力。”

十五、苹果电脑公司：学历、能力两手抓

苹果电脑公司成立于1976年，总部位于美国加利福尼亚州库比蒂诺市，在硅谷的中心地带。

苹果电脑公司不是只看学历用人，而是看人的能力。想要被苹果电脑公司录用，首先基本的学历还是应该具备。在大学时应该努力学习，取得各种证书是很必要的，上班之后工作会非常紧张，很难抽出更多的时间再来学习和考取证书。

其次，面试时的表现非常重要。应聘者要对自己有信心，举止落落大方，必须具

有专业知识，主考官说的专业术语必须能听得懂。苹果电脑公司还会有英语口语的面试，应聘者必须做充分的准备。在任何一家外企，英语都特别重要，如工作所要参考的资料、平时浏览的网页以及公司的培训，多半都用英文，如果英语的听、说、读、写水平不好，则会让应聘者举步维艰。

再次，工作经历也非常重要，最好有本行业内的工作经验。苹果电脑公司基本上不招应届毕业生，如果大学生想去苹果电脑公司一类的外企，毕业后可以先到其他公司，即使是小公司也没关系，重要的是不要丢掉IT专业，因为计算机行业发展极为迅速，一定要不断学习，不然就会很快落伍。这样在IT行业积累了几年经验，就比较容易进入大型的外企。

最后，苹果电脑公司强调创新观念。应聘者的创新意识越强烈，就越能得到上司的青睐。如果上司做出一个策划，员工觉得有更好的办法，或者上司有哪些地方没有想到，员工能马上提出来，上司会很高兴地采纳。上司常常对自己的部下说："如果你们有更好的想法，请马上向我提出来。"作为外企的领导者，通常不愿意下属只是自己的四肢，只有自己一个人的大脑在思考，他希望下属不仅是四肢，也是自己大脑的一部分。

项目九

高校毕业生就业流程

项目资料书

资　料	
资料一	高校毕业生办理离校就职手续流程
资料二	高校毕业生各种表格的填写及说明

资料一　高校毕业生办理离校就职手续流程

高校毕业生办理离校就职手续流程如图9-1所示。

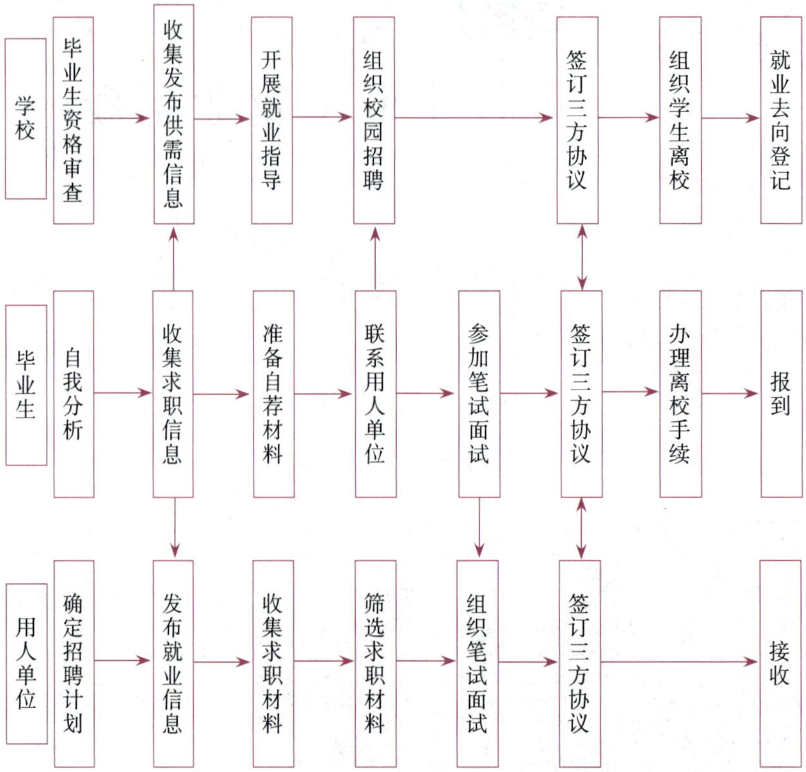

图9-1　高校毕业生办理离校就职手续流程

知识在线9-1

北京：“高校毕业生就业走流程”助高校毕业生就业

资料二　高校毕业生各种表格的填写及说明

一、高校毕业生就业推荐表

高校毕业生就业推荐表（以北京地区为例），见表9-1。

表 9-1

北京地区普通高校毕业生就业推荐表

（此表仅限非定向毕业生使用）

No.

<table>
<tr><td rowspan="8">个人信息</td><td>姓名</td><td></td><td>性别</td><td colspan="2"></td><td>民族</td><td></td><td rowspan="6">近期一寸免冠照片</td></tr>
<tr><td>政治面貌</td><td></td><td>出生日期</td><td colspan="2"></td><td>健康状况</td><td></td></tr>
<tr><td>毕业学校</td><td></td><td>院系</td><td colspan="2"></td><td>专业</td><td></td></tr>
<tr><td>学号</td><td></td><td>学历</td><td colspan="2"></td><td>学制</td><td></td></tr>
<tr><td>生源地区</td><td colspan="4"></td><td>毕业时间</td><td></td></tr>
<tr><td>通信地址</td><td colspan="4"></td><td>邮政编码</td><td></td></tr>
<tr><td>联系电话</td><td>固定电话</td><td></td><td>手机</td><td></td><td>电子邮箱</td><td colspan="2"></td></tr>
<tr><td>奖惩情况</td><td colspan="7"></td></tr>
<tr><td>社会实践</td><td colspan="8"></td></tr>
<tr><td rowspan="2">特长能力</td><td colspan="5">1. 主修外语语种及水平：</td><td colspan="3">2. 计算机水平：</td></tr>
<tr><td colspan="5">3. 特长：</td><td colspan="3">4. 在校期间担任职务：</td></tr>
<tr><td rowspan="2">学校推荐意见</td><td colspan="5">毕业生培养方式</td><td colspan="3">就业范围</td></tr>
<tr><td colspan="5">院（系、所）意见

（公章）
年　月　日</td><td colspan="3">学校毕业生就业部门意见
以上表格内容填写情况属实，特此证明。

（公章）
年　月　日</td></tr>
</table>

<table>
<tr><td>学校就业部门名称</td><td></td><td>联系人</td><td></td><td>电话</td><td></td><td>传真</td><td></td></tr>
<tr><td>备注</td><td colspan="7">1. 持此推荐表的毕业生应为国家统一招生录取的普通高等教育毕业生。
2. 此表每名毕业生一份，经培养单位校级就业主管部门盖章（红章）有效（复印无效）。
3. 请用人单位于__月__日前将回执返回学校（培养单位）。
4. 其他____________________________。　　北京市教育委员会印制</td></tr>
</table>

…………………………………………………………………………………………

用人单位回执　　　　No.

____________________大学（学院）

经研究，我单位拟同意接收你校__________________（专业）毕业生__________（学号：__________），请凭此回执换发就业协议书，并于__月__日之前与我单位签订协议书，否则原意向作废（删除）。

年　　月　　日（用人单位人事部门公章）

<table>
<tr><td>单位名称</td><td></td><td>所有制性质</td><td></td><td colspan="2">上级主管部门</td><td colspan="2"></td></tr>
<tr><td>单位地址</td><td></td><td>邮编</td><td></td><td>联系人</td><td></td><td>电话</td><td></td></tr>
</table>

高校毕业生就业推荐表是学校发给毕业生填写的并附有学院及学校就业办公室书面意见的推荐表格，表中所填内容反映了学生的个人信息、社会实践、特长及能力等方面的情况。因为该表是学校正式向用人单位推荐毕业生的书面材料，所以具有较强的权威性和可靠性，需要认真、如实填写，字迹要工整、清晰、整洁。

二、高校毕业生就业协议书

高校毕业生就业协议书见表9-2。

表9-2　高校毕业生就业协议书

<table>
<tr><td rowspan="7">毕业生
基本情况</td><td>姓名</td><td></td><td>性别</td><td></td><td>民族</td><td></td><td>出生日期</td><td></td></tr>
<tr><td>政治面貌</td><td></td><td>健康状况</td><td></td><td>身份证号</td><td colspan="3"></td></tr>
<tr><td>毕业学校</td><td></td><td>院（系）</td><td></td><td>专业</td><td colspan="3"></td></tr>
<tr><td>学号</td><td></td><td>培养方式</td><td></td><td>学历</td><td></td><td>学制</td><td></td></tr>
<tr><td>生源地</td><td colspan="3">省（自治区/直辖市）/市（地区）/县（区）</td><td>毕业时间</td><td colspan="3"></td></tr>
<tr><td>家庭地址</td><td colspan="3"></td><td>家庭电话</td><td colspan="3"></td></tr>
<tr><td>电子邮箱</td><td colspan="3"></td><td>电话/手机</td><td colspan="3"></td></tr>
<tr><td rowspan="9">用人单位
基本情况</td><td>单位全称</td><td colspan="3"></td><td>组织机构代码</td><td colspan="3"></td></tr>
<tr><td>单位地址</td><td colspan="3"></td><td>邮政编码</td><td colspan="3"></td></tr>
<tr><td>联系人</td><td></td><td>联系电话</td><td></td><td>单位传真</td><td colspan="3"></td></tr>
<tr><td>电子邮箱</td><td></td><td>企业规模</td><td>大型/中型/小型/微型</td><td>岗位名称</td><td colspan="3"></td></tr>
<tr><td>行业类型</td><td colspan="7">农、林、牧、渔业/林业/工业/建筑业/地质勘查及水利业/交通运输业/邮电通信业/贸易及餐饮业/金融保险业/房地产业/社会服务业</td></tr>
<tr><td>单位性质</td><td colspan="7">国有企业/国有控股企业/外资企业/合资企业/私营企业（民营企业）</td></tr>
<tr><td>档案转寄单位名称</td><td colspan="3"></td><td>档案转寄地址</td><td colspan="3"></td></tr>
<tr><td>档案接收联系人</td><td></td><td>档案接收电话</td><td colspan="2"></td><td colspan="2">邮政编码</td><td></td></tr>
<tr><td>户口迁移地址</td><td colspan="7"></td></tr>
<tr><td rowspan="2">学校
基本情况</td><td>学校名称</td><td colspan="2"></td><td>联系人</td><td colspan="2"></td><td>联系电话</td><td></td></tr>
<tr><td>学校地址</td><td colspan="5"></td><td>邮政编码</td><td></td></tr>
</table>

续表

<table>
<tr><td colspan="3">经毕业生(甲方)、用人单位(乙方)、学校(丙方)协商,同意达成以下约定:
1.甲、乙、丙三方须共同遵守本协议背面所列内容。
2.甲、乙双方如有其他约定,可本着平等协商、权利义务对等的原则另附约定,并视为本协议的一部分。
3.其他约定(如工作地点等,可另附页说明):
____
____________________</td></tr>
<tr><td>毕业生意见</td><td colspan="2">签名:
年　月　日</td></tr>
<tr><td>用人单位意见</td><td>用人单位意见:

负责人:_______(公章)
年　月　日</td><td>用人单位上级主管部门意见:
(有人事权的单位此栏可略,无人事权的单位请加盖上级主管部门人事公章或人事代理机构公章)

负责人:_______(公章)
年　月　日</td></tr>
<tr><td>学校意见</td><td>毕业生院(系、所)意见:

负责人:_______(公章)
年　月　日</td><td>学校毕业生就业部门意见:

负责人:_______(公章)
年　月　日</td></tr>
<tr><td colspan="3">备注:1.本协议书限国家统一招生录取的普通高等教育非定向本、专科(含高职)毕业生使用。
2.甲、乙双方签署意见后,应在一个月内交送丙方签署意见,逾期所产生的后果由责任方承担。</td></tr>
</table>

高校毕业生就业协议书又称三方协议，由学校、毕业生、用人单位三方共同签署后生效。它具有一定的广泛性和权威性，是学校制订就业方案、用人单位申请用人指标的主要依据，对签约的三方都有约束力。毕业生签约时应注意以下问题：

（1）签约要严肃。签约是法律行为，签约前要详细了解用人单位的情况，包括该单位的规模、效益、管理制度等。单位的隶属也很重要，国家机关、事业单位、国有企业一般都有人事接收权；民营企业、外资企业则需要经过相关部门的审批才能招收毕业生，协议书上应签署相关部门的意见才能生效。毕业生还应对不同地方人事主管部门的特殊规定有所了解。

（2）毕业生持用人单位的接收函到学院领取教育部统一印制的毕业生就业协议书（一式三份），先由毕业生、学校在协议书上签署意见后交给用人单位，由用人单位签署意见后再交给学校，学校签字后协议书生效。

（3）一般毕业生到用人单位报到后，要和用人单位签订劳动合同书，因此在签约前了解合同书的内容是十分必要的，尤其需要了解的是合同书的工作年限和待遇。毕业生应向招聘人员索要合同书样本或复印件，以免日后发生纠纷。

（4）为有效维护毕业生的合法利益，防止以后出现意外情况，在签约前最好向用人单位了解工资待遇、福利、保险、服务期等情况。如果毕业生报考了研究生或准备出国，应事先向用人单位说明，并写在协议书中。有些毕业生向用人单位隐瞒这些情况，这是不可取的，也会带来许多麻烦。

（5）毕业生签订的协议书是没有规定有效期的。当毕业生去用人单位正式报到一段时间后，与用人单位签订劳动合同书时，协议书即失效。协议书约束毕业生、学校、用人单位三方的权利和义务关系；劳动合同书则约束用人单位和毕业生双方的权利和义务关系。

三、取消就业报到证

就业创业政策 9-1

取消就业报到证后，高校需要这样转递毕业生档案

2023年，中组部、人社部、教育部、公安部、国资委联合印发《关于做好取消普通高等学校毕业生就业报到证有关衔接工作的通知》（以下简称《通知》），明确自2023年起，不再发放《全国普通高等学校本专科毕业生就业报到证》和《全国毕业研究生就业报到证》（以下统称就业报到证），取消就业报到证补办、改派手续，不再将就业报到证作为办理高校毕业生招聘录用、落户、档案接收转递等手续的必需材料。

《通知》明确了一系列衔接措施，具体包括：

（1）建立去向登记制度。教育部门建立高校毕业生毕业去向登记制度，作为高校为毕业生办理离校手续的必要环节。

（2）做好户口迁移衔接。高校毕业生户籍可以迁往就业创业地（超大城市按现有规定执行），也可以迁往入学前户籍所在地。

（3）做好档案转递衔接。2023年起，组织人事部门和档案管理服务机构在审核和管理人事档案时，就业报到证不再作为必需的存档材料，之前档案材料中的就业报到证应继续保存，缺失的无须补办。

（4）做好报到入职衔接。用人单位可凭劳动（聘用）合同或就业协议书（含网签协议）或普通高等教育学历证书或其他双方约定的证明材料，为高校毕业生办理报到入职手续。

（5）完善信息查询渠道。用人单位、户籍和档案接收管理部门、公共就业人才服务机构在办理招聘录用、落户、档案接收转递等业务时，可通过查看学历证书、劳动（聘用）合同（就业协议、录用接收函）等，或通过全国高校毕业生毕业去向登记系统，查询离校时相应毕业去向信息。高校毕业生和有关单位可通过中国高等教育学生信息网查询和验证高校毕业生学历、学位信息。

《通知》要求，进一步精简证明材料，各地各有关部门、用人单位和高校不得额外或变相增加办理环节和申请材料，切实做好取消就业报到证有关工作衔接，为高校毕业生就业创业提供便利。

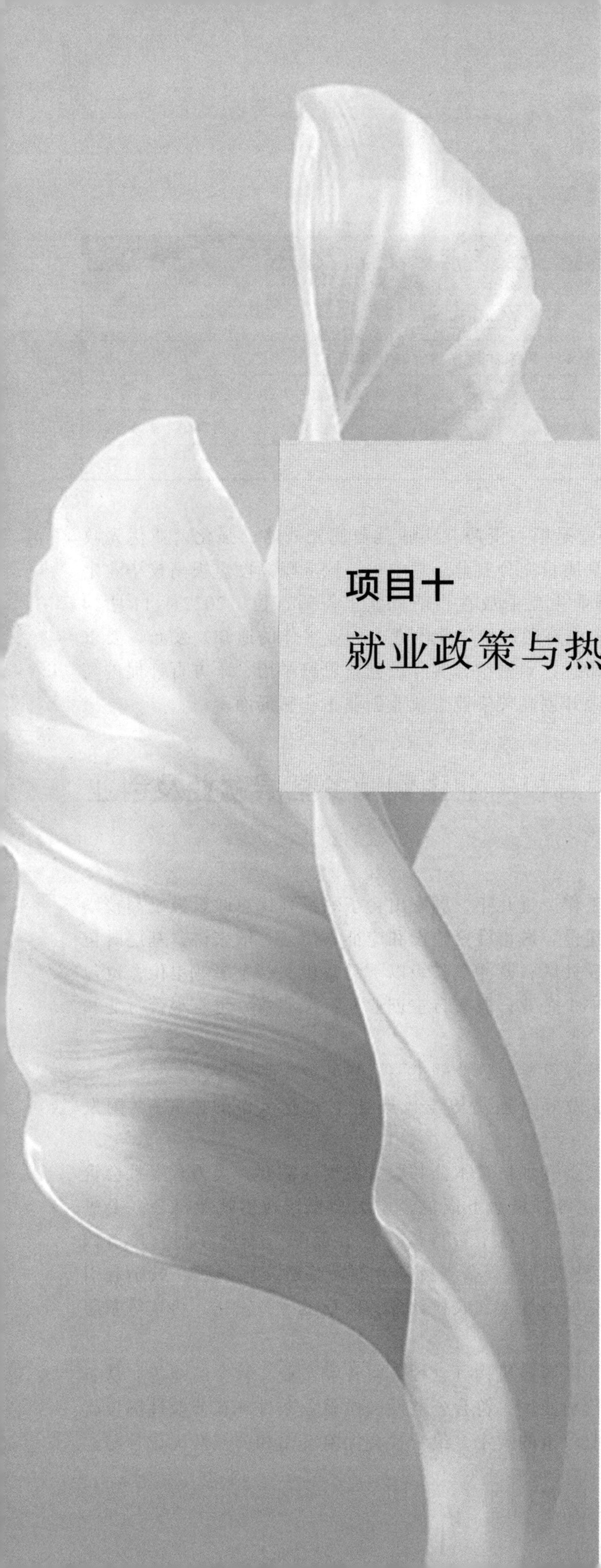

项目十

就业政策与热点问题

项目资料书

资　料	
资料一	鼓励和引导高校毕业生到城乡基层就业及创业
资料二	鼓励高校毕业生应征入伍，报效祖国
资料三	积极聘用高校毕业生参与国家和地方重大科研项目
资料四	鼓励和支持高校毕业生到中小企业、服务外包企业就业和自主创业
资料五	就业指导服务与就业援助
资料六	推动现代职业教育高质量发展

党的二十大明确指出，人才是第一资源，实施就业优先战略，强化就业优先政策，健全就业促进机制，促进高质量充分就业。党中央、国务院高度重视高校毕业生就业工作，明确要求把高校毕业生就业放在当前就业工作的首位。2022年11月14日，《教育部关于做好2023届全国普通高校毕业生就业创业工作的通知》发布，要求各地各高校切实增强责任感使命感，紧密结合实际，创新思路举措，千方百计促进高校毕业生多渠道就业创业，奋力开创高校毕业生就业创业工作新局面。

资料一　鼓励和引导高校毕业生到城乡基层就业及创业

1.什么是基层就业？

基层就业就是到城乡基层工作。近几年，国家出台了一系列优惠政策鼓励高校毕业生积极参加社会主义新农村建设、城市社区建设和应征入伍。一般来讲，基层既包括广大农村，也包括城市街道、社区；既涵盖县级以下党政机关、企事业单位，也包括社会团体、非公有制组织和中小企业；既有自主创业、自谋职业，也有艰苦行业和艰苦岗位。

2. 国家鼓励高校毕业生到基层就业、创业的主要优惠政策包括哪些？

就业创业政策 10-1

《普通高校毕业生基层就业政策公告》

按照《国务院关于进一步做好普通高等学校毕业生就业工作的通知》（国发〔2011〕16号）等文件的规定：

（1）各地要根据统筹城乡经济和加快基本公共服务发展的需要，大力开发社会管理和公共教育、医疗卫生、文化等领域服务岗位，增加高校毕业生就业机会。要进一步完善相关政策，重点解决好他们在工资待遇、社会保障、人员编制、户口档案、职称评定、教育培训、人员流动、资金支持等方面面临的实际问题，鼓励和引导高校毕业生到城乡基层特别是城市社区和农村教育、医疗卫生、文化、科技等基层岗位工作。

（2）对到农村基层和城乡社区服务机构（含社区服务类企业、社会组织等）从事社会管理与公共服务工作的高校毕业生，符合公益性岗位就业条件并在公益性岗位就业的，按照国家现行的促进就业政策的规定，给予社会保险补贴和公益性岗位补贴。

（3）对到农村基层和城乡社区服务机构（含社区服务类企业、社会组织等）的其他社会管理与公共服务岗位就业的，给予薪酬或生活补贴，同时按规定参加有关社会保险。

（4）对到中西部地区和艰苦边远地区县以下农村基层单位就业并履行一定服务期限的高校毕业生，以及应征入伍服义务兵役的高校毕业生，按规定实施相应的学费补偿和国家助学贷款代偿。

（5）自2012年起，省级以上机关录用公务员，除部分特殊职位外，均应从具有2年以上基层工作经历的人员中录用。市（地）级以下机关特别是县乡机关招录公务员，应采取有效措施积极吸引优秀应届高校毕业生报考，录用计划应主要用于招收应届高校毕业生。

（6）对积极投身到农村基层和城乡社区服务领域创业的，按规定落实税费减免、创业补贴、创业担保贷款等政策。鼓励城乡社区综合服务设施为高校毕业生创业提供免费场地支持。

（7）对具有基层工作经历的高校毕业生，在研究生招录和事业单位选聘时实行优先政策，在地市级以上党政机关考录公务员时也要进一步扩大招考录用的比例。

3.什么是基层社会管理和公共服务岗位？

所谓基层社会管理和公共服务岗位，是指村官、支教、支农、支医、乡村扶贫，以及城市社区的法律援助、就业援助、社会保障协理、文化科技服务、养老服务、残疾人居家服务、廉租房配套服务等岗位。其目的是更好地协助做好与社区居民利益密切相关的劳动就业、社会保障、卫生健康、教育事业、住房保障、文化体育、公共安全、公共法律、调解仲裁等服务。

4.什么是其他基层社会管理和公共服务岗位？

其他基层社会管理和公共服务岗位是由街道社区、乡镇等基层开发或设立的相应的社会管理和公共服务岗位，部分由政府出资，或由相关组织和单位出资，所安排使用的人员按规定享受相关补贴。

5.什么是公益性岗位？

公益性岗位是指由各级人民政府及有关部门开发，并经人力资源和社会保障部门认定，用于过渡性安置就业困难人员的岗位，主要包括满足公共利益和就业困难人员需要的非营利性基层公共服务类、公共管理类岗位，不包括机关事业单位管理类、专业技术类岗位。

6.什么是公益性岗位社会保险补贴？

公益性岗位社会保险补贴是符合公益性岗位条件的用人单位招用就业困难和零就业家庭的高校毕业生，并按规定为其缴纳社会保险费后，政府从当地财政再就业资金中给予用人单位的资金补助。

7.什么是公益性岗位补贴？

公益性岗位补贴是指由街道（社区）或其他经批准的劳务派遣组织安排就业困难和零就业家庭的高校毕业生从事公益性岗位工作，并对聘用人员实行统一管理、统一发放工资、统一缴纳社会保险费、签订半年以上劳动合同，由当地政府给予用人单位的补贴。

8.学费补偿和助学贷款代偿政策的内容主要是什么?

中央部门所属普通高校应届毕业生(全日制本专科生、高职生、研究生、第二学士学位毕业生)到中西部地区和艰苦边远地区基层单位就业、服务期在3年以上(含3年)的,其学费由国家实行补偿。在校学习期间获得国家助学贷款(含高校国家助学贷款和生源地信用助学贷款,下同)的,补偿的学费优先用于偿还国家助学贷款本金及其全部偿还之前产生的利息。定向、委培以及在校期间已享受免除全部学费政策的学生除外。

9.申请学费和国家助学贷款代偿的条件有哪些?

拥护中国共产党的领导,热爱祖国,遵守宪法和法律;在校期间遵守学校各项规章制度,诚实守信,道德品质良好,学习成绩合格;毕业时自愿到中西部地区和艰苦边远地区基层单位工作,服务期在3年以上(含3年)。

10.国家实施补偿学费和代偿助学贷款的就业地域范围包括哪些?

国家对到中西部地区和艰苦边远地区基层单位就业,并履行一定服务期限的中央部门所属高校毕业生,按规定实施相应的学费补偿和助学贷款代偿。这里涉及的地域范围主要包括:

(1)西部地区:西藏、内蒙古、广西、重庆、四川、贵州、云南、陕西、甘肃、青海、宁夏、新疆12个省(自治区、直辖市)。

(2)中部地区:河北、山西、吉林、黑龙江、安徽、江西、河南、湖北、湖南、海南10个省。

(3)艰苦边远地区:由国务院确定的经济水平较差的一些州、县和少数民族地区。

(4)基层单位:

①中西部地区和艰苦边远地区县以下机关、企事业单位,包括乡(镇)政府机关、农村中小学、国有农(牧、林)场、农业技术推广站、畜牧兽医站、乡镇卫生院、计划生育服务站、乡镇文化站、乡镇劳动就业服务站等;

②工作现场是地区县以下的气象、地震、地质、水电施工、煤炭、石油、航海、核工业等中央单位艰苦行业生产第一线。

11.学费补偿和助学贷款代偿的标准和年限是多少?

每位学生每学年补偿学费和代偿国家助学贷款的金额最高不超过6 000元。在校学习期间每年实际缴纳的学费或获得的国家助学贷款低于6 000元的,按照实际缴纳的学费或获得的国家助学贷款金额实行补偿或代偿。每年实际缴纳的学费高于6 000元的,按照每年6 000元的金额实行补偿或者代偿。

本科、专科(高职)、研究生和第二学士学位毕业生补偿学费或代偿国家助学贷款的年限,分别按照国家规定的相应学制计算。在校学习的时间低于相应学制规定年限的,按照实际学习时间计算补偿学费或代偿助学贷款年限。在校学习时间高于相应学制年限的,按照学制规定年限计算。

每年代偿学费或国家助学贷款总额的1/3,3年代偿完毕。

12.中央部门所属高校毕业生如何申请学费补偿和助学贷款代偿?

(1)在办理离校手续时向学校递交学费、“国家助学贷款代偿申请表”,以及毕业生本人、就业单位与学校三方签署的到中西部地区和艰苦边远地区基层单位服务3年以上的就业协议。

（2）在校学习期间获得国家助学贷款的，在与国家助学贷款经办银行签订毕业后还款计划时，注明已申请国家助学贷款代偿，如获得国家助学贷款代偿资格，无须自行向银行还款。

（3）高校负责审查申请资格并上报全国学生资助管理中心。

13.地方所属高校毕业生到基层就业如何获得学费补偿和助学贷款代偿?

按照《财政部、教育部关于印发〈高等学校毕业生学费和国家助学贷款代偿暂行办法〉的通知》（财教〔2009〕15号）的要求，各地要抓紧研究制订本地所属高校毕业生面向本辖区艰苦边远地区基层单位就业的学费补偿和助学贷款代偿办法。地方所属高校毕业生到基层就业是否可以获得学费补偿或国家助学贷款代偿，以及如何申请办理补偿或代偿等，可向学校所在地政府有关部门咨询。

14.到基层就业如何办理户口、档案、党团关系等手续?

对到中西部地区县以下基层单位和艰苦边远地区就业的高校毕业生，实行来去自由的政策，户口可留在原籍或根据本人意愿迁往就业地区；人事档案原则上统一转至服务单位所在地的县级政府人事部门，由政府主管部门所属的人才交流机构提供免费人事代理服务；党团关系转至服务单位，对服务期间积极要求入党的，由乡镇一级党组织按规定程序办理。

15.中央有关部门实施了哪些基层就业项目?

近年来，中央各有关部门主要组织实施了4个引导高校毕业生到基层就业的专门项目，包括团中央、教育部等4部门从2003年起组织实施的“大学生志愿服务西部计划”；中组部、教育部等8部门从2006年开始组织实施的“‘三支一扶’计划”；教育部等4部门从2006年开始组织实施的“农村义务教育阶段学校教师特设岗位计划”；中组部、教育部等4部门从2008年起组织实施的“选聘高校毕业生到村任职工作”。

16.什么是农村义务教育阶段学校教师特设岗位计划?

2006年5月，为进一步加强农村教师队伍建设，促进义务教育均衡发展，根据《中共中央 国务院关于推进社会主义新农村建设的若干意见》（中发〔2006〕1号）和《中共中央办公厅 国务院办公厅印发〈关于引导和鼓励高校毕业生面向基层就业的意见〉的通知》（中办发〔2005〕18号）的精神，教育部、财政部、人事部、中央编办研究印发了《关于实施农村义务教育阶段学校教师特设岗位计划的通知》（教师〔2006〕2号），决定实施农村义务教育阶段学校教师特设岗位计划（简称特岗计划）。特岗计划由中央财政设立专项资金，用于特设岗位教师的工资性支出，通过公开招募高校毕业生到西部“两基”攻坚县县以下农村义务教育阶段学校任教，引导和鼓励高校毕业生从事农村教育工作，创新农村学校教师补充机制，逐步解决农村师资总量不足和结构不合理等问题，提高农村教师队伍的整体素质。特岗计划实施以来，经过不断改革与完善，实施范围已经扩大到《中国农村扶贫开发纲要（2011—2020年）》确定的11个集中连片特殊困难地区和四省藏区县、中西部地区国家扶贫开发工作重点县等地区。特岗教师聘期为3年。

17.农村教师“特岗计划”实施的地区范围包括哪些？

2006年，“特岗计划”的实施范围为西部11个省（自治区、直辖市）以及纳入国家西部开发计划的湖北、海南省部分“两基”攻坚县和新疆生产建设兵团的部分团场。2009年，范围扩大到中西部22个省区国贫县。2022年，实施范围为：原集中连片特殊困难地区、中西部国家扶贫开发工作重点县和省级扶贫开发工作重点县，西部地区原“两基”攻坚县(含新疆生产建设兵团的部分团场)，纳入国家西部开发计划的部分中部省份的少数民族自治州，西部地区一些有特殊困难的边境县、少数民族自治县和少小民族县。

18.农村教师“特岗计划”招聘对象和条件是什么？

（1）以高等师范院校和其他全日制普通高校应届本科毕业生为主，可招少量应届师范类专业专科毕业生。

（2）取得教师资格，具有一定教育教学实践经验，年龄在30岁以下的全日制普通高校往届本科毕业生。

（3）参加过“大学生志愿服务西部计划”、有从教经历的志愿者和参加过半年以上实习支教的师范院校毕业生同等条件下优先。

（4）报名者应同时符合教师资格条件要求和招聘岗位要求。

19.农村教师“特岗计划”的招聘程序有哪些？

特岗教师实行公开招聘，合同管理。合同规定用人单位和应聘人员双方的权利和义务。

招聘工作由省级教育部门、人力资源和社会保障部门、财政部门、编办等相关部门共同负责，遵循“公开、公平、自愿、择优”原则和“三定（定县、定校、定岗）”原则，按下列程序进行：①公布需求；②自愿报名；③资格审查；④考试考核；⑤集中培训；⑥资格认定；⑦签订合同；⑧上岗任教。

20.什么是选聘高校毕业生到村任职？

2008年，中组部、教育部、财政部、人力资源和社会保障部出台了《关于印发〈关于选聘高校毕业生到村任职工作的意见（试行）〉的通知》，用5年时间选聘10万名高校毕业生到农村担任村委会主任助理、村党支部书记助理或团支部书记、副书记等职务。选聘的高校毕业生在村工作期限一般为2～3年。

21.选聘到村任职的对象要满足哪些条件？

选聘对象为30岁以下应届和往届毕业的全日制普通高校专科以上学历的毕业生，重点是应届毕业和毕业1～2年的本科生、研究生，原则上为中共党员（含预备党员），非中共党员的优秀团干部、优秀学生干部也可以选聘。参加人力资源和社会保障部、团中央等部门组织的到农村基层服务的“‘三支一扶’计划”“志愿服务西部计划”等活动期满的高校毕业生，本人自愿且具备选聘条件的，经组织推荐可作为选聘对象。对于各省（自治区、直辖市）此前已经选聘到村任职的高校毕业生，本人自愿，通过组织考察推荐，可转为选聘对象。

基本条件是：①思想政治素质好，作风踏实，吃苦耐劳，组织纪律观念强；②学习成绩良好，具备一定的组织协调能力；③自愿到农村基层工作；④身体健康。

22.选聘到村任职的程序是什么？

选聘工作一般通过个人报名、资格审查、组织考察、体检、公示、决定聘用、培训上岗等程序进行。

23.什么是“‘三支一扶’计划”？

“三支一扶”计划是人力资源和社会保障部牵头，会同有关部门共同组织开展的高校毕业生到农村基层从事支教、支农、支医和扶贫工作的简称。“三支一扶”计划是中央部门组织实施的4大基层就业项目之一，岗位包括支农、支教、支医和扶贫岗位，以及基层公共服务岗位。招募的高校应届毕业生服务期间的身份是“三支一扶”志愿者。2006年3月中央部门正式提出实施高校毕业生“三支一扶”计划，决定按照公开招募、自愿报名、组织选拔、统一派遣的方式，从2006年开始连续5年，每年招募2万名高校毕业生，主要安排到乡镇从事支教、支农、支医和扶贫工作，服务期限一般为2～3年，招募对象主要为全国普通高校应届毕业生。从2021年至2025年，实施第四轮高校毕业生“三支一扶”计划，每年选派3.2万名左右高校毕业生到基层服务。

24.什么是大学生志愿服务西部计划？

大学生志愿服务西部计划，是团中央、教育部根据国务院常务会议、《国务院办公厅关于做好2003年普通高等学校毕业生就业工作的通知》和2003年全国高校毕业生就业工作电视电话会议精神的要求而实施的，财政部、人力资源和社会保障部给予相关政策、资金支持。该项计划从2003年开始实施，按照公开招募、自愿报名、组织选拔、集中派遣的方式，每年招募一定数量的普通高等学校应届毕业生或在读研究生，到西部基层开展为期1～3年的教育、卫生、农技、扶贫等志愿服务。

25.参加中央部门组织实施的基层就业项目，服务期满后享受哪些优惠政策？

毕业生参加“选聘高校毕业生到村任职”“‘三支一扶’计划”“大学生志愿服务西部计划”“农村义务教育阶段学校教师特设岗位计划”等项目，其服务期满后可享受以下优惠政策：

（1）公务员招录优惠政策：每年拿出公务员考录计划的一定比例，专门用于定向招录服务期满且考核称职（合格）的服务基层项目人员。服务基层项目人员也可报考其他职位。地（市）级以上党政机关录用公务员，要明确录用具有2年以上基层工作经历的人员比例；县及乡镇机关要拿出一定职位，专门招考到村任职等基层就业项目的大学生。

（2）事业单位招聘优惠政策：鼓励在项目结束后留在当地就业，参加各基层就业项目相对应的自然减员空岗，全部聘用服务期满的高校毕业生。从2009年起，到乡镇事业单位服务的高校毕业生服务期满1年后，在现岗位空缺情况下，经考核合格，即可与所在单位签订不少于3年的聘用合同。同时，各省（自治区、直辖市）县及县以上相关的事业单位公开招聘工作人员，应拿出不低于40%的比例，聘用各基层就业项目服务期满考核合格的毕业生。

（3）考学升学优惠政策：服务期满后3年内报考硕士研究生初试总分加10分；同等条件下优先录取；高职（高专）学生可免试入读成人本科。

（4）国家补偿学费和代偿助学贷款政策：参加各基层就业项目的毕业生，符合规定条件的，可享受相应的学费补偿和助学贷款代偿政策。

（5）服务期满自主创业的，可享受行政事业性收费减免、小额贷款担保和贴息等有关政策。

（6）其他：按各基层就业项目服务年限计算工龄。服务期满后到企业就业的，按照规定转接社会保险关系。

资料二　鼓励高校毕业生应征入伍，报效祖国

1.国家鼓励高校毕业生入伍，这里的“高校毕业生”如何界定？

就业创业政策 10-2

《普通高校学生应征入伍政策公告》

这里的“高校毕业生”是指根据国家有关规定批准设立、实施高等学历教育的全日制公办普通高等学校、民办普通高等学校和独立学院，按照国家招生规定录取的全日制普通本科、专科（含高职）、研究生、第二学士学位应届毕业生，不包括往届毕业生及成人高等教育、高等教育自学考试类学生、各类非学历教育的学生。

2.征兵工作由哪个部门负责？

《中华人民共和国兵役法》规定：全国的兵役工作，在国务院、中央军事委员会领导下，由国防部负责。

各军区按照国防部赋予的任务，负责办理本区域的兵役工作。

省军区（卫戍区、警备区）、军分区（警备区）和县、自治县、不设区的市、市辖区的人民武装部，兼各该级人民政府的兵役机关，在上级军事机关和同级人民政府领导下，负责办理本行政区域的兵役工作。

3.公民应征入伍需要满足哪些政治条件？

征集服现役的公民必须热爱中国共产党，热爱社会主义祖国，热爱人民军队，遵纪守法，品德优良，决心为抵抗侵略、保卫祖国、保卫人民的和平劳动而英勇奋斗。征兵政治审查的内容包括：应征公民的年龄、户籍、职业、政治面貌、宗教信仰、文化程度、现实表现以及家庭主要成员和主要社会关系成员的政治情况等。

4.公民应征入伍要满足哪些基本身体条件？

应征入伍的公民要身心健康、体魄强健。其中，有几项基本条件：

身高：男性160cm以上；女性158cm以上。

体重：男性不超过标准体重的30%，不低于标准体重的15%；女性不超过标准体重的20%，不低于标准体重的15%。标准体重=（身高-110）kg。

视力：毕业生右眼裸眼视力不低于4.6，左眼裸眼视力不低于4.5。屈光不正，准分子激光手术后半年以上，无并发症，视力达到相应标准的，合格。

内科：乙型肝炎表面抗原呈阴性等。

5.应征入伍高校毕业生的年龄条件是什么？

男兵应征报名对象：普通全日制大专及以上文化程度的高校毕业生，年满18至24周岁。

女兵应征报名对象：（1）上半年应征报名：普通高等学校和科研机构全日制应届

毕业生及在校生，年满 18 至 22 周岁，全日制研究生应届毕业生及在校生放宽至 26 周岁；2021 年普通高等学校全日制本专科应届毕业生可以报名参加 2022 年上半年女兵征集，年龄放宽至 23 周岁。（2）下半年应征报名：普通高等学校和科研机构全日制应届毕业生及在校生，年满 18 至 22 周岁，全日制研究生应届毕业生及在校生放宽至 26 周岁。

6.面向应届高校毕业生的征兵预征工作何时开始？

每年兵役登记时间：1月1日 至 6月30日

全国征兵（男兵）2022年应征报名时间：

上半年应征报名：2021年12月1日 至 2022年2月10日18时

下半年应征报名：2021年12月1日 至 2022年8月10日18时

全国征兵（女兵）2022年应征报名时间：

上半年应征报名：2022年1月1日 至 2022年2月10日24时

下半年应征报名：2022年7月1日 至 2022年8月10日24时

7.高校毕业生应征入伍服义务兵役要经过哪些程序？

（1）网上报名预征：有应征意向的高校毕业生可在征兵开始之前登录“全国征兵网”（网址为 https://www.gfbzb.gov.cn）进行报名，填写、打印《应届毕业生预征对象登记表》和《高校毕业生应征入伍学费补偿国家助学贷款代偿申请表》（以下分别简称《登记表》和《申请表》），交所在高校征兵工作管理部门。

（2）初审、初检：毕业生离校前，在高校参加身体初检、政治初审，符合条件者确定为预征对象，高校协助兵役机关将《登记表》和《申请表》审核盖章发给毕业生本人，并完成网上信息确认。初审、初检工作最晚在7月15日前完成。

（3）实地应征：高校应届毕业生可在学校所在地应征入伍，也可在入学前户籍所在地应征入伍。

（4）组织高校应届毕业生在学校所在地征集的，结合初审、初检工作同步进行体格检查和政治审查，在毕业生离校前完成预定兵，9月初学校所在地县（市、区）人民政府征兵办公室为其办理批准入伍手续。政治审查以本人现实表现为主，由其就读学校所在地的县（市、区）公安部门负责，学校分管部门具体承办，原则上不再对其入学前和就读返乡期间的现实表现情况进行调查。

（5）在入学前户籍所在地应征入伍的，高校应届毕业生7月30日前将户籍迁回入学前户籍地，持《登记表》和《申请表》到当地县级兵役机关参加实地应征，经体格检查、政治审查合格的，9月初由当地县（市、区）人民政府征兵办公室办理批准入伍手续。

8.高校毕业生征集工作由哪个部门牵头负责？

高校所在地兵役机关会同有关部门进入高校开展征集工作，高校由学生管理部门或学校武装部门牵头负责，有意向参军入伍的毕业生可向所在学校学工部（处）、就业中心、资助中心或武装部咨询有关政策。

9.高校毕业生应征入伍服义务兵役享受哪些优惠政策？

高校毕业生应征入伍服义务兵役，除享有优先报名应征、优先体检政审、优先审批定兵、优先安排使用“四个优先”政策，以及家庭按规定享受军属待遇外，还享受优先选拔使用、学费补偿和国家助学贷款代偿、退役后考学升学优惠、就业服务等政策。

10.高校毕业生应征入伍“四个优先”政策是怎样规定的？

（1）优先报名应征。报名由县级兵役机关直接办理。夏秋季征兵开始前，县级兵役机关通知其报名时间、地点、注意事项等。确定为预征对象的高校毕业生持《登记表》，可以直接到学校所在地或户籍所在地县级兵役机关报名应征。

（2）优先体检政审。体检政审由县级兵役机关直接办理。夏秋季征兵体检政审前，县级兵役机关通知其体检政审时间、地点、注意事项等。确定为预征对象的高校毕业生未能在规定时间内在校参加体检政审的，本人持《登记表》可在征兵体检政审时间内报名直接参加体检政审。

（3）优先审批定兵。审批定兵时，应当优先批准体检政审合格的高校毕业生入伍。高职（专科）以上文化程度的合格青年未被批准入伍前，不得批准高中文化程度的青年入伍。

（4）优先安排使用。在安排兵员去向时，根据高校毕业生的学历、专业和个人特长，优先安排到军兵种或专业技术要求高的部队服役；部队对征集入伍的高校毕业生，优先安排适合的岗位，充分发挥其专长。

11.高校毕业生应征入伍服义务兵役给予国家资助的内容是什么？

高校毕业生应征入伍服义务兵役国家资助，是指国家对应征入伍服义务兵役的高校学生，在入伍时对其在校期间缴纳的学费实行一次性补偿或对其获得的国家助学贷款（国家助学贷款包括校园地国家助学贷款和生源地信用助学贷款，下同）实行代偿；应征入伍服义务兵役前正在高等学校就读的学生（含按国家招生规定录取的高等学校新生），服役期间按国家有关规定保留学籍或入学资格、退役后自愿复学或入学的，国家实行学费减免。

12.高校毕业生应征入伍享受学费补偿、国家助学贷款补偿及学费减免的标准是什么？

在学费补偿、国家助学贷款补偿和学费减免方面，本专科生每人每年享受最高不超过12 000元，研究生每人每年最高不超过16 000元，入伍大学生家庭享受军属待遇。自2022年起，高职或专科学生应征入伍新增一项优惠政策：在完成高职或专科学业的前提下，学生退伍后可免试入读普通本科，或根据意愿入读成人本科，该政策自2022年专升本招生起执行。

13.高校毕业生应征入伍服义务兵役都可以享受国家资助政策吗？

在校期间已免除全部学费的学生，如定向生、委培生和国防生，均不享受学费补偿和国家助学贷款代偿政策。

14.高校毕业生应征入伍服义务兵役享受学费补偿、国家助学贷款代偿和学费减免的年限如何计算？

学费补偿、国家助学贷款代偿和学费减免的年限，按照国家对本科、专科（含高职）、研究生和第二学士学位规定的相应修业年限据实计算。以入伍时间为准，入伍前已达到的修业规定年限，即学费补偿或国家助学贷款代偿的年限；退役复学后应完成国家规定的修业年限的剩余期限，即学费减免的年限；复学后攻读更高层次学历不在学费减免范围内。

专升本、本硕连读、中职高职连读、第二学士学位毕业生补偿学费或代偿国家助学贷款的年限，分别按照完成本科、硕士、专科和第二学士学位阶段学习任务规定的学习时间计算。

专升本、本硕连读的在校生，在专科或本科学习阶段应征入伍的，以实际学习时间实行学费补偿或国家助学贷款代偿;在本科或硕士学习阶段应征入伍的，以本科已学习时间或硕士已学习时间计算，实行学费补偿或国家助学贷款代偿，其以前专科学习时间或本科学习时间不计入学费补偿或国家助学贷款代偿。中职高职连读学生学费补偿或国家助学贷款代偿的年限，按照高职阶段实际学习时间计算。

15.高校毕业生申请应征入伍服义务兵役国家资助的程序是什么?

（1）应征报名的高校毕业生登录全国征兵网，按要求在线填写、打印《高校学生应征入伍学费补偿国家助学贷款代偿申请表》（一式两份，以下简称《申请表》）并提交学校学生资助管理部门。在校期间获得国家助学贷款的学生，需同时提供《国家助学贷款借款合同》的复印件和本人签字的一次性偿还贷款计划书。

（2）学校相关部门对《申请表》中学生的资助资格、标准、金额（如有生源地信用助学贷款，学校应联系贷款经办银行或贷款经办地县级学生资助管理机构确认贷款金额）等相关信息审核无误后，加盖公章，一份留存，一份返还学生。

（3）学生在征兵报名时将《申请表》送交入伍所在地县级人民政府征兵办公室(以下简称县级征兵办)。学生通过征兵体检被批准入伍后，县级征兵办在《申请表》上加盖公章，并返还学生。

（4）学生将《申请表》原件和入伍通知书复印件，寄送至原就读高校学生资助管理部门。

16.因个人原因被部队退回，高校毕业生已获国家资助的经费会被收回吗?

因个人原因（如故意隐瞒病史或弄虚作假、违法犯罪等行为）造成退兵的学生，学校取消其受助资格，并不得申请学费减免。各省（自治区、直辖市）人民政府征兵办公室应在接收退兵后及时将被退回学生的姓名、就读高校、退兵原因等情况逐级上报至国防部征兵办公室，并按照学生原就读高校的隶属关系，通报同级教育行政部门。

被部队退回并被取消资助资格的学生，如学生返回其原户籍所在地，已补偿的学费或代偿的国家助学贷款由学生户籍所在地县级教育行政部门会同同级人民政府征兵办公室收回；如学生返回其原就读高校，已补偿的学费或代偿的国家助学贷款由学生原就读高校会同退役安置地县级人民政府征兵办公室收回。各县级教育行政部门和各高校应在收回资金后10日内，逐级汇总上缴全国学生资助管理中心。收回的资金按规定作为下一年度学费补偿或国家助学贷款代偿经费。

17.高校毕业生入伍服义务兵役的年限是多少?

按我国现行的义务兵役制度，服义务兵役的年限是2年。

18.大学生士兵退役后享受哪些就学优惠政策?

（1）专科（含高职）学生入伍经历可作为毕业实习经历。

（2）退役大学生士兵入学或复学后免修军事技能训练，直接获得学分。

（3）设立“退役大学生士兵”专项硕士研究生招生计划。根据实际需求，每年安排一定数量的专项计划，专门面向退役大学生士兵招生。在全国研究生招生总规模内单列下达，不得挪用。

（4）将高校在校生（含高校新生）服兵役情况纳入推免生遴选指标体系。鼓励有关高校在制定本校推免生遴选办法时，结合本校具体情况，将在校期间服兵役情况纳入推免生遴选指标体系。在部队荣立二等功及以上的退役人员，符合研究生报名条件的可免试（指初试）攻读硕士研究生。

（5）将考研加分范围扩大至高校在校生（含高校新生）。退役人员在继续实行普通高校应届毕业生退役后按规定享受加分政策的基础上，允许普通高校在校生（含高校新生）应征入伍服义务兵役退役，在完成本科学业后3年内参加全国硕士研究生招生考试，初试总分加10分，同等条件下优先录取。

（6）退役大学生士兵专升本实行招生计划单列。专科（含高职）学生应征入伍服义务兵役退役，在完成专科学业后参加普通本科专升本考试，实行计划单列，录取比例在现行30%的基础上适度扩大，具体比例由各省根据本地实际情况和报名情况确定。

（7）高校新生录取通知书中附寄应征入伍优惠政策。高校向新生寄送《录取通知书》时，附寄应征入伍宣传单，宣传单主要内容包括优惠政策概要、报名流程指南、学籍注册要求等。

（8）放宽退役大学生士兵复学转专业限制。大学生士兵退役后复学，经学校同意并履行相关程序后，可转入本校其他专业学习。

（9）具有专科（含高职）学历的，退役后免试入读成人本科，或经过一定考核入读普通本科；荣立三等功以上奖励的，在完成专科（含高职）学业后，免试入读普通本科。

（10）应征入伍的高校毕业生退役后报考政法干警招录培养体制改革试点招生时，教育考试笔试成绩总分加10分。

19.什么是政法干警招录培养体制改革试点考试？

国家为培养政治业务素质高，实战能力强的应用型、复合型政法人才，加强政法机关公务员队伍建设，2008年开始重点从部队退役士兵和普通高校毕业生中选拔优秀人才，为基层政法机关特别是中西部和其他经济欠发达地区的县（市）级以下基层政法机关提供人才保障和智力支持。

20.应征入伍的高校应届毕业生离校后户口档案存放在哪里，如何迁转？

被确定为预征对象的高校应届毕业生：回入学前户籍所在地应征的，将户口迁回入学前户籍所在地，档案转到入学前户籍所在地人才交流中心存放；回学校所在地应征的，可将户籍和档案暂时保留在学校。

高校应届毕业生批准入伍后，其户口档案予以注销，档案放入新兵档案。

21.高校应届毕业生退役后户口档案迁移有何优惠政策？

高校应届毕业生入伍服义务兵役退出现役后1年内，可视同当年的高校应届毕业生，凭用人单位录（聘）用手续，向原就读高校再次申请办理就业报到手续，户口档案随迁（直辖市按照有关规定执行）。

22.没有参加网上报名预征的高校毕业生是否可以应征入伍并享受有关优惠政策？

未参加网上报名预征的毕业生，在征兵期间需要补办网上预征手续，没有经过网上报名预征的毕业生不享受有关优惠政策。

23.什么是士官？与义务兵有什么区别？

现役士兵按兵役性质分为义务兵役制士兵和志愿兵役制士兵。义务兵役制士兵称为义务兵，志愿兵役制士兵称为士官。士官属于士兵军衔序列，不同于义务兵役制士兵，是士兵中的骨干。义务兵实行供给制，发给津贴；士官实行工资制，定期增资。

24.国家资助直接招收为士官的高等学校学生如何界定？

国家资助直接招收为士官的高等学校学生，是指直接从非军事部门招收为部队士官的全日制普通本科、专科（含高职）、研究生、第二学士学位的应（往）届毕业生；成人高校的普通本科、专科（含高职）应（往）届毕业生；纳入全国高等学校招生统一考试、直接招录或选拔补充为部队士官的定向生。

资料三　积极聘用高校毕业生参与国家和地方重大科研项目

1.国家和地方重大科研项目包括哪些？

按照《科技部 教育部 财政部 人力资源和社会保障部 国家自然科学基金委员会关于鼓励科研项目单位吸纳和稳定高校毕业生就业的若干意见》（国科发财〔2009〕97号）的规定，由高校、科研机构和企业所承担的民口科技重大专项、973计划、863计划、科技支撑计划项目以及国家自然科学基金会的重大重点项目等，可以聘用高校毕业生作为研究助理或辅助人员参与研究工作。此外，其他项目的承担单位也可聘用高校毕业生。

2.哪些毕业生可以被聘为研究助理或辅助人员？

聘用对象主要以优秀的应届毕业生为主，包括高校以及有学位授予权的科研机构培养的博士研究生、硕士研究生和本科生。

3.科研项目聘用的毕业生是否为在编职工？

科研项目聘用的毕业生不是项目承担单位的正式在编职工，被聘毕业生需与项目承担单位签订服务协议，明确双方的权利、责任和义务。

4.科研项目承担单位与被聘毕业生签订的服务协议包含哪些内容？

（1）项目承担单位的名称和地址。

（2）研究助理的姓名、居民身份证号码和住址。

（3）服务协议期限。

（4）工作内容。

（5）劳务性费用数额及支付方式。

（6）社会保险。

（7）双方协商约定的其他内容。

服务协议不得约定由毕业生承担违约金。

5.服务协议的期限如何约定？

根据《人力资源和社会保障部办公厅关于重大科研项目单位吸纳高校毕业生参与研究工作签订服务协议有关问题的通知》（人社厅发〔2009〕47号）等文件的规定，服务协议期限最多可签订3年，3年以下的服务协议期限已满而项目执行期未满的，根据工作需要可以协商续签。

6.服务协议履行期间可以解除协议吗？

服务协议履行期间，毕业生可以提出解除服务协议，但应提前15日书面通知项目承担单位。

项目承担单位提出解除服务协议的，应当提前30日书面通知毕业生本人。研究助理被解除服务协议或协议期满终止后，符合条件的毕业生可按规定享受失业保险待遇。

7.被聘毕业生如何获取报酬？

由项目承担单位向高校毕业生支付劳务性费用，具体数额按照国家有关规定，参照相应岗位标准，由双方协商确定。

8.项目承担单位是否为被聘毕业生办理保险？

项目承担单位应当为被聘毕业生办理社会保险，具体包括基本养老保险、基本医疗保险、失业保险、工伤保险、生育保险，并按时足额缴费。参保、缴费、待遇支付等具体办法参照各项社会保险有关规定执行。

9.被聘毕业生的户口、档案如何迁转？

毕业生参与项目研究期间，根据当地情况，其户口、档案可存放在项目承担单位所在地或入学前家庭所在地的人才交流中心。项目承担单位所在地或入学前家庭所在地的人才交流中心应当免费为其提供户口、档案托管服务。

10.服务协议期满后，被聘毕业生如何就业？

服务协议期满后，如果项目承担单位无意续聘，则被聘毕业生到其他岗位就业。同时，国家鼓励项目承担单位在正式聘用（招用）人员时，优先聘用担任过研究助理的毕业生。项目承担单位或其他用人单位在正式聘用（招用）担任过研究助理的毕业生时，应当分别依据《劳动合同法》《国务院办公厅转发人事部关于在事业单位试行人员聘用制度意见的通知》（国办发〔2002〕35号）等执行。

11.毕业生服务协议期满被用人单位正式录（聘）用后，如何办理落户手续？工龄如何接续？

担任过研究助理的毕业生被正式聘用（招用）后，按照《国务院办公厅转发教育部等部门关于进一步深化普通高等学校毕业生就业制度改革有关问题意见的通知》（国办发〔2002〕19号）的规定，凭用人单位录（聘）用手续、劳动合同和普通高等学校毕业证书办理落户手续。工龄与参与项目研究期间的工作时间合并计算，与社会保险缴费年限合并计算。

资料四　鼓励和支持高校毕业生到中小企业、服务外包企业就业和自主创业

1.鼓励高校毕业生到中小企业就业有哪些政策措施？

各级政府要进一步清理影响高校毕业生就业的制度性障碍和限制，为到中小企业就业的高校毕业生提供户籍与档案管理、人事代理、社会保险办理和接续、职称评定以及权益保障等方面的服务。

2.到中小企业就业可否在当地落户？

对各类企业招用非本地户籍的普通高校专科以上毕业生，各地城市应取消落户限制（直辖市按各自有关规定执行）。

3.到中小企业就业档案如何管理？

目前，我国对档案的管理主要有单位管理和社会管理两类。有档案管理权限的企事业单位可直接接收、管理档案；无档案管理权限的企事业单位，主要包括公有制和非公有制（个体、私营、外资）在内的中小企业，可以由各地的人才交流中心、政府批准的人才服务机构为高校毕业生提供档案管理、人事代理、社会保险办理和接续等方面的服务。档案不允许个人保存。

4.什么是人事代理？

人事代理是指由政府批准的人事档案管理机构（各类人才服务机构），按照国家有关人事、劳动等政策法规要求，接受单位或个人委托，为多种所有制经济尤其是非公有制经济单位及各类人才办理：①人事档案管理；②因私出国政审；③在规定的范围内申报或组织评审专业技术职务任职资格；④转正定级和工龄核定；⑤大中专毕业生接收手续；⑥其他需经授权的人事代理事项。

5.高校毕业生怎样办理人事代理？

人事代理方式可由单位委托代理，也可由个人委托代理；可多项委托代理，也可单项委托代理；可由单位全员委托代理，也可由单位部分人员委托代理。

对于离校时已落实工作单位的高校毕业生，其人事代理由毕业生的接收单位统一负责委托管理；对于离校时未就业、自主创业和灵活就业的高校毕业生，可由个人委托政府批准的人事代理机构办理委托管理。

6.什么是社会保险？社会保险包括哪些险种？

社会保险是指国家通过立法强制实行的，对劳动者因年老、工伤、疾病、生育、残疾、失业、死亡等原因丧失劳动能力或暂时失去工作时，给予劳动者本人或供养直系亲属物质帮助的一种社会保障制度。

社会保险包括养老保险、失业保险、医疗保险、工伤保险和生育保险。

7.高校毕业生怎样办理社会保险？

高校毕业生一定要关心自己社会保险关系的建立、转移和接续。大学生毕业后就业，有用人单位的，其所在用人单位应按规定为其办理参保缴费手续，建立社会保险关系；灵活就业的，本人应到当地社会保险经办机构办理参保缴费手续。用人单位和

个人应按规定按时足额缴纳社会保险费。与单位解除劳动合同关系后，要按当地政府的规定，到社会保险经办机构办理社会保险关系的中断或转出等事宜。毕业生在与新单位重新确立劳动合同关系后，社会保险经办机构应为毕业生办理社会保险关系的转移和接续手续。

8.什么是服务外包和服务外包企业？

服务外包是指企业将其非核心的业务外包出去，利用外部最优秀的专业团队来承接该业务，从而使其专注核心业务，达到降低成本、提高效率、增强企业核心竞争力和对环境应变能力的一种管理模式。

服务外包企业是指其与服务外包发包商签订中长期服务合同，承接服务外包业务的企业。

9.目前服务外包产业主要涉及哪些领域及地区？

服务外包分为信息技术外包服务（ITO）、技术性业务流程外包服务（BPO）和技术性知识流程外包服务（KPO）等。ITO包括软件研发及外包、信息技术研发服务外包、信息系统运营维护外包等领域。BPO包括企业业务流程设计服务、企业内容管理数据库服务、企业运营数据库服务、企业供应链管理数据库服务等领域。KPO包括知识产权研究、医药和生物技术研发和测试、产品技术研发、工业设计、分析数据和数据挖掘、动漫及网游设计研发、教育课件研发、工程设计等领域。

目前我国有服务外包示范城市31个，分别是北京、天津、上海、重庆、大连、深圳、广州、武汉、哈尔滨、成都、南京、西安、济南、杭州、合肥、南昌、长沙、大庆、苏州、无锡、沈阳、长春、南通、镇江、福州（含平潭综合实验区）、南宁、乌鲁木齐、青岛、宁波、郑州、厦门。

10.服务外包企业吸纳高校毕业生有哪些财政支持？

《商务部办公厅　教育部办公厅　人力资源和社会保障部办公厅关于积极做好服务外包产业吸纳应届高校毕业生就业有关工作的通知》（商办服贸函〔2022〕183号）规定，对符合条件的吸纳高校毕业生就业的服务外包企业，按规定给予一次性吸纳就业补贴、一次性扩岗补助、职业培训补贴、社会保险补贴等政策支持。服务外包企业为毕业生提供见习岗位的，按规定给予见习补贴支持。

11.高校毕业生怎样提升自主创业的能力？

有意愿自主创业的大学生，可以参加创业培训和实践，接受创业教育，系统学习创办企业的知识，完善创业计划，降低创业风险，促进创业成功。

目前，许多高校已经开设了创业培训方面的课程和创业实践活动，在校大学生可以选择参加。另外，各地人力资源和社会保障部门也开办了创业培训班，离校后未就业的高校毕业生可向当地人力资源和社会保障部门申请，参加有补贴的培训。

就业创业政策
10-3

《普通高校毕业生就业服务公告》

12.高校毕业生自主创业，可以享受哪些优惠政策？

（1）小额担保贷款和贴息支持。

①登记失业的高校毕业生自主创业，自筹资金不足的，可向当地指定银行申请一定额度的小额担保贷款（一般不超过5万元）；对从事微利项目的，还可获得贴息

支持。

就业创业政策
10-4

《普通高校学生自主创业政策公告》

②自愿到西部地区及县以下的基层创业的高校毕业生，自筹资金不足的，可向当地经办银行申请小额担保贷款；对从事微利项目的，可获得50%的贴息支持。

（2）免收有关行政事业性收费。高校毕业生从事个体经营，且在市场监管部门注册登记日期在其毕业后2年内的，自其在市场监管部门首次注册登记之日起3年内免收管理类、登记类和证照类行政事业性收费。

（3）享受培训补贴。离校后登记失业的高校毕业生，参加人力资源和社会保障部门举办的创业培训，可享受职业培训补贴。

（4）免费创业服务。有创业意愿的高校毕业生，可免费获得公共就业服务部门提供的创业指导服务，包括项目开发、方案设计、风险评估、开业指导、融资服务、跟踪扶持等内容。

13.什么是小额担保贷款？小额担保贷款的用途是什么？

小额担保贷款是指通过政府出资设立担保基金，委托担保机构提供贷款担保，由经办商业银行发放，以解决符合一定条件的待就业人员从事个体经营自筹资金不足的一项贷款业务。

小额担保贷款主要用于自谋职业、自主创业或合伙经营和组织起来创业的开办经费与流动资金。

14.申请小额担保贷款的额度是多少？贷款期限有多长？

国家规定个人申请额度最高不超过5万元，各地区对申请小额担保贷款的额度有不同规定，许多地区的小额担保贷款额度高于5万元。合伙经营贷款额度会更大。

小额担保贷款的期限一般不超过2年，可展期1年。

15.怎样申请小额担保贷款？在哪些银行可以申请小额担保贷款？

小额担保贷款按照自愿申请、社区推荐、人力资源和社会保障部门审查、贷款担保机构审核并承诺担保、商业银行核贷的程序办理贷款手续。

国有商业银行、股份制商业银行、城市商业银行和城乡信用社都可以开办小额担保贷款业务，各地区根据实际情况确定具体经办银行。在指定的经办银行可以办理小额担保贷款。

16.哪些项目属于微利项目？

中国人民银行、财政部等部门联合下发的《关于改进和完善小额担保贷款政策的通知》（银发〔2006〕5号）中明确指出，由各省、自治区、直辖市、计划单列市人民政府结合实际确定微利项目的范围。微利项目主要包括家庭手工业、修理修配、图书借阅、旅店服务、餐饮服务、洗染缝补、复印打字、理发、小饭桌、小卖部、搬家服务、钟点服务、家庭清洁卫生服务、初级卫生保健服务、婴幼儿看护和教育服务、残疾儿童教育训练和寄托服务、养老服务、病人看护、幼儿和学生接送服务等。

从事微利项目的，财政据实全额贴息，展期不贴息。

17. 国家针对高校毕业生、退役军人就业创业释放了哪些政策?

扎实做好并进一步加强高校毕业生、退役军人等重点群体就业工作，加强对城镇各类就业困难人员的就业帮扶，尤其是退役军人等重点群体的创业就业扶持和援助体系，连年提高优抚对象定期抚恤补助标准，成立退役军人事务部，出台《关于促进新时代退役军人就业创业工作的意见》。同时，国家已围绕加强退役军人职业技能培训、提升就业创业能力等出台了针对性措施，并将在创业培训、创业场所保障、金融和税收优惠等方面持续释放政策“红利”。

资料五　就业指导服务与就业援助

1. 在校期间高校毕业生可以获得哪些就业指导和服务?

高校毕业生在校期间，可以到学校就业指导中心等部门获得就业咨询、用人单位招聘及实习实训信息、求职技巧及实用技能培训、职业生涯辅导、毕业生推荐、实习实践能力培训、就业手续办理等多项就业指导和服务。目前，高校已普遍建立了毕业生就业指导机构。

2. 从哪些机构可获取就业信息?

（1）学校就业主管部门。学校就业主管部门作为学校毕业生就业工作的核心部门，是毕业生获取就业信息、顺利实现就业的主渠道。

（2）公共就业服务机构。公共就业服务机构包括省（自治区、直辖市）毕业生就业指导中心、市（区、县、镇、街道）人才交流服务中心、职业介绍服务中心或人力资源市场、街道社区劳动服务站（所）等。

（3）市场经营性服务机构。市场经营性服务机构主要包括从事人力资源服务的经营性企业或机构，如国有企业、民营企业、中外合资企业和原人事、劳动系统所属服务机构自办或以股份形式合办的企业等。

3. 智慧教育服务平台有哪些?

（1）国家智慧教育服务平台。国家智慧教育服务平台是国家教育公共服务的一个综合集成平台，具有学生学习、教师教学、学校治理、教育创新等功能，建设国家智慧教育平台是深入贯彻落实习近平总书记关于教育的重要论述、关于数字中国建设重要指示批示的重大举措，是促进教育公平和质量提升、缩小数字鸿沟、推动教育服务共同富裕的有效支撑。

（2）国家24365大学生就业服务平台。为促进高校毕业生就业，教育部积极推进教育数字化战略行动，在原有教育部新职业网和24365智慧就业平台的基础上，通过打造24小时365天“全时化、智能化”平台，为毕业生和用人单位提供更优质的“互联网+就业”服务，推动有效市场和有为政府更好结合，进一步完善高校毕业生市场化、社会化就业机制，促进毕业生更加充分更高质量就业。

国家24365大学生就业服务平台的主要功能有：一是面向高校毕业生。高校毕业生是平台的主要服务对象。围绕毕业生在求职就业过程中的所需所求，平台主要提供求职服务、就业指导、重点引导等服务。在求职服务方面，毕业生可以在线进行就业意愿登记、简历填写、职位检索等，获取职位推荐、专场招聘、网上签约等服务。在就业指导方面，平台为毕业生提供生涯规划课程、学业与职业指南、就业培训、职业测评等服务，帮助毕业生明确目标、树立信心、提升求职能力和就业能力。在重点引导方面，毕业生可根据自己的职业规划和求职意愿，获取基层项目、重点领域就业等方面的信息服务。二是面向用人单位。用人单位在平台注册后，可便捷地参加各类招聘活动，发布岗位信息、筛选简历，与毕业生进行线上互动，达成意向后可直接在网上签约；也可以通过平台查询生源信息，了解意向学校和毕业生总体情况。三是面向就业战线。地方教育部门和高校通过平台可以动态监测毕业生就业工作的进展，调查和分析就业形势。四是面向公众及所有用户。平台提供大量政策资讯、工作动态、高校毕业质量报告等信息，用户也可以通过平台链接到各地和高校的就业网站以及主要的社会招聘平台。

截至2022年3月，平台上线了"互联网+就业指导"直播课91期，涵盖了就业形势与政策、行业分析、求职技巧等内容。平台还上线了"宏志助航"系列就业指导培训课程资源118个，提供44项职业测评、125个职业百科和578个职业案例。

4.获取就业信息的主要渠道有哪些？

（1）浏览各类就业信息网站，包括中央有关部门主办的国家智慧教育服务平台、地方主管部门主办的就业信息网站、各高校就业信息网站及校内BBS求职版面、其他专业性就业网站等。

（2）参加各类招聘和双向选择活动，包括国家有关部门、学校、用人单位等相关机构组织的各类现场或网络招聘活动。

（3）参与校企合作实习，包括社会实践、毕业实习等活动。

（4）查阅媒体广告，如报纸、刊物、电台、电视台、视频媒体等。

（5）他人推荐，如导师、校友、亲友等。

（6）主动到单位求职自荐等。

5.在校期间高校毕业生可以通过哪些途径提升就业能力？

在学好专业知识和技能的同时，根据学校的要求或安排，毕业生可以通过选修或必修就业指导课程，参与学校组织的就业实习、技巧辅导、模拟招聘等活动，学习和了解职业资料及信息，充分借助社会实践平台，全面提升就业能力。

高职院校毕业生还可通过学校实施的毕业证与职业资格证书"双证书"制度以及学校组织的企业顶岗实习机会等，切实增强自身的岗位适应能力与就业竞争力，促进职业素养的养成。

6.困难家庭高校毕业生包括哪些毕业生？

困难家庭高校毕业生是指来自城镇低保家庭、低保边缘户家庭、农村贫困家庭和残疾人家庭的普通高校毕业生。

7.就业困难高校毕业生包括哪些毕业生？

一般认为，就业困难高校毕业生是指在心理、身体、学业、经济、综合素质等方面处于弱势的毕业生。

8.机关、事业单位对招录（聘）困难家庭毕业生有何优惠？

各级机关考录公务员、事业单位招聘工作人员时，免收困难家庭高校毕业生的报名费和体检费。

9.困难家庭高校毕业生如何向学校申请求职补贴？

为帮助困难家庭高校毕业生求职就业，高校一般都会安排经费作为困难家庭毕业生的求职补助，或对已成功就业的困难家庭毕业生给予奖励。困难家庭毕业生可向所在院系书面申请求职补助。学校也应根据平时掌握的情况，对困难家庭毕业生给予主动帮助。

10.面对求职困难，毕业生该如何应对？

（1）主动了解国家促进就业的相关政策，努力争取各方支持。

（2）主动联系学校就业指导老师和专业教师，并保持经常沟通。

（3）通过网络等各种渠道，广泛收集社会需求信息。

（4）积极参加校园招聘会和各类人才洽谈会。

（5）充分利用亲友、校友、学校社团等资源，积极获取就业信息。

（6）了解社会发展动态，合理调整求职预期。

11.离校后未就业高校毕业生如何获得相应的就业指导和服务？

回到原户籍所在地报到的未就业高校毕业生，能够享受当地政府部门所属的公共就业服务机构、人才交流服务机构、高校毕业生就业指导服务机构提供的就业指导和服务。

就业指导和服务内容包括就业政策法规咨询、职业岗位供求信息、市场工资指导价位信息、职业培训信息、职业指导和职业介绍、办理求职登记、失业登记等。

12.离校后未就业高校毕业生在哪里可以办理求职登记和失业登记？

未就业的高校毕业生可以在户籍所在地县及县以上公共就业服务机构办理求职登记和失业登记，具体办理办法可咨询当地公共就业服务机构。

13.离校后未就业高校毕业生登记失业后，可以享受哪些服务和政策？

在就业服务方面，可免费享受职业介绍、职业指导、就业政策法规咨询；参加职业培训的，可以按规定申请职业培训补贴；通过职业技能鉴定的，还可以按规定申请职业鉴定补贴。

在创业扶持方面，可以享受小额担保贷款和贴息支持、免收有关行政事业性收费、培训补贴和免费的创业服务。符合条件的，还可以享受社会保险补贴和公益性岗位补贴政策。

14.什么是社会保险补贴政策？

社会保险补贴政策是指为鼓励就业困难人员灵活就业，减轻其以个人身份缴纳社会保险费用的压力，或为降低企业的用人成本，鼓励其吸纳就业困难人员就业，对上述个人或单位在缴纳社会保险费用后实行先缴后补，给予一定费用补贴。属于就业困难人员的高校毕业生，在灵活就业后申报就业并以个人身份缴纳社会保险费的，可以享受一定数额的社会保险补贴，补贴数额原则上不超过其实际缴费的2/3。具体补贴标准由省级财政、人力资源和社会保障部门确定。

就业困难人员实现灵活就业后，要向街道（社区）申报就业。灵活就业人员应按规定按时足额缴纳社会保险费。每季度终了后，按规定向当地人力资源和社会保障部门申请对上季度已缴纳的社会保险费的补贴。

社会保险补贴资金申请材料应附有：由本人签字、人力资源和社会保障部门盖章确认的、注明具体从事灵活就业的单位、岗位、地址等内容的相关证明材料，本人居民身份证复印件，登记证复印件，社会保险征缴机构出具的上季度社会保险费缴费单据等凭证材料，经人力资源和社会保障部门审核、财政部门复核后，按规定将资金支付给申请者本人。

15.什么是公益性岗位补贴政策？

公益性岗位补贴政策是指由政府或其他用人单位开发的符合社会公共利益需要的服务性岗位或协助管理岗位，安置就业困难人员和属于就业困难人员的高校毕业生就业的，给予一定期限、一定额度的工资性补贴。该补贴拨付给在公益性岗位安排就业困难人员就业的单位，目的在于降低用人单位的成本，帮助就业困难人员尽快实现就业和稳定就业。

16.什么是职业技能鉴定补贴政策？

职业技能鉴定补贴政策是指对就业困难人员、务工劳动者通过初次技能鉴定（限国家规定实行就业准入制度的指定工种）取得职业资格证书的，给予一定费用补贴。属于就业困难人员的高校毕业生参加职业技能鉴定可按此规定向职业技能鉴定所在地人力资源和社会保障部门申请一次性补贴。

职业技能鉴定补贴资金申请材料应附有：本人居民身份证复印件、登记证复印件、职业资格证书复印件、职业技能鉴定机构开具的行政事业性收费票据（或税务发票）等证明材料，经人力资源和社会保障部门审核、财政部门复核后，按规定将资金支付给申请者本人。

职业技能鉴定补贴的具体标准由省级财政厅、人力资源和社会保障部门确定。

17.什么是职业培训补贴政策？如何申请职业培训补贴？择业期内未就业高校毕业生职业培训补贴对象有哪些？

职业培训补贴政策是指对登记失业人员参加职业培训的，根据其参加培训情况给予一定费用的补贴。登记失业的高校毕业生按此规定，可凭借职业培训补贴申请材料，向职业培训所在地人力资源和社会保障部门申请补贴。

职业培训补贴资金申请材料应附有：本人居民身份证复印件、登记证复印件、职业培训合格证书（职业技能资格证书）复印件或劳动合同复印件，以及职业培训机构开具的行政事业性收费票据（或税务发票）等培训或就业证明材料。

登记失业人员参加职业培训后，取得职业培训合格证书（职业技能资格证书）：对6个月内没有实现就业的，按最高不超过职业培训补贴标准的60%给予补贴；对6个月内实现就业的，按职业培训补贴标准的100%给予补贴。职业培训补贴具体办法和标准由省级财政厅、人力资源和社会保障部门确定。

享受职业培训补贴的对象是全日制高等院校未就业高校毕业生，择业期内在地方公共就业服务中心发布的自主选择机构和专业中参加短期就业技能培训，取得职业资格证书并与地方企业签订1年以上期限劳动合同且缴纳社会保险的，给予一次性职业培训补贴。

未就业高校毕业生是指未缴纳过职工社会保险的高校毕业生。缴纳过职工养老保险又因失业而断缴的高校毕业生，可进行失业登记，享受城镇登记失业人员的有关优惠政策。

18. 补贴专业及其标准是什么？

（1）补贴专业。由地方公共就业服务中心根据产业发展、市场需求、劳动者意愿等因素确定并适时调整。

（2）补贴标准。每人3 000元。培训费用低于职业培训补贴标准的按实际金额给予补贴，培训费用高于职业培训补贴标准的按补贴标准给予补贴。

19. 离校后未就业高校毕业生如何申请参加职业培训？

职业培训由各地政府公共就业服务机构组织。离校后回原籍的未就业高校毕业生可到当地人力资源和社会保障部门或相关部门咨询了解职业培训开展情况，选择适合的培训项目参加。

培训工作主要由各类职业培训机构（如就业训练中心、技工学校、职业中等专业学校、职业技术学院、企业职工培训中心等）承担。

20. 离校后未就业高校毕业生如何获取职业资格证书？

高校毕业生个人可向职业技能鉴定所（站）自主申请职业技能鉴定。职业技能鉴定要参加知识考试和操作技能考核。经鉴定合格者，由人力资源和社会保障部门核发相应的职业资格证书。

21. 什么是就业见习？

就业见习是指由各级政府有关部门组织对离校后未就业毕业生到企事业单位实践训练的就业扶持措施。

未就业高校毕业生如有意愿参加就业见习的，可向当地人力资源和社会保障部门咨询，当地人力资源和社会保障部门是就业见习的组织单位。

22. 离校后未就业高校毕业生如何参加就业见习？

人力资源和社会保障部门通过公共就业服务机构、人才服务机构以及电视、网络、报纸等多种渠道，发布就业见习信息，公布见习单位名单、岗位数量、期限、人员要求等有关内容，或者组织开展见习单位和高校毕业生的双向选择活动，帮助离校后未就业高校毕业生和见习单位实现对接。离校后回原籍的未就业高校毕业生可与原籍所在地人力资源和社会保障部门联系，主动参加就业见习。

23. 就业见习期限有多长？

高校毕业生就业见习期限一般为6个月，最长不超过1年。

高校毕业生就业见习活动结束后，见习单位对高校毕业生进行考核鉴定，出具见习证明，作为用人单位招聘和选用见习高校毕业生的依据之一。在见习期间被见习单位正式录（聘）用的，在该单位的见习期可以作为工龄计算。

24. 就业见习单位给毕业生上保险吗？

见习期间毕业生所在的见习单位为其办理人身意外伤害保险。

25.离校后未就业高校毕业生参加就业见习享受哪些政策和服务？

（1）获得基本生活补助。

（2）免费办理人事代理。

（3）办理人身意外伤害保险。

（4）见习期满未被录用的，可继续享受就业指导与服务。

26.公共就业服务机构免费提供哪些服务内容？

公共就业服务机构为离校后回原籍的未就业高校毕业生免费提供下列服务：

（1）就业政策法规咨询。

（2）职业岗位供求信息。

（3）市场工资指导价位信息。

（4）职业培训信息。

（5）职业指导和职业介绍。

（6）对就业困难人员实施就业援助。

（7）办理就业登记、失业登记。

（8）其他公共就业服务。

27.我国当前就业形势是怎样的？

目前，我国就业形势保持平稳，但是就业工作仍面临很多挑战。在就业总量压力持续存在的同时，就业结构性矛盾也更加突出，不断涌现的新职业、新就业形态与传统雇佣关系和就业制度的矛盾也开始凸显，因此高校毕业生就业形势依然严峻复杂。

28.在严峻复杂的就业形势下，高校毕业生所面临的问题具体有哪些？

一是经济发展压力增大。当前我国经济发展面临需求收缩、供给冲击、预期转弱三重压力，这些压力会对就业产生影响。

二是毕业生规模持续增加。2025届高校毕业生约达到1 222万人，同比增加43万人，规模和增量均创历史新高。

三是就业的结构性矛盾尚未得到根本缓解。存在“就业难”与“招人难”并存的现象，不同专业、行业和地区间用人需求差异较大。

资料六　推动现代职业教育高质量发展

1.什么是职业教育？

职业教育是国民教育体系和人力资源开发的重要组成部分，肩负着培养多样化人才、传承技术技能、促进就业创业的重要职责。在全面建设社会主义现代化国家新征程中，职业教育前途广阔、大有可为。

2.职业教育的工作要求有哪些？

坚持立德树人、德技并修，推动思想政治教育与技术技能培养融合统一；坚持产教融合、校企合作，推动形成产教良性互动、校企优势互补的发展格局；坚持面向市场、促进就业，推动学校布局、专业设置、人才培养与市场需求相对接；坚持面向实践、强化能力，让更多青年凭借一技之长实现人生价值；坚持面向人人、因材施教，营造人人努力成才、人人皆可成才、人人尽展其才的良好环境。

3.职业教育类型特色是什么？

（1）巩固职业教育类型定位。因地制宜、统筹推进职业教育与普通教育协调发展。加快建立“职教高考”制度，完善“文化素质+职业技能”考试招生办法，加强省级统筹，确保公平公正。加强职业教育理论研究，及时总结中国特色职业教育办学规律和制度模式。

（2）推进不同层次职业教育纵向贯通。大力提升中等职业教育办学质量，注重为高等职业教育输送具有扎实技术技能基础和合格文化基础的生源。推进高等职业教育提质培优，实施好“双高计划”，集中力量建设一批高水平高等职业学校和专业。稳步发展职业本科教育，高标准建设职业本科学校和专业，保持职业教育办学方向不变、培养模式不变、特色发展不变。一体化设计职业教育人才培养体系，推动各层次职业教育专业设置、培养目标、课程体系、培养方案衔接，支持在培养周期长、技能要求高的专业领域实施长学制培养。鼓励应用型本科学校开展职业本科教育。按照专业大致对口原则，指导应用型本科学校、职业本科学校吸引更多中高职毕业生报考。

4.如何优化职业教育供给结构？

围绕国家重大战略，紧密对接产业升级和技术变革趋势，优先发展先进制造、新能源、新材料、现代农业、现代信息技术、生物技术、人工智能等产业需要的一批新兴专业，加快建设学前、护理、康养、家政等一批人才紧缺的专业，改造升级钢铁冶金、化工医药、建筑工程、轻纺制造等一批传统专业，淘汰供给过剩、就业率低、职业岗位消失的专业，鼓励学校开设更多紧缺的、符合市场需求的专业，形成紧密对接产业链、创新链的专业体系。

5.如何丰富职业学校办学形态？

职业学校要积极与优质企业开展双边多边技术协作，共建技术技能创新平台、专业化技术转移机构和大学科技园、科技企业孵化器、众创空间，服务地方中小微企业技术升级和产品研发。推动职业学校在企业设立实习实训基地、企业在职业学校建设培养培训基地。推动校企共建共管产业学院、企业学院，延伸职业学校办学空间。

6.职业学校校企合作形式有哪些？

职业学校要主动吸纳行业龙头企业深度参与职业教育专业规划、课程设置、教材开发、教学设计、教学实施，合作共建新专业，开发新课程，开展订单培养。鼓励行业龙头企业主导建立全国性、行业性职教集团，推进实体化运作。探索中国特色学徒制，大力培养技术技能人才。支持企业接收学生实习实训，引导企业按岗位总量的一定比例设立学徒岗位。严禁向学生违规收取实习实训费用。

7.校企合作政策有哪些？

各地要把促进企业参与校企合作、培养技术技能人才作为产业发展规划、产业激励政策、乡村振兴规划的重要内容，对产教融合型企业给予“金融+财政+土地+信用”组合式激励，按规定落实相关税费政策。工业和信息化部门要把企业参与校企合作的情况，作为各类示范企业评选的重要参考。教育部、人力资源和社会保障部要把校企合作成效作为评价职业学校办学质量的重要内容。国有资产监督管理机构要支持企业参与和举办职业教育。鼓励金融机构依法依规为校企合作提供相关信贷和融资支持。积极探索职业学校实习生参加工伤保险的办法。加快发展职业学校学生实习实训的责任保险和人身意外伤害保险，鼓励保险公司对现代学徒制、企业新型学徒制的保险专门确定费率。职业学校通过校企合作、技术服务、社会培训、自办企业等所得收入，可按一定比例作为绩效工资的来源。

8. 如何深化教育教学改革？

（1）强化双师型教师队伍建设。

（2）创新教学模式与方法。

（3）改进教学内容与教材。

（4）完善质量保证体系。

9. 如何打造中国特色职业教育品牌？

（1）提升中外合作办学水平。

（2）拓展中外合作交流平台

（3）推动职业教育走出去。探索“中文+职业技能”的国际化发展模式。服务国际产能合作，推动职业学校跟随中国企业走出去。

10. 当前我国职业教育改革发展的成就有哪些？

党的十八大以来，尤其是国务院颁布《国家职业教育改革实施方案》（以下简称“职教20条”）以来，我国职业教育改革发展走上提质培优、增值赋能的快车道，职业教育面貌发生了格局性变化。“职教20条”还提出，开展本科层次职业教育试点。2021年，教育部印发《职业教育专业目录（2021年）》，其中设置了247个高职本科专业，并印发《本科层次职业教育专业设置管理办法（试行）》，正式建立本科层次职业教育专业设置管理的国家制度。2024年，新增高职本科专业17个，有效促进了专业设置与产业结构精准对接，增强了职业教育适应性。

教育部的统计数据显示，截至2023年，我国共有职业学校11 133所，在校生近3 500万人，建成了世界规模的最大职业教育体系，培养了一大批支撑经济社会发展的技术技能人才。

11. 国家促进不同类型职业教育的措施是什么？

促进不同类型教育横向融通。加强各学段普通教育与职业教育渗透融通，在普通中小学实施职业启蒙教育，培养掌握技能的兴趣爱好和职业生涯规划的意识能力。探索发展以专项技能培养为主的特色综合高中。推动中等职业学校与普通高中、高等职业学校与应用型大学课程互选、学分互认。鼓励职业学校开展补贴性培训和市场化社会培训。制定国家资历框架，建设职业教育国家学分银行，实现各类学习成果的认证、积累和转换，加快构建服务全民终身学习的教育体系。

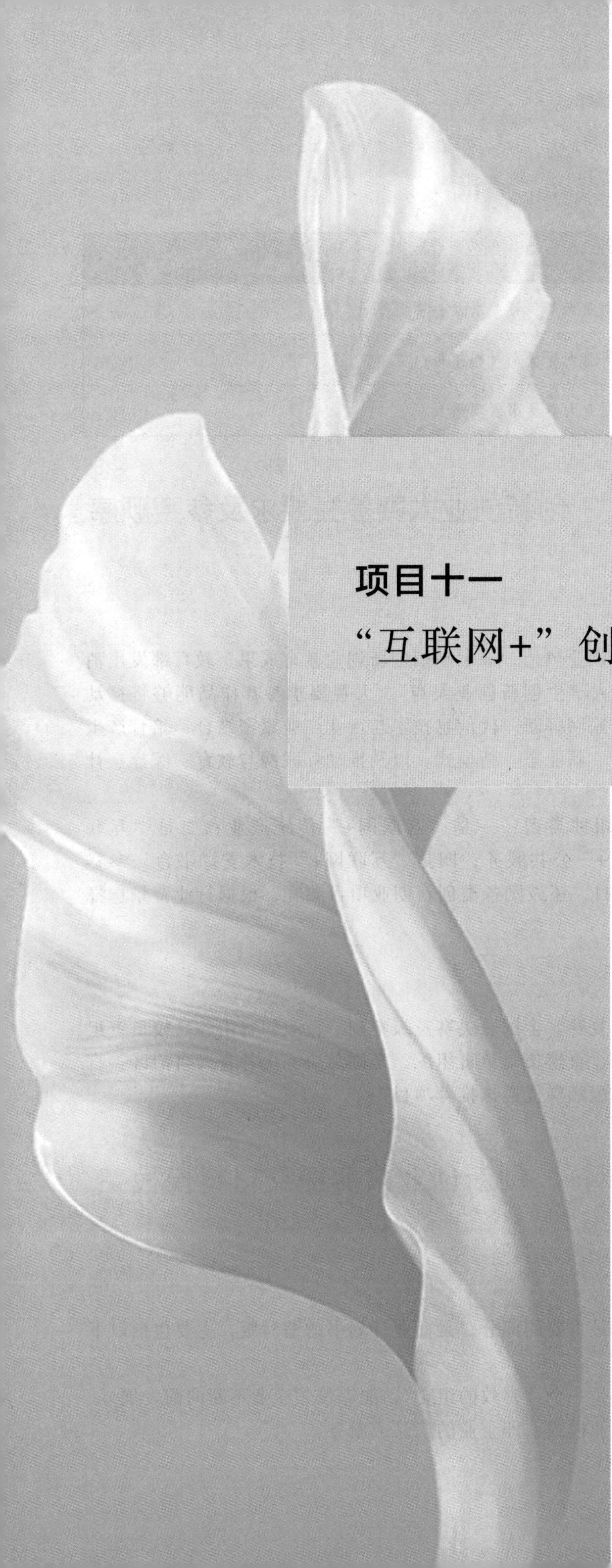

项目十一
“互联网+”创新创业大赛热点问题

项目资料书

资料	
资料一	“互联网+”创新创业大赛参赛要求及参赛顺序
资料二	“互联网+”创新创业大赛提交材料模板
资料三	“互联网+”创新创业大赛赛事管理平台

资料一　“互联网+”创新创业大赛参赛要求及参赛顺序

一、参赛要求

大赛分享11-1
彝绣项目路演（视频）

大赛分享11-2
逆行守护者项目路演（视频）

为激发国内高校学生创新创业热情，展示高校创新创业教育成果，教育部发出消息，举办“中国‘互联网+’大学生创新创业大赛”。大赛要求参赛作品能够将移动互联网、云计算、大数据、物联网等新一代信息技术与行业产业紧密结合，培育产生基于互联网的新产品、新服务、新业态、新模式，以及推动互联网与教育、医疗、社区等深度融合的公共服务创新。

大赛参赛项目主要包括四种类型：一是“互联网+”传统产业；二是“互联网+”新业态；三是“互联网+”公共服务；四是“互联网+”技术支撑平台。参赛项目不只限于“互联网+”项目，还鼓励各类创新创业项目参赛，根据行业背景选择相应类型。

二、参赛顺序

大赛采用校级初赛、省级复赛、全国总决赛三级赛制。校级初赛由各高校负责组织，省级复赛由各省（自治区、直辖市）负责组织，全国总决赛由各省（自治区、直辖市）按照大赛组委会确定的配额择优遴选推荐项目。

资料二　“互联网+”创新创业大赛提交材料模板

一、项目概述

项目概述是商业计划书中最重要的部分，是商业计划书的缩写版，主要包括以下内容：

（1）概括描述企业的团队是一个“有效的组合”，能够带领企业不断向前发展。

（2）清晰地描述企业的商业模式，即企业的产品或服务。

（3）明确表述产品的创新性以及为客户解决的问题，或者填补的市场空白。

（4）概括描述市场的规模和潜在的远景。

（5）概括描述企业的竞争优势。

（6）概括描述企业如何在最短的时间内让投资人赚钱。

（7）概括陈述企业希望吸引的资金数额及其主要用途，是用于产品研发、市场拓展，还是用于人才引进等。

二、基本情况

（1）企业的核心团队，包括团队核心成员的构成、行业背景，技术、市场、管理人员是否配置合理、是否有经验。

（2）各股东的出资额以及占企业的股权比例，包括历史的演变和股权变化。

（3）企业的组织构架，企业注册在海外还是国内；有哪些分公司、子公司、关联公司；投资人的资金是从哪里注入的；从公司的架构关系到股东利益都是如何体现的。用一张图表来表达清楚。

（4）企业是如何运转的，有哪些部门；企业的总经理、销售总监、技术总监的分工是否明确；董事长是否兼任总经理、财务总监、系统构架师、人事总监，集大权于一身的独裁领导。提供一张详细的图表。

（5）目前企业的投资资金，包括企业的注册资金和其他投入资金，说明资金的具体用途。

（6）里程碑，即企业成长过程中具有影响力的节点，如产品研发成功、产品通过成果鉴定、产品成功上市销售、引进新的战略投资者、获得了行业重大项目等。

（7）自主知识产权，如企业已经取得的软件著作权、产品专利权等。

（8）客户报告，如企业的合约、订单、意向书、用户报告等。

三、商业模式

产品或服务就是企业的商业模式，即企业是靠什么赚钱的，包括产品分类、成本测算、营销方法和手段、收入预测等。

四、市场概述

市场可以从宏观市场、微观市场，以及具体如何开发自己的市场三个方面来概述。宏观市场是指企业所能得到的宏观市场数据，如从网站上下载的免费报告等。微观市场是指与企业产品直接相关的市场数据，这些数据越详细越好，最好是行业的权威报告。最后，说明企业如何行之有效地开拓市场，如已经和某企业达成意向，可通过企业渠道进入市场等。

五、竞争态势

市场容量有多大；是否有竞争对手，是国内的还是国外的；竞争态势如何；自身的竞争优势主要有哪些，如市场占有率等。

六、财务计划

财务计划是商业计划书中最重要的部分，包括资产负债表、收入预测表、现金流量表等。最好做出3～5年的财务计划，并把重点放在第1年上。

七、资金用途

即使有详细的财务计划，也建议企业在商业计划书中有一张清晰的列表，把主要的资金用途罗列出来。

八、企业估值

用预期收益法、资产重置法或者市场上其他通用的方法计算出企业的价值，这是吸引投资的参考价值。

九、退出机制

投资者在何种情况下可以退出以及退出的规则。

十、风险对策

项目存在哪些风险，如政策、技术、市场、团队、资金等方面的风险，以及企业的应对策略。

资料三　“互联网+”创新创业大赛赛事管理平台

一、赛事管理平台简介

由北京投智网络科技有限公司自主研发的创新创业赛事管理平台——投智圈，主要面向高校创新创业竞赛组委会、社会创新创业团队提供“互联网+”大学生创新创业大赛、“创青春”大学生创业大赛以及企业大赛等各类赛事赛前、赛中、赛后完整流程的组织管理，支持自定义赛事模板及评分标准、远程抽签、手机报名/评审、项目批量报名、短信一键通知、成绩直接打印、竞赛项目报告等功能，能全面支持课赛、院赛、校赛、省赛、全国级创新创业大赛的网评及现场互动，同时可通过App云服务为参赛师生提供在线学习、在线辅导、需求对接、项目宣传等创新创业云服务。

二、赛事管理平台学生操作说明（PC端）

（一）登录

电脑端登录网址为：https://www.xytzq.cn，输入账号、密码进行登录，如图11-1所示。

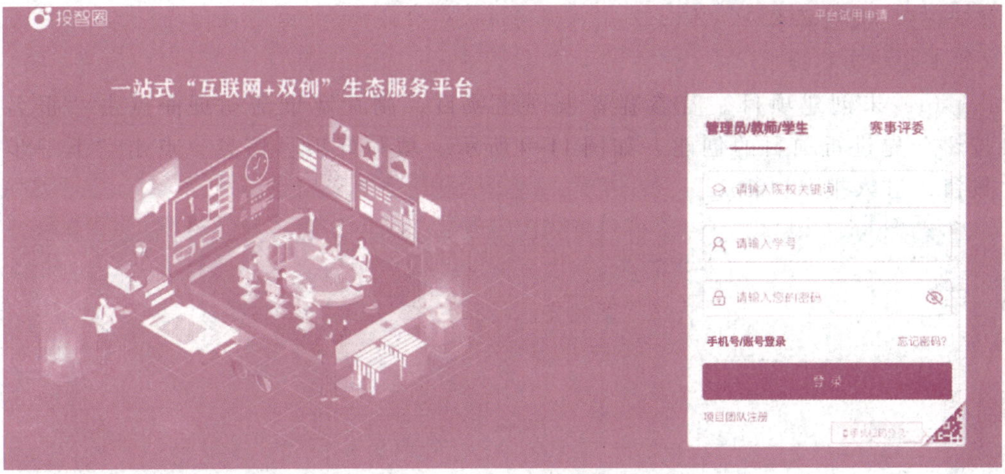

图 11-1 PC端登录界面

（二）赛事选择

进入学习中心页面，点击“赛事活动”条目。其中，院校赛事为本组织及上级组织创建的赛事，社会赛事为非本院校创建的对全社会开放的赛事，行业赛事为企业举办的赛事，如图 11-2 所示。项目创始人选中要参加的赛事，进入赛事活动页面，如图 11-3 所示。

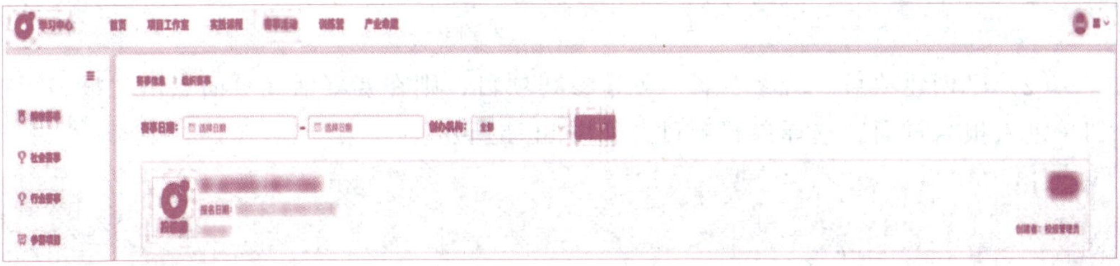

图 11-2 学习中心页面

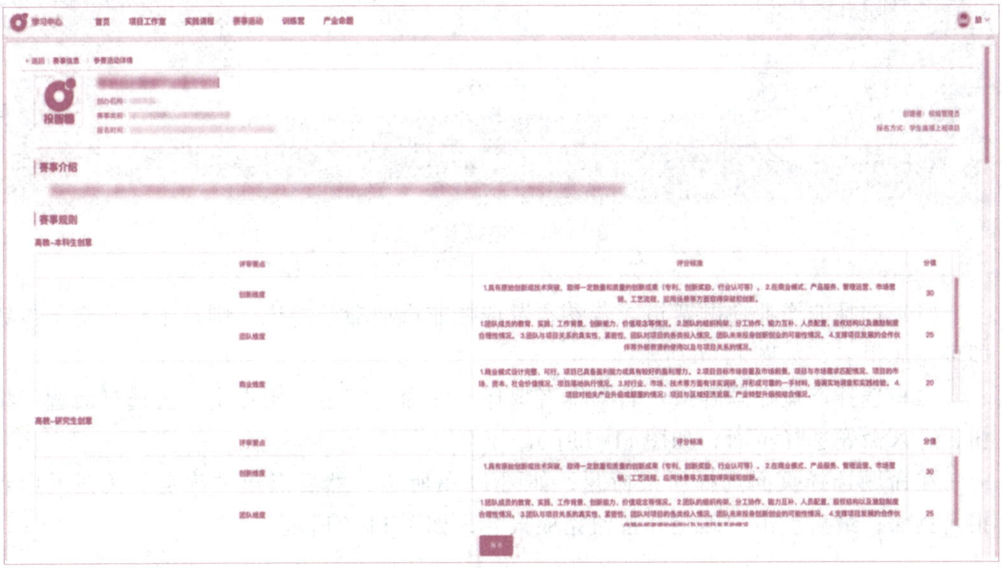

图 11-3 赛事活动页面

（三）报名赛事

1.提供参赛项目

（1）未创建项目。若参赛者未创建项目，则在赛事活动页面点击“报名”按钮，先进行项目的创建，如图11-4所示。填写好项目信息，点击“下一步”按钮，进入报名页面。

图11-4 创建项目

（2）已创建项目。若参赛者已创建参赛项目，则在赛事活动页面点击“报名”按钮，进入报名页面，选择参赛项目，如图11-5所示。

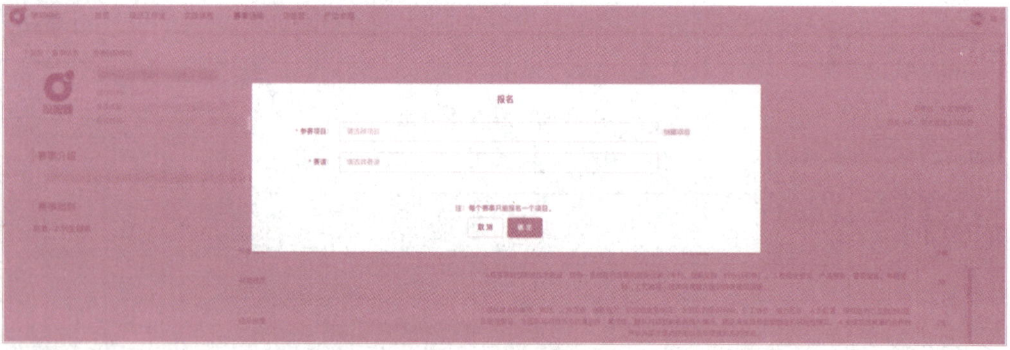

图11-5 选择参赛项目

2.选择赛道

（1）选择非产业命题赛道。若参赛者选择非产业命题赛道，则点击“确定”按钮即可完成报名，如图11-6所示。

（2）选择产业命题赛道。若参赛者选择产业命题赛道，则点击“去选择命题”按钮，进入命题选择页面，如图11-7所示。

在命题选择页面选择所报命题，如图11-8所示，然后点击“确定”按钮返回到报名页面；最后点击“确定”按钮完成报名，如图11-9所示。

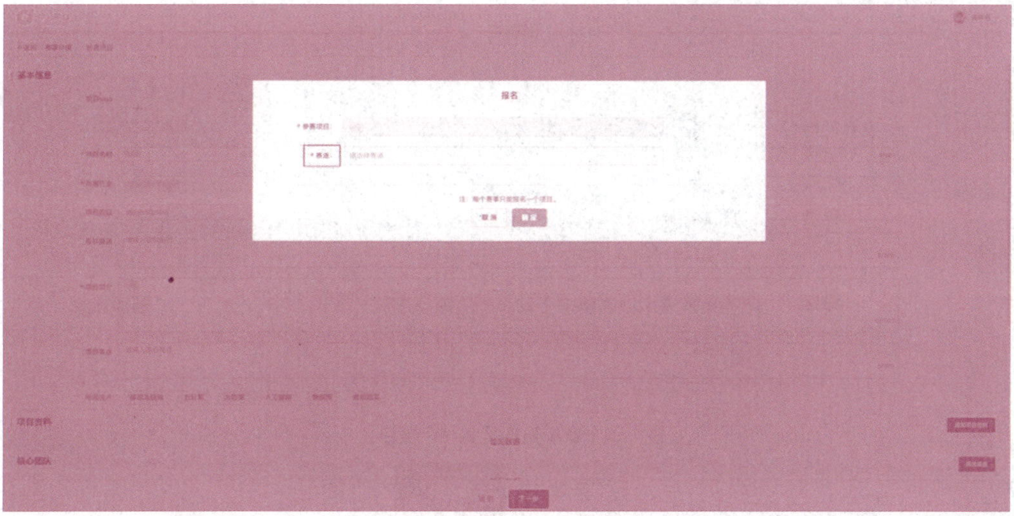

图 11-6　选择非产业命题赛道

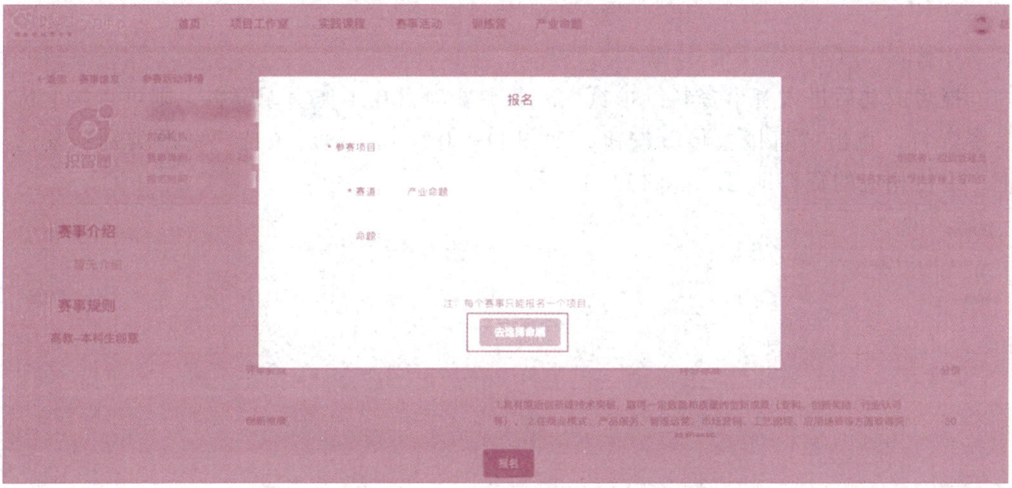

图 11-7　选择产业命题赛道

图 11-8　选择所报命题

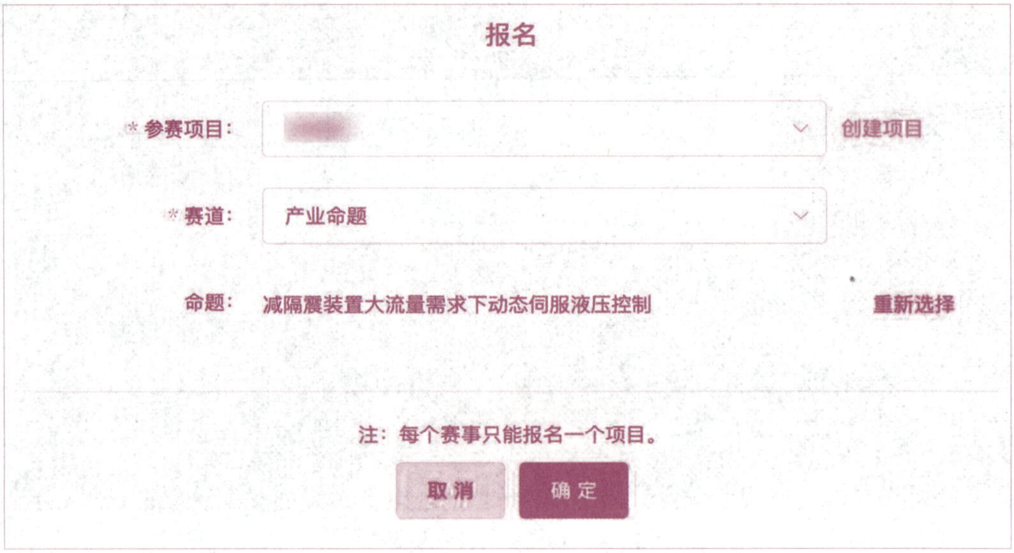

图 11-9　完成报名

3.赛事资料上传

报名成功后进入赛事资料维护页面。若参赛项目在工作室无资料，则可直接上传参赛资料，点击“直接上传”按钮，如图 11-10 所示；然后填选“资源类别”复选框，上传相应的资料即可，如图 11-11 所示。

图 11-10　上传赛事资料（1）

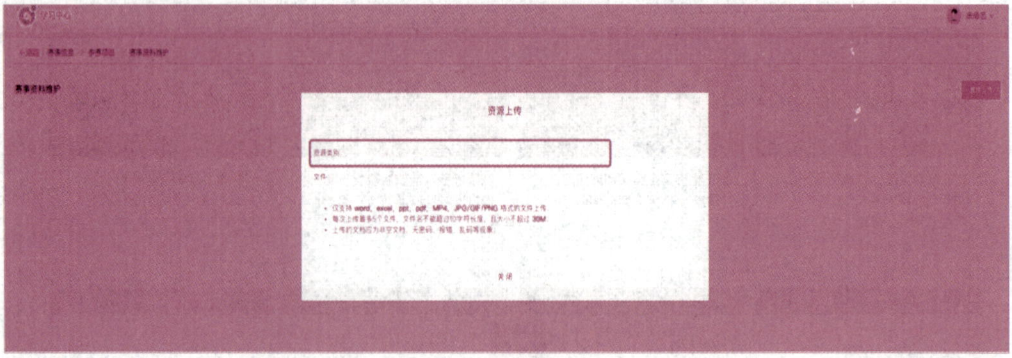

图 11-11　上传赛事资料（2）

（四）赛后查询

进入赛事活动页面，点击“参赛项目”条目，即可查看参赛情况，如图11-12所示。

图11-12　查看参赛情况

1.维护报名信息

创始人可维护报名信息，点击“维护报名信息”按钮对赛道进行修改，如图11-13所示。

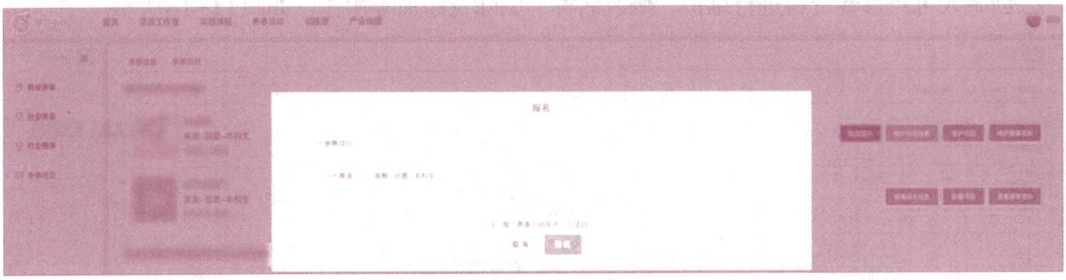

图11-13　维护报名信息

若选择的是产业命题赛道，也可对命题进行修改，如图11-14所示。

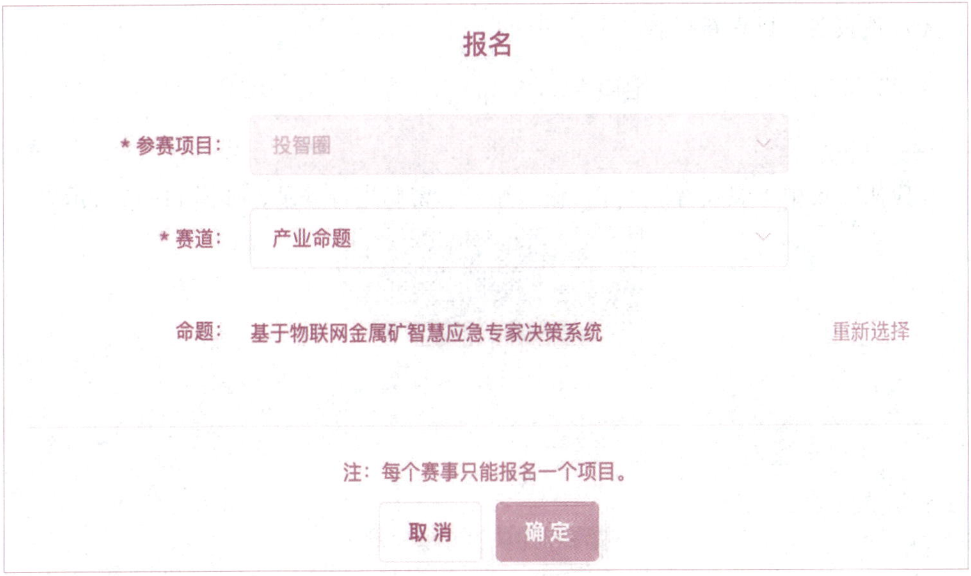

图11-14　修改命题

2.维护项目信息

创始人可对参赛项目进行维护，修改基本信息、成员管理、团队风采、项目专利、获奖情况、项目投资、项目成果、应用案例、商业信息等，如图11-15所示。

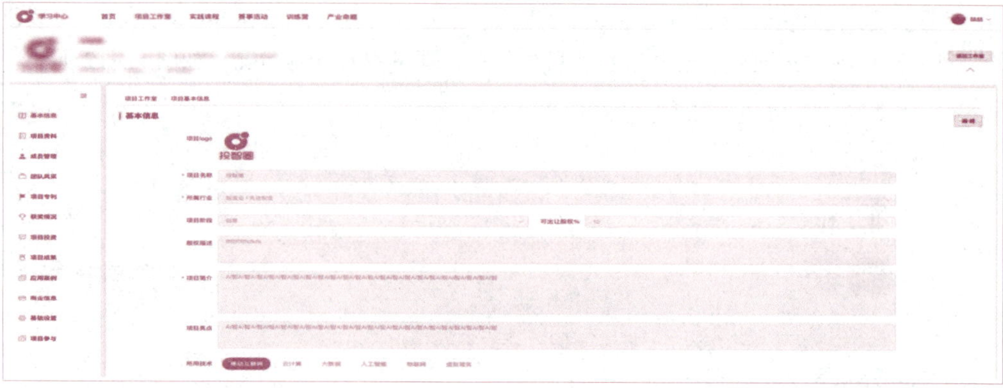

图 11-15　维护项目信息

3.维护赛事资料

创始人可对参赛资料进行维护，修改名称、删除及添加等操作，如图11-16所示。

图 11-16　维护赛事资料

4.取消报名

如果发现报名赛事所填信息有误，报名时间未截止时，可以点击“取消报名”按钮，先取消报名，再重新报名。

三、赛事管理平台学生操作说明（App端）

（一）登录

在应用市场中下载投智圈App，输入账号、密码进行登录，如图11-17所示。

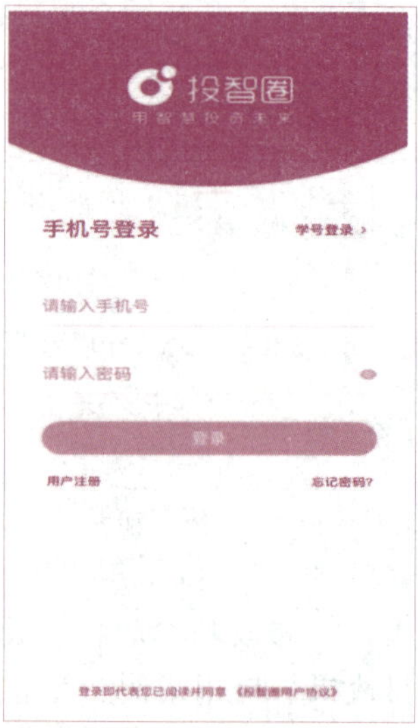

图 11-17　投智圈App端登录界面

（二）赛事选择

项目创始人登录投智圈App后，选择“双创竞赛”选项，进入赛事活动页面，如图11-18所示；然后选中要参加的赛事，进入赛事详情页面，如图11-19所示。

图11-18　赛事活动页面

图11-19　赛事详情页面

（三）报名赛事

1.提供参赛项目

（1）未创建项目。若参赛者未创建项目，则在赛事详情页面点击“报名”按钮，先进行项目的创建。填写好项目信息，点击“下一步”按钮，进入报名页面，如图11-20所示。

图11-20　创建项目

（2）已创建项目。若参赛者已创建过项目，则在赛事详情页面点击“报名”按钮，进入报名页面，选择参赛项目，如图11-21所示。

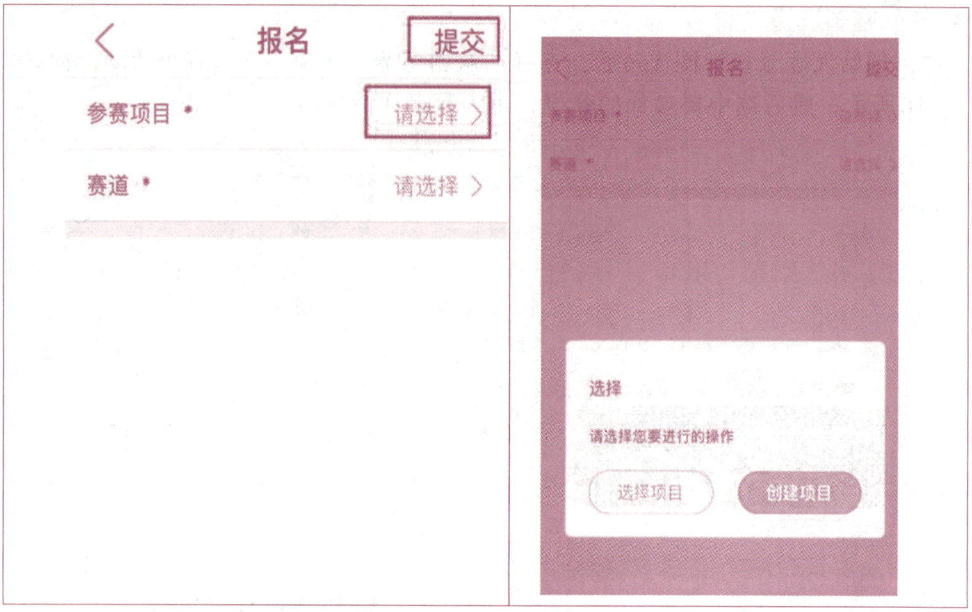

图 11-21 选择参赛项目

2.选择赛道

（1）选择非产业命题赛道。若参赛者选择非产业命题赛道，则点击“提交”按钮即可完成报名，如图 11-22 所示。

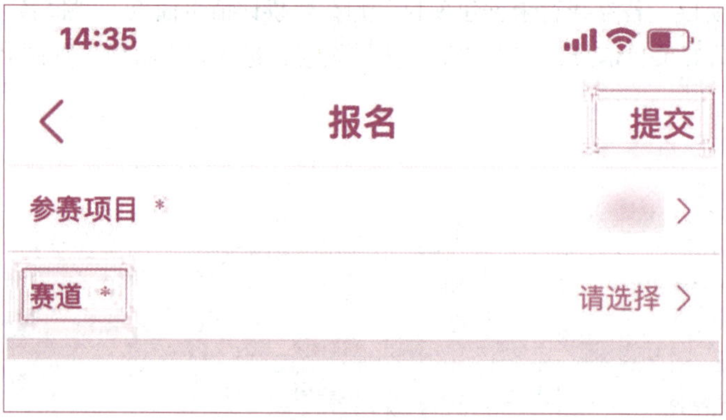

图 11-22 选择非产业命题赛道

（2）选择产业命题赛道。若参赛者选择产业命题赛道，则先要在选择命题页面选择所报命题，然后点击“确定”按钮返回到报名页面，最后点击“提交”按钮即完成报名，如图 11-23 所示。

3.赛事资料上传

报名成功后，即进入赛事资料维护页面。若参赛项目在工作室无资料，则可直接上传参赛资料，点击“直接上传”按钮，填选“资源分类”复选框，上传相应的资料即可，如图 11-24 所示。

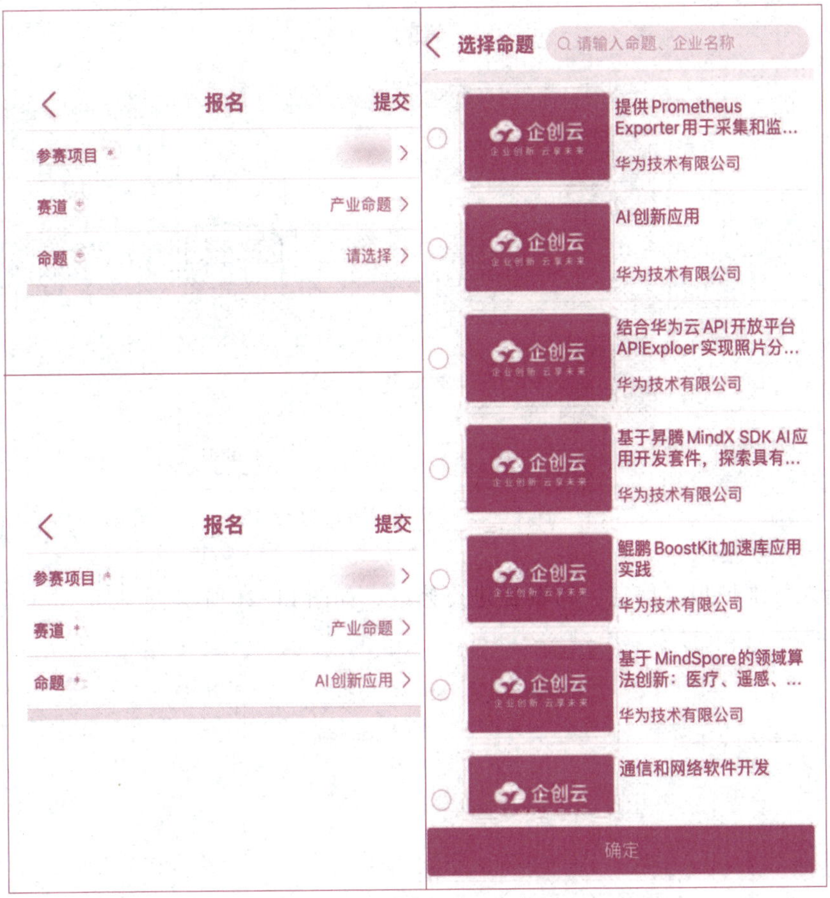

图 11-23 选择产业命题赛道

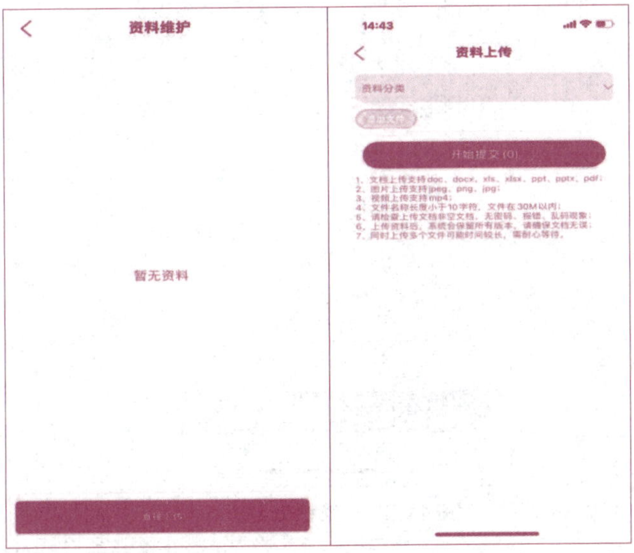

图 11-24 赛事资料上传

（四）赛后查询

进入赛事详情页面，点击“我的”按钮，可以查看参赛情况，如图11-25所示。

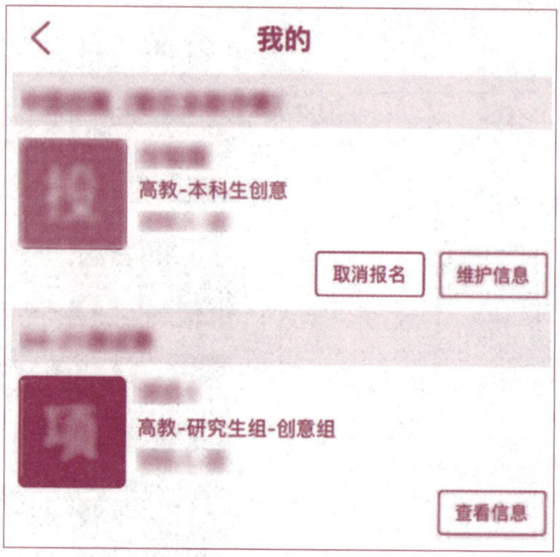

图 11-25　查看参赛情况

1.维护报名信息

创始人可维护报名信息，对赛道进行修改，如图 11-26 所示。

图 11-26　维护报名信息

2.维护项目信息

创始人可对参赛项目进行维护，修改基本信息、成员管理、团队风采、项目专利、获奖情况、项目投资、项目成果、应用案例、商业信息等，如图 11-27 所示。

图 11-27　维护项目信息

3.维护赛事资料

创始人可对赛事资料进行维护，修改名称、删除及添加等操作，如图 11-28 所示。

图 11-28　维护赛事资料

4.取消报名

如果发现报名赛事所填信息有误，报名时间未截止时，可以点击“取消报名”按钮，先取消报名，再重新报名。

主要参考文献

[1] 苏万益，成光琳. 现代企业文化与职业道德［M］. 3版. 北京：高等教育出版社，2020.

[2] 丁梦，王霖，张宝红. 大学生就业指导［M］. 镇江：江苏大学出版社，2017.

[3] 丁宁. 项目管理［M］. 3版. 北京：北京交通大学出版社，2017.

[4] 黄静. 品牌营销［M］. 2版. 北京：北京大学出版社，2014.

[5] 张艳. 大学生职业指导实训教程［M］. 2版. 北京：高等教育出版社，2014.

[6] 罗志明. 高绩效团队建设与管理研究［J］. 中小企业管理与科技（上旬刊），2011（11）.

[7] 陈新义，储节旺. 创业型企业员工参与体系构建研究［J］. 中国人力资源开发，2010（6）.

[8] 徐智，王月平. 就业与创业指导［M］. 北京：北京交通大学出版社，2010.

[9] 职业生涯与发展规划课题研究组. 大学生职业生涯与发展规划教程（公共类）［M］. 北京：北京出版社，2008.

[10] 祝合良. 品牌创建与管理［M］. 北京：首都经济贸易大学出版社，2007.

[11] 张彩霞. 案例教学法在翻转课堂中的应用初探——以大学生就业指导课为例［J］. 甘肃教育，2021（10）.

[12] 苏姜燕. 大学生就业指导教育工作开展对策探讨［J］. 大学，2021（2）.

[13] 郎婕. 大学生就业指导发展的对策思考［J］. 大众标准化，2021（1）.

[14] 金鑫. 中小企业创业阶段人力资源管理增效［J］. 现代企业，2007（11）.